■ 新编高等院校财经类创新系列精品规划教材

成本会计学

主　编　何存花
副主编　张　祎　杨君英
参　编　何永娟　杜慧霞　姚　越

中国商业出版社

图书在版编目(CIP)数据

成本会计学/ 何存花 主编. — 北京:中国商业出版社, 2015.6
ISBN 978 - 7 - 5044 - 8896 - 1

Ⅰ.①成… Ⅱ.①何 … Ⅲ.①成本会计 Ⅳ.①F234.2

中国版本图书馆 CIP 数据核字(2015)第 033467 号

责任编辑:蔡凯

中国商业出版社出版发行
010 - 63180647 www.c - cbook.com
(100053 北京广安门内报国寺 1 号)
新华书店总店北京发行所经销
北京市梨园彩印厂印刷

* * * * *

787×1092 毫米 开本:1/16 印张:16 字数:300 千字
2015 年 6 月第 1 版 2015 年 6 月第 1 次印刷

* * * *

定价:38.80 元
(如有印装质量问题可更换)

前 言

现代会计的两大分支是财务会计和管理会计。成本会计作为联系财务会计和管理会计之间的桥梁，既为财务报告也为管理决策提供成本信息。利润最大化是企业追求的最基本的财务目标，为此，企业应从增加收入和降低成本两个方面进行努力。随着竞争的日趋激烈，企业增加收入愈加困难，降低成本就成了企业努力的方向。而企业成本核算和成本管理水平的高低直接影响企业成本的升降，进而影响企业的生存与发展。因此，成本会计已经成为现代企业不可缺少的重要管理手段。

本书详细阐述了成本会计的基本理论和基本方法，力求做到理论实践相结合。成本核算是成本会计的基础，在重点阐述成本核算三种基本方法品种法、分批法和分步法的基础上，结合现代成本管理的要求对成本核算的辅助方法分类法和定额法也做了较为详尽的阐述。本书还涉及了成本预测、决策、计划与控制的相关内容。各章内容既相互独立，又相互结合，构成一个完整的现代成本管理体系。

本书由山西财经大学何存花副教授(第一章、第二章、第十二章)担任主编，山西财经大学张祎博士(第三章、第四章、第五章)、公安海警学院杨君英副教授(第六章、第七章)担任副主编。山西财经大学华商学院何永娟老师(第八章、第九章)、山西工商学院杜慧霞老师(第十章、第十一章)以及山西财经大学会计专业研究生姚越(第十三章)

限于我们的学术水平，书中如有不妥或错误之处，恳请广大读者批评指正。

编者

2015 年 6 月

目录

第一章　总论

【引言】

成本会计是介于财务会计与管理会计两大学科之间的一门学科，也因此它兼具这些学科的特色。本章综合概括了成本会计学的基本理论内容，具体包括:介绍成本会计的发展历史，从不同角度诠释成本的内涵，介绍成本的不同分类，概括成本的主要作用，并简述成本会计的对象、内容以及工作的组织。

第一节　成本会计的形成与发展

成本会计是随着社会经济的发展，特别是工业化经济和社会化大生产的发展而逐步形成和成熟起来的。人们对成本会计的认识也是随着经济业务发展的需要而逐步完善和深入的。

在早期资本主义发展的时期，业主为了了解是否赚钱，开始重视成本的计算。14 世纪，意大利印刷商最早将较为完整的会计运用于企业，并建立了相应的账户，不仅计算其数量和价值，而且为成本核算也设置了账户，可视为戎本会计的先驱。18 世纪，英国人先后发明了分批成本计算法和分步成本计算法，这些早期的成本计算模型，在基本意义上确立了成本核算在企业管理中的重要性，但这还不是现代企业真正意义上的成本会计。

真正意义的成本会计形成于 19 世纪末期。随着社会经济的发展，成本会计先后经历了早期成本会计、近代成本会计和现代成本会计三个阶段。

一、早期成本会计阶段(1880—1920 年)

19 世纪末期，随着英国产业革命的完成，机器替代了手工劳动，工厂制替代了手工工厂，企业规模逐渐扩大，企业之间开始出现了一定形式的竞争。企业会计人员为了满足企业管理的需求，对成本计算进行研究，起初是在会计账簿之外用统计的方法计算成本。为了提高成本计算的精确性，适应企业外部审计人员的要求，将成本计算与普通会计结合起来，形成了成本会计。当时的成本会计主要是对生产过程中的生产消耗进行系统的汇集和计算，用来确定产品生产成本和销售成本，故又称记录型成本会计。

这一时期的成本会计，是成本会计发展的初级阶段，其工作内容以产品成本计算为主，虽具一定的管理价值，但对整个企业的管理过程并无直接影响。因而早期研究成本的英国会计专家劳伦斯对这一时期的成本会计作过如下定义："成本会计就是应用普遍的会计原理、原则，系统地记录某一工厂生产和销售产品时所发生的一切费用，并确定各种产品或服务的单位成本和总成本，以供工厂管理当局决定经济、有效和合理的产销政策时参考。"

二、近代成本会计阶段（1921—1945 年）

20 世纪初，泰罗制作为"一方面是资产阶级剥削的最巧妙的残酷手段，另一方面是一系列最丰富的科学成就"的一种企业管理制度，受到资本家的普遍重视，先在美国广泛推行，以后又传播到世界各工业发达国家。在泰罗制度管理模式的推动下，企业已开始使用"预算管理"和"标准化管理"等科学管理手段。而这些思路不仅影响了会计理论的发展，而且直接被运用到了会计工作之中，使成本会计开始逐步运用估计成本、标准成本和预算等方法，以期通过相关的成本核算信息来影响企业的管理过程和管理行为，并期望通过利用各种成本资料来增进企业的工作业绩。这就使成本会计在原来成本归集核算的基础上逐步形成了事先控制的新职能，把成本会计从事后核算向事先控制推进。

这一时期的成本会计，可引用英国会计学家杰·贝蒂的表述："成本会计是用来详细地描述企业在预算和控制它的资源（指资产、设备、人员及所耗各种材料和劳动）利用方面的原理、惯例、技术和制度的一种综合术语。"

三、现代成本会计阶段（1945 年以后）

第二次世界大战以后，西方社会的经济规模不断增大，以资本化经营为基本特征的企业集团不断涌现。随着企业规模的扩大，企业生产和市场经营管理的复杂度越来越高；同时由于科学技术不断发展并大量运用于生产，企业的市场竞争空前激烈。企业为了在竞争中求得生存和发展，就必须不断降低其产品成本和各项经营管理成本。此时的企业管理当局开始着眼于企业生产和经营的全过程，十分重视预测、决策和各种规划控制的有效方法，并要求企业的成本会计与这些管理职能紧密结合，同时为完成这些职能提供成本方面的有关信息，这就逐步形成了现代成本会计。

美国著名的成本管理会计专家查尔斯·T·霍恩格指出："成本会计目的涉及收集和提供各种决策所需的信息，从经常反复出现业务的经营管理直至制订非经常性的战略决策以及制订组织机构的重要方针。重要的是要把现代成本会计制度的着眼点放在帮助经理们解决好现在和将来所出现的问题上。成本会计关心过去，这只有在帮助预测未来和满足对外报告的情况下，才是合适的。"

由此可见，现代成本会计由此发展成为以成本核算为基础、以成本控制为核心、以有效进行成本决策为重心，并具有成本预测、计划、控制、分析和考核完备职能的科学管理体系，即由成本会计阶段进入到了成本管理阶段，而以成本核算为其主要工作内容的成本会计成为了成本管理的一个组成部分。成本核算是原始的或初级的成本会计，也是狭义的成本会计，而包括上述各个环节的成本会计是广义的现代成本会计，实际上也就是成本管理。

第二节 成本的涵义与作用

一、经济学中的成本

西方经济学中，将成本解释为“为了实现一定的目的所付出的价值牺牲”。美国会计学会(AAA)所属的成本概念与标准委员会在1951年将成本定义为：“成本是指为达到特定目的而发生或应发生的价值牺牲，它可用货币单位加以衡量。”[①]这一概念包含三层涵义：(1)成本是一种价值牺牲，这种价值牺牲可以理解为一种价值消耗，不仅可以是现金支出，也可以是物资消耗、劳动消耗或是从外部提供的劳务的消耗。(2)这种价值牺牲是为了一定目的，通常是指由经营目的而衍生的目的，即成本是与经营目的有关所消耗的价值。(3)这种牺牲可以用货币测定，也就是说可以用货币计量，因为这些价值要变为成本，最终都必须以货币来表现。

马克思主义政治经济学则认为成本属于价值范畴。马克思在分析资本主义商品生产时指出：“按照资本主义方式生产的每一个商品(W)的价值，用公式来表示是W=c+v+m。如果我们从这个产品价值中减去剩余价值(m)，那么，在商品中剩下的，只是一个在生产要素上耗费的资本价值(c+v)的等价物或补偿价值。”“商品价值的这个部分，即补偿所消耗的生产资料价格和所使用的劳动力价格的部分，只是补偿商品使资本家自身耗费的东西，所以对资本家来说，这就是商品的成本价格。”[②]马克思这里所说的“商品的成本价格”，指的就是产品成本。即产品成本的经济内容包括物化劳动c和生产者必要活劳动(v)两部分。物化劳动(c)是指生产过程中所耗费的原材料等劳动对象和磨损的劳动工具等的价值。生产者必要活劳动(v)是指相当于一定生产力水平下劳动力再生产所需平均生活资料的价值。劳动者在进行生产时，要耗费一部分必要劳动(必要产品)以保证劳动力自身再生产。对于生产者必要活劳动v，目前是以工资形式向职工支付。

马克思还指出：“不论生产的社会形式如何，劳动者和生产资料始终是生产的因素。”[③]马克思这一经典论述说明，不论是在资本主义市场经济条件下，还是在社会主义市场经济条件下，成本的经济内容都应该是一样的，都包括物化劳动c和生产者必要活劳动v两部分。这一成本概念有两个主要特征：(1)成本是需要补偿的价值，而不是可分配的价值，只有为社会创造的价值(m)才是可供分配的价值。(2)成本是经济价值的消耗，包括生产资料消耗(c)和劳动力消耗(v)，而不是为社会创造的新价值。

不难看出，马克思《资本论》中“c+v”指的是一种特殊的成本——产品成本的概念。而西方经济学成本定义的外延则非常广泛，远远超出产品成本的概念。

二、财务会计中的成本

在财务会计中，成本是根据财务报表的需要定义的，它们由会计准则或会计制度来规

---

① 中国成本研究会：《最新现代成本管理大词典》，中国物价出版社1994年版。

② 《马克思恩格斯全集》，第25卷，人民出版社1975版。

③ 《马克思恩格斯全集》，第24卷，人民出版社1975版。

范，因此，也称为“财务成本”、“制度成本”或“法定成本”。

美国会计师协会（AICPA）1957 年发布的《第 4 号会计名词公报》（Accounting Terminology Bulletion No.4）对成本所下的定义为：“成本系指为获取财务或劳务而支付的现金或转移其他资产、发行股票、提供劳务、或发生负债，而以货币衡量的数额。成本可以分未耗（unexpired）和已耗（expired），未耗成本可由未来的收入负担，例如存货、预付费用、厂房、投资、递延费用等属之；已耗成本不能由未来的收入负担，故应列为当期收入的减项，或借记保留盈余，例如，出售产品或其他资产的成本及当期费用属之。”[①]也就是说，成本为获取财货或劳务而支付的现金或等价物，换言之，成本是为获得某种利益而产生的支出，每一种支出如果是为了获得某种利益都代表一项成本。

在我国财政部制定的《企业会计准则》中，“成本是指企业为生产产品、提供劳务而发生的各种耗费。”该制度中所说的成本是指生产经营成本，它具有以下特征：(1)成本是经济资源的耗费。生产经营过程同时也是经济资源的耗费过程，例如，为生产产品需要耗费原材料、磨损固定资产以及用现金支付工资等。原材料、固定资产和现金，都是企业的资产，这些资产原本可以为企业换取经济利益，现在被耗用掉了。成本是经济资源的耗费，经常作为耗费、花费的同义词使用。(2)成本是以货币计量的耗费。生产经营成本是以货币支出计量的，它们若不是过去已经支付了货币，就是将来需要支付货币。没有支付货币的耗费，如生产对环境的损害等，如果企业对此不需要支付现金则不能计入生产经营成本。(3)成本是特定对象的耗费。成本总是针对特定对象或目的的，成本是转嫁到一定产出物的耗费，是针对一定的产出物计算归集的。这个产出物称为成本计算对象，它可以是一件产品或者一项服务。成本和费用的区别之一，就是成本有特定的对象，而费用没有特定对象。广义的费用是资产的耗费，它强调资产已经被耗费，而不是被“谁”耗费；狭义的费用仅指为取得营业收入的资产耗费，它强调与特定会计期收入配比的耗费，而不是特定产出物的耗费。(4)成本是正常生产经营活动的耗费。从理论上说，企业的全部经济活动应当分为生产经营活动、投资活动和筹资活动，这三项活动的损益在利润表中要分开报告，以便评价企业的获利能力。只有生产经营活动的正常耗费才计入生产经营成本并从营业收入中扣减，以便使“营业利润”能反映生产经营活动的正常获利能力。

在实际工作中，为了使企业成本计算的口径一致，防止乱挤乱摊成本，保持成本的可比性，需要由国家统一制定成本开支范围，明确成本的内容。根据我国有关财会制度规定，工业企业产品成本开支范围包括以下各项：

(1)为制造产品而消耗的原材料、辅助材料、外购半成品和燃料的原价和运输、装卸、整理等费用。

(2)为制造产品而耗用的动力费。

(3)企业生产单位支付给职工的各类薪酬。

(4)生产用固定资产折旧费、租赁费（不包括融资租赁费）、修理费和低值易耗品的摊销费用。

(5)企业生产单位因生产原因发生的废品损失，以及季节性、修理期间的停工损失。

(6)企业生产单位为管理和组织生产而支付的办公费、取暖费、水电费、差旅费，以及运输

① 中国成本研究会：《最新现代成本管理大辞典》，中国物价出版社 1994 版。

费、保险费、设计制图费、试验检验费和劳动保护费等。

为了严肃财经纪律、加强产品成本管理，财会制度还明确规定，下列各开支不得列入产品成本：

(1)购置和建造固定资产、无形资产和其他长期资产的支出。这些支出属于资本性支出，在财务上不能一次列入产品成本，只能按期逐月摊入。

(2)对外投资的支出以及分配给投资者的利润支出。

(3)被没收的财物，支付的滞纳金、罚款、违约金、赔偿金，以及企业赞助、捐赠等支出。

(4)在公积金、公益金中开支的支出。

显而易见，财务会计制度中的产品成本开支范围是以产品成本的经济内涵为基础，同时也考虑到国家的方针政策和企业管理的需要而制定的。因此，财务会计中成本的现实内容同经济学中成本的理论内涵稍有背离。

三、管理会计中的成本

管理会计和财务会计是现代会计的两大分支。管理会计是为企业管理服务的，它所使用的成本概念与管理学相同，可称之为"管理成本"。最一般的管理成本定义是"为了达到特定目标所失去或放弃的一项资源"。管理学上信奉的原则是"不同目的需要不同意义的成本"，因此管理成本是用于企业内部经营管理的各种成本的总称，比财务成本的涵义更广泛，诸如责任成本、设计成本、质量成本、差别成本、机会成本、沉没成本、重置成本、边际成本、变动成本和固定成本等。这些成本是按照企业经营管理的各种要求，根据财务成本和其他有关资料进行不同的归类、分析和调整后计算出来的。管理成本是对财务成本的进一步深化和发展。由于管理成本的核算目的主要是对企业某一方面的经营管理进行专题的成本分析，因此有人亦称为分析成本。管理成本具有如下特点：(1)核算的目的是为了加强企业内部经营管理，为进行成本、利润预测和生产经营决策提供数据。(2)核算的对象不是单一的产品成本，而是适应企业经营管理各个方面需要的各种不同的成本。(3)核算所需要的资料，不仅是会计核算提供的实际生产费用，还包括有关的统计资料、计划和定额资料、技术测算资料和市场信息等。(4)核算的原则、方法和日期，没有统一规定，企业不必按照统一的财务、会计法规和制度进行核算，核算时不必进行账务处理，不一定需要编制成本报表；核算哪些成本，如何核算，何时核算，怎样提出书面报告，都可以由企业根据实际情况和具体条件自行确定。

四、成本的经济作用

成本种类很多，不同的成本有不同的作用。典型的成本是产品成本，其经济作用表现在以下几个方面：

(一)产品成本是补偿企业生产耗费的基本尺度

在市场经济条件下，企业在生产中的耗费必须从自己的产品销售收入中得到补偿。整个补偿数额的多少，是以产品成本作为衡量尺度的。只有按产品成本数额得到足额补偿，才能保证再生产的正常进行，否则，企业正常生产就会受到威胁。另外，实行经济核算制的企业，除了用收入补偿耗费外，还必须有盈余，这样才能满足企业扩大再生产的需要，以及满足社会的需要。企业盈余的多少，主要取决于产品成本的高低。因此，产品成本作为补偿尺度对于评价企业经济效益，正确处理企业和相关者之间的分配关系，具有重要的意义。

（二）产品成本是反映企业工作质量的综合指标

由于产品成本是生产耗费的综合（货币）反映，所以，企业劳动生产率的高低，固定资产利用的好坏，材料费用的合理利用和节约程度，费用开支的节约和浪费，产品数量的多少和质量的好坏，管理工作和生产组织的水平等等，最终都会在产品成本中反映出来。因此，产品成本是衡量企业生产经营活动质量的综合指标，可以在一定程度上反映企业增加生产、降低消耗和经营管理水平的高低。

（三）产品成本是制定产品价格的重要依据

产品的价格是产品价值的货币表现。产品价格的制定，要体现价值规律的要求，大体上要符合产品价值，同时要考虑价格和市场供求关系。在现阶段还不能直接计算产品的价值，只能通过产品成本来间接、相对地反映。这是因为产品成本是产品价值的主要组成部分。因此，产品成本就成为制定产品价格的一个重要经济依据。

（四）产品成本是进行经营预测、决策和分析的重要基础

在市场经济条件下，市场竞争异常激烈。企业要在激烈的市场竞争中取胜，就要面向市场，对生产计划的安排、工艺方案的选择、新产品的开发等，都采用现代化科学管理的手段进行经营预测，从而做出正确的决策。同时，为了更好地对企业的生产经营活动进行管理和控制，还必须定期与不定期地对企业的生产经营情况进行分析，从而采取有效措施，促使企业完成各项计划任务。只有及时提供准确的成本资料，才能使预测、决策和分析等活动建立在可靠的基础之上。所以，成本指标就成为企业进行预测、决策和分析的重要数据资料。

第三节　成本的分类

由于不同的成本概念反映了不同的特定对象，为了满足企业成本管理的不同需要，有必要按照不同的标志对成本进行分类，以便明确各类成本间的相互关系和各类成本特定的经济意义，进而为加强成本管理、控制生产耗费、降低企业成本提供依据。

一、财务成本的分类

财务成本是根据国家统一的财务和会计法规及制度核算出来，用于企业经营管理和向企业外部有关方面报告的成本。在实际工作中，财务成本表现为多种多样的具体形式，并被赋予各种不同的称谓。以工业企业为例，对财务成本可以作以下分类：

（一）按成本的经济内容或经济性质分类

1. 外购材料。是指企业耗用的一切从外部购进的原料及主要材料、半成品、辅助材料、包装物、修理用备件和低值易耗品等。

2. 外购燃料。是指企业耗用的一切从外部购进的各种固体、汽体、液体燃料。

3. 外购动力。是指企业耗用的从外部购进的各种动力。

4. 职工薪酬。包括企业为职工支付的工资、奖金、津贴和补贴，职工福利费，医疗保险费、养老保险费、失业保险费、工伤保险费和生育保险费等社会保险费，住房公积金，工会经费和职工教育经费，非货币性福利，因解除与职工的劳动关系给予的补偿，其他与获得职工提供的服务相关的支出。

5. 折旧费和摊销费。指企业按照规定计提的固定资产折旧费（不包括融资租赁出租固定资产的折旧费），无形资产的摊销费以及周转材料的摊销费。计提折旧和摊销不仅仅是为了收回固定资产和无形资产投资使企业将来有能力重置固定资产和无形资产，而且是为了将固定资产和无形资产成本分摊于各个受益期，实现收入与费用的正确配比，合理确定各个受益期的损益。

6. 利息费用。是指企业应计入"财务费用"科目的借款利息净支出。

7. 税金。是指企业应计入"管理费用"科目的房产税、土地使用税、车船税和印花税。

8. 其他。企业在一定时期发生的除上述所列要素费用外的其他费用，如邮递费、差旅费、租赁费等。

成本按经济内容或经济性质分类，能够反映企业在一定时期内发生了哪些费用，数额是多少，可以反映不同时期费用支出的水平；能够提供物化劳动和活劳动耗费资料，为计算工业净产值和国民收入提供方便；可以反映材料、燃料等要素的实际支出情况，为企业编制财务成本预算提供参考资料。但这种分类不能反映费用的用途，不便于计算产品成本，也不便于分析支出是否合理、节约。

（二）按成本的经济用途分类

成本按其经济用途可分为研究与开发成本、设计成本、生产成本、营销成本、配送成本、客户服务成本、行政管理成本等。

在实务中，按照现行财务会计制度规定，工业企业成本分为生产成本和经营管理费用两大类。

1. 生产成本。生产成本又称制造成本，是产品制造过程中发生的成本，通常由直接材料、直接人工与制造费用三个项目组成。

（1）直接材料：指企业生产经营过程中构成产品实体的原料、主要材料以及有助于产品形成的辅助材料、设备配件、外购半成品、燃料、动力、包装物、低值易耗品和其他直接材料。

（2）直接人工：指生产过程中直接改变原材料的性质或形态所耗用的人工成本，包括直接从事产品生产人员的各类薪酬。

（3）制造费用：指企业各生产单位（分厂、车间）为组织和管理生产所发生的各项费用，包括间接材料、间接人工和其他制造费用三部分。具体费用项目通常包括固定资产折旧费、修理费、机物料消耗、低值易耗品摊销、车间管理人员的薪酬、办公费、水电费、差旅费、运输费、保险费、设计制图费、劳动保护费、季节性停工和修理期间的停工损失等。

2. 经营管理费用。经营管理费用又称非生产成本或非制造成本，是指生产领域之外服务于企业生产正常运转的一些成本，包括销售费用、管理费用和财务费用。

（1）管理费用。是指企业行政管理部门为组织和管理生产经营活动而发生的各项费用。具体包括：公司经费、工会经费、董事会费、咨询费、聘请中介机构的费用、诉讼费、排污费、绿化费、税金（房产税、车船使用税、印花税和土地使用税）、矿产资源补偿费、土地损失补偿费、技术转让费、研究费用、业务招待费、开办费、存货盘亏、毁损和报废的净损失等。

(2)财务费用。是指企业为筹集生产经营所需资金而发生的各项费用。具体包括:利息支出(减利息收入)、汇兑净损失、调剂外汇手续费、金融机构手续费及筹资发生的其他费用、发生的现金折扣或收到的现金折扣等。

(3)销售费用。是指企业在销售产品、材料、自制半成品和提供劳务等过程中发生的各项费用。具体包括:保险费、包装费、展览费、广告费、商品维修费、预计产品质量保证损失、运输费、装卸费以及为销售本企业商品而专设的销售机构(含销售网点、售后服务网点等)的职工薪酬、差旅费、办公费、折旧费、修理费、物料消耗、低值易耗品摊销以及其他经费等。

(三)按成本同特定产品的关系分类

成本按其与特定产品关系可分为直接成本和间接成本。

1. 直接成本。也称为直接计入成本,是指与某一特定产品之间具有直接联系的成本。它是为某一特定产品所消耗,因而可以直接计入该产品成本。例如大部分的直接材料和直接人工成本都是直接成本。

2. 间接成本。也称间接计入成本,是指与某一特定产品之间没有直接联系的成本。它是为几种产品所消耗,不能直接计入,需要按适当的标准分配计入各种产品的成本。例如少部分的直接材料和直接人工成本以及制造费用,通常是分配计入各有关产品的成本。

将成本划分为直接成本和间接成本,对于正确计算产品成本是十分重要的。凡是直接成本必须根据原始凭证直接计入该种产品的成本;对于间接成本则要选择合理的分配标准分配给相关产品。分配标准是否恰当,将直接影响成本的正确性。

(四)按成本与收入相配合的时间分类

成本按其与收入相配合的时间不同可以分为产品成本和期间成本。

1. 产品成本。是指同产品生产有着直接联系的成本,它们汇集于产品,随产品流动而流动。期末,按产品汇集的成本,先要在完工产品和在产品之间进行分配。当产品出售时,完工产品成本即由存货成本转化为销售成本,反映在当期利润表上与该期销售收入相配比,据以确定当期损益。至于未销售的产品或尚未加工完成的在产品,则留存于存货成本中,反映在资产负债表上。所以,产品成本是随产品实体流动而流动的成本。

2. 期间成本。也称期间费用,是与一定期间相联系的成本。它不计入产品成本,而是直接归入当期损益的本期费用。也就是说,期间成本发生时即同当期销售收入相配比,全额列在利润表上作为该期销售收入的一个扣减项目。它不随产品实体流动而流动,而是随着企业生产经营活动持续期的长短而相应增减的成本。

产品成本与期间成本的范围存在着此增彼减的关系。我国过去的会计制度,曾规定工业企业的"企业管理费"和"销售费用"要分配给产品,是一种"全部成本法"。1993 年改为目前的"制造成本法",只将生产成本分配给产品,而将销售费用、管理费用和财务费用作为期间成本处理。

(五)成本的其他分类

在实际工作中,对工业企业成本还有以下分类:

1. 按成本依附的实体分为半成品成本、在产品成本、产成品成本、商品产品成本、委托加工商品成本等。

(1)半成品成本。半成品是已完成某个生产步骤(车间)的加工过程，需要转入下一生产步骤(车间)进一步加工或装配的产品。半成品成本指半成品生产车间生产该半成品的车间成本。

(2)在产品成本。在产品指处于生产过程之中，尚未完工的不能出售的产品。从车间上来看，在产品是指正处于该车间生产过程中的产品，从整个企业看，还包括上一车间已加工完毕，但还未转入下一车间或转入半成品库的半成品。在产品成本指车间或企业所发生的，应该由在产品负担的生产费用。

(3)产成品成本。产成品指已完成生产过程，检验合格可以出售的产品。产成品成本是指企业生产产品从投入到完工所耗费的全部生产费用。某种产品的产成品成本等于生产该产品的工厂成本。

(4)商品产品成本。商品产品成本是指企业生产的供对外销售的产品的工厂成本。

(5)委托加工商品成本。委托加工商品成本是指企业为外单位以来料加工形式制造代制品所发生的加工费，一般包括除原材料费用以外的生产工人工资和职工福利费、燃料和动力费、制造费用等。

2. 按成本确定的方式及时间分为预测成本、定额成本、计划成本和实际成本等。

(1)预测成本。预测成本是运用一定的科学方法，对某种设计或改革方案预计的将来可能发生的生产成本。预测成本是经营决策的依据之一，它有助于多方案的比较和选择；被选中方案的预测成本，待方案实施后，即为现行定额成本。此外，在计划编制、实施和生产过程中也可进行成本测算，以掌握生产耗费的情况及可能的发展趋势与结果，为成本计划及生产过程成本控制提供及时的信息。

(2)定额成本。定额成本是根据先进合理的技术经济定额和计划价格、计划费用率等有关资料测算的产品生产成本。严格地说，定额成本应是被选中并实施的改革方案的预测成本，因此每实施一次改革，定额就要修订一次。如果产品由若干个零部件组成，还要分别编制零件、部件和各生产工序的定额成本。定额成本表明了产品生产耗费的标准，它为广大职工确立了生产耗费所遵循的尺度和努力的目标。在生产过程中，将实际成本与定额成本比较，能及时地揭示实际消耗脱离定额的差异，便于查找原因，及时采取纠正措施。

(3)计划成本。计划成本是根据计划期的各项消耗定额、费用计划以及有关资料测算的计划期的产品平均生产成本。它反映了计划期内企业产品生产应达到的成本水平，便于加强成本的计划管理，建立成本管理的责任制和调动广大职工的积极性，不断降低产品成本。

计划成本与定额成本都是以消耗定额为依据计算的，但计划成本是测算计划期内的平均生产成本，通常在一年之内不变，而定额成本会随着工艺技术水平和劳动生产率的提高而经常修订变动。如果定额成本在计划期内的变动可预计，年度单位计划成本就等于全年加权平均的单位定额成本。

(4)实际成本。实际成本是根据产品生产的实际耗费计算出来的成本，它反映了生产产品的实际耗费水平。正确计算产品的实际成本，对于保证合理的价值补偿，正确计算在产品与产成品的期末存货，正确计算企业的盈利，以及为成本控制提供合理的反馈信息，降低成本，具有重要的意义。

3. 按成本所包含的空间范围可分为班组成本、工序成本、车间成本和工厂成本等。

(1)班组成本。班组成本是指企业生产班组生产产品所直接发生的耗费，它包括生产产品所直接发生的原材料、辅助材料、燃料和动力、生产工人工资和职工福利费以及其他费用。

(2)工序成本。工序成本是指产品生产加工的某一工序上所直接发生的各种费用。

(3)车间成本。车间成本是指企业的生产车间生产产品从产品投产开始至该车间完工为止所发生的耗费，包括该车间所发生的原材料、自制半成品、燃料和动力、生产工人工资及职工福利费、制造费用和废品损失等费用。

(4)工厂成本。工厂成本是企业生产某种商品产品发生的全部生产耗费。

二、管理成本的分类

管理成本是用于企业内部经营管理的各种成本的总称。管理成本是为了适应企业管理不同目的如生产经营决策、成本控制及责任考核等而设立的，其认定往往具有非常规性。

(一)按成本习性分类

成本习性，是指成本总额与业务量(产量或销量)变化的依存关系。成本按成本习性可分为变动成本、固定成本和混合成本。

1. 变动成本。变动成本是指其总额随着业务量(可用产量，也可用直接人工小时或机器小时表示)的变化而成正比例增减变化的成本。例如直接材料、直接人工中的计件工资等。但若就单位产品中的变动成本而言，则是不变的。必须指出，变动成本同业务量之间成正比例变动的关系是有一定范围的，超过一定范围，变动成本同业务量之间的比例关系可能会改变。例如，当一种新产品还是小批量生产时，由于生产还处于不熟练阶段，直接材料和直接人工耗费可能较多，随着产量的增加，工人对生产过程逐渐熟练，可使单位产品的材料和人工费用降低。在这一阶段，变动成本不一定与产量完全成同比例变化，而是表现为小于产量增减幅度。在这以后，生产过程比较稳定，变动成本与产量成同比例变动，这一阶段的产量便是变动成本的相关范围。然而，当产量达到一定程度以后，再大幅度增产可能会出现一些新的不利因素，使成本的增长幅度大于产量的增长幅度。

2. 固定成本。固定成本是指其总额在一定时期和一定业务量范围内不受业务量增减变动影响而固定不变的成本。属于固定成本的主要有折旧费、保险费、管理人员工资、办公费等，这些费用每年支出水平基本相同，产销量在一定范围内变动，它们保持固定不变。正是由于这些成本是固定不变的，因而，随着产量的增加，意味着它将分配给更多数量的产品，也就是说单位固定成本将随产量的增加而逐渐变小。

固定成本还可进一步区分为约束性固定成本和酌量性固定成本两类。

(1)约束性固定成本。约束性固定成本属于企业“经营能力”成本，是企业为维持一定的业务量所必须负担的最低成本。厂房、机器设备折旧费、保险费等都属于这类成本。企业的经营能力一经形成，在短期内很难有重大改变，因而，这部分成本具有很大的约束性，管理当局的决策行动不能轻易改变其数额。想要降低约束性固定成本，只能从合理利用经营能力入手。

(2)酌量性固定成本。酌量性固定成本属于企业“经营方针”成本，即根据企业经营方针由管理当局确定的一定时期(通常为一年)的成本。广告费、研究与开发费、职工培训费等都属于这类成本。这些成本的支出，是可以随企业经营方针的变化而变化的。一般在一个预算年度开始，管理当局要根据企业的经营方针和财务状况，斟酌这部分成本的开支情况。因此，要降低酌量性固定成本，就要在制定预算时精打细算，合理确定这部分成本的数额。

应当指出的是，固定成本总额只是在一定时期和业务量的一定范围内保持不变。这里所说的一定范围，通常称为相关范围。超过了相关范围，固定成本也会发生变动。因此，固定成本必须和一定时期、一定业务量联系起来进行分析。从较长的时间来看，所有的成本都在变化，没有绝对不变的固定成本。

3. 混合成本。混合成本是指其总额虽受业务量变动的影响，但其变动幅度并不同业务量的变动保持严格的比例。也就是说，混合成本兼有固定成本和变动成本两种性质，视其具体情况不同，可进一步分为半变动成本和半固定成本两类。

(1)半变动成本。半变动成本是指这种成本通常由一个基数，相当于固定成本，在这个基数之上，业务量增加了，成本也会相应增加，又类似变动成本。如电话费，这种费用一般都包括一个基数，不管是否使用都必须支付一定费用，这部分属于固定成本性质。除此之外，根据用量多少，按比例缴纳费用，这部分属于变动成本性质。

(2)半固定成本。半固定成本是指当业务量在一定范围内增长时，其发生额固定不变；但在业务量增长超过一定限度时，其成本就会跳跃上升，然后在新业务量的一定范围内又保持不变，直到出现新的跳跃。所以，它是逐渐增加的成本，如同阶梯式递增形态。例如化验员、检验员的工资，当产量增加超过一定限度，就要增加人员，从而使这些人员工资跳跃增加。

从理论上说，成本可分为变动成本、固定成本和混合成本三类，但在成本会计实务上，可利用一些技术方法将混合成本归分到变动成本和固定成本两部分之中。所以，按成本习性分类，从根本上说，应该只有变动成本和固定成本两类。

将成本分为变动成本和固定成本两类，对于成本的预测、决策和分析，特别是对于控制和寻求降低成本途径具有重要作用。由于变动成本一般是受消耗定额执行情况的影响，因而控制和降低单位产品的变动成本，主要应从控制和降低单位产品消耗量入手。单位产品的固定成本往往同时受产量和费用发生额增减的影响，所以要控制和降低固定成本，则应从控制并降低其支出绝对额和提高业务量来实现。

（二）按成本相关性分类

成本的相关性是指成本的发生是否与决策有关联。成本按相关性可分为相关成本与无关成本。

1. 相关成本。相关成本是指与决策方案直接有关的成本，即在决策分析过程中必须认真加以考虑的各种成本。例如差别成本、边际成本、机会成本、估算成本、重置成本、付现成本、可避免成本、不可延缓成本等，都属于相关成本。这些成本一般不必记录在凭证和账簿上，因为它们是尚未发生的未来成本，但进行决策时，必须结合实际情况对它们逐一进行认真研究，从而有效地对各个备选方案做出比较和选择。

2. 无关成本。无关成本是指与某一特定决策方案没有直接联系的成本，即过去已经发生或虽未发生但对未来决策没有影响的各种成本。如历史成本、沉没成本、不可避免成本；另外，在决策过程中，凡是项目一致、金额相同、为各备选方案所共同拥有的未来成本，也属于无关成本。

（三）按成本的可控性分类

成本按其是否可控分为可控成本与不可控成本。

1. 可控成本。可控成本是指能由一个责任单位（包括部门、生产车间、工段、班组等）或个人的行为所控制，受其工作好坏影响的成本。

2. 不可控成本。不可控成本是指不能由一个责任单位或个人的行为所控制，不受其工作好坏影响的成本。

成本是否可控并不是固定针对何种项目成本而言，而必须同一个具体责任单位或个人联系起来。某项成本从某一责任单位或个人来说，是不可控成本，但对另一个责任单位或个人来说，可能是可控成本。例如机器设备保险费，从产品生产车间看是不可控的，而对于负责企业保险业务的责任单位来说，则是可控的。其次，理解成本可控性必须同成本发生的时间相联系进行考察。例如，在产品设计阶段、成本决策和计划阶段，因成本尚未发生，基本上都是可控的；在产品生产过程中，产品成本只是部分可控；而产品完工后，成本已基本形成，也就无所谓可控不可控了，所以，事前控制应作为成本控制的重点。此外，成本可控与否，还要视不同层次的权限而定，某些成本从基层领导看是不可控的，而对于高层领导则是可控的。例如生产设备的租赁费，对于具体使用该项设备的生产车间来说，是不可控成本；但对于有权决定是否购进新设备代替租用设备的有关领导人来说，则是可控的。

成本分为可控成本与不可控成本，对评价责任单位的工作业绩是非常重要的，对于一个成本责任单位来说，可控成本属于责任成本，只有根据可控成本进行考核才有意义。这样，可以促使各成本责任单位增强成本意识，积极采取有效措施，不断降低可控成本。

（四）其他分类

随着经济的发展和人们对成本会计信息要求的不断提高，管理成本的概念也在不断的扩展。为适应现代企业加强成本管理的要求，就必须充分掌握并运用好各种新的成本概念。

1. 差别成本与边际成本

差别成本从狭义上讲，是指由于产量增减变化引起的成本差别。从广义上讲则泛指可供选择的不同备选方案间预计成本的差额。与差别成本相对应的是差别收入。差量分析法作为管理会计中最基本的分析方法，就是通过联系不同方案的差别成本与差别收入，进一步比较不同方案的差别收入与差别成本来进行决策分析的。

边际成本从理论上讲是指产量无限小变化所引起的成本变动部分。但实际计量时，边际成本应是产量每增减一个单位所引起的成本变动。在实际工作中，常常也将增加一批产量所增加的成本视为边际成本，这时的边际成本实际上是边际成本总额。

2. 机会成本与估算成本

机会成本是指在决策时从多种可供选择的方案中选择某一种方案而放弃另一种方案所丧失的潜在利益。机会成本的存在是以资源紧缺性与多用性为前提。需要注意的是，机会成本并不是通常意义上的成本，它不是实际的支出或费用，因而不计入企业的账簿，而且，没有方案的选择便没有机会成本。考虑机会成本，可保证决策方案最优化。

估算成本是机会成本的一种表现形式，又称假计成本，需要通过估计和推算才能予以确定。最常见的估算成本是利息。企业在进行投资决策时，不论资金是自有的还是外借的，都应将利息作为估算成本，以便对不同资金来源的方案进行分析对比。

3. 沉没成本与付现成本

沉没成本从狭义上讲是指过去发生的、尚未得到补偿（如折旧）的成本；而从广义上讲是指过去已经发生、当前决策不能使之改变的成本。例如，某企业拟进行以旧换新，旧设备的账面净值是狭义的沉没成本，而其原值是广义的沉没成本。

付现成本又称现金支出成本，是指由某项决策所引起的、需要立即付现金的成本。如果资金紧张，现金支付能力弱，企业在衡量决策的经济性时往往将付现成本作为考虑的重点，甚至以付现成本最低的方案来代替总成本最低的方案。

4. 原始成本与重置成本

原始成本又称历史成本，指已购建资产所发生的实际成本。它有较为客观的参考价值，是账面记录的基础。在计量资产的价值和确定企业的净收益时，一般都以原始成本作为依据。

重置成本是指按现时的市价来计量的重新购建某项资产的成本，又称现时成本。重置成本分为完全重置成本与现行重置成本两类。前者是指使用与原始资产相同的材料、建造标准、设计结构和技术条件，以现时价格购建相同状态的资产所需的成本；后者则是指利用新型材料、新技术标准，以现时价格再购建相同功能的资产所需的成本。

5. 联合成本与专属成本

联合成本指联产品从投产到可分离点为止，这一生产过程所发生的各项成本，又称为共同成本。在联产品生产的决策中，联产品继续加工与否都要发生联合成本，故决策时不必考虑联合成本的金额大小及分配结果。

专属成本是指联产品在通过可分离点以后进一步发生的，可明确归属于特定产品的成本，又称为可分成本。在联产品生产的决策中，需要考虑专属成本的大小。

6. 可延缓成本与不可延缓成本

如果某一方案已经被决定要采用，但延迟、暂缓实施对全局影响不大，那么与这一方案相联系的成本就是可延缓成本。如某企业决定购买 10 台高性能电子计算机，以便在财务部门推广电算化。但目前资金短缺，该企业决定推迟此项购买计划，预计不会由此带来负面影响。那么，与购买电子计算机有关的成本应被视为可延缓成本。

如果已选定的某一方案必须立即实施，否则将对企业生产经营活动的正常进行产生严重的不利影响，那么与这一方案有关的成本就是不可延缓成本。例如，某企业的主要生产线损坏，如不立即进行修复和购置，整个企业的生产将陷入瘫痪状态，势必使企业蒙受巨大的有形损失和无形损失，这样，修复或购置该主要生产线的成本就应被视为不可延缓成本。

第四节 成本会计的对象和内容

一、成本会计的对象

（一）一般对象

无论企业所处行业如何、经营范围如何，对一个企业来说，日常的经济活动无外乎生产和销售产品或提供劳务、进行经营管理，在开展这些活动时都会发生各种各样的支出，这些支出都是生产经营管理费用。成本会计的一般对象就是生产经营管理费用，具体包括：生产费用（生产成本）和期间费用，即通常意义上的成本与费用。

成本和费用是一组既紧密联系又容易混淆的概念。一般意义上的成本是指代产品（劳务）成本的简称，其实质就是为生产产品、提供劳务所耗费各项生产资源的价值，而费用是指代期间费用的简称，其实质是企业在营运过程中消耗各类资源的价值，包括管理费用、销售费用和财务费用。成本是与产品生产、劳务提供有直接关系的开支，能够明确确定归属对象，其最终归属于产品、劳务，计为产品成本或劳务成本。按照配比原则，在产品完工并售卖、劳务已供应，需确认产品、劳务的销售收入时，将其相应的产品、劳务成本计入当期损益，与收入相配比。在产品没有完工或售出之前，成本始终作为资产中存货项目的一个组成部分。而费用是与产品生产没有直接关系，但能够确定所属会计期间的费用。费用与生产产品没有直接必然联系，所以不能归属给产品负担，而是应在发生当期与当期收入进行配比，作为当期损益的减项，直接冲减当期损益。

（二）具体对象

企业所发生的生产经营管理费用作为成本会计的核算对象，其具体所包括的内容，如前所述，可以按经济内容不同进行分类，也可按经济用途进行分类，在不同的分类方法下，成本会计的具体对象有所不同。

按其经济内容，企业的生产经营管理费用可划分为：劳动对象方面的费用、劳动手段方面的费用和活劳动方面的费用。前两方面为物化劳动耗费，即物质消耗；后一方面为活劳动耗费，即非物质消耗。这三类可以称为企业费用的三大要素。为了具体反映企业生产经营管理费用的构成和水平，还应在此基础上，将其进一步划分为以下八项费用要素：外购材料、外购燃料、外购动力、职工薪酬、折旧费和摊销费、利息支出、税金、其他费用。

按其经济用途，企业的生产经营管理费用可划分为：用于产品生产的生产成本和用于经营管理的经营管理费用。

1. 生产成本。是企业生产单位（车间或分厂）在生产产品过程中发生的费用。在产品生产过程中，发生的生产费用是多种多样的。为了反映所发生生产成本的具体类别，还应将生产成本进一步划分为若干项目列示。这些项目就是产品生产成本项目，简称成本项目。通常，工业企业需开设以下三个成本项目：直接材料、直接人工、制造费用。

成本项目的设置应适应企业的生产特点和成本管理要求，国家并没有统一的设置要求，企业或主管企业的上级单位可以对上述成本项目进行适当调整。在开设或者调整成本项目时，应在综合权衡以下三方面成本效益的基础上进行选择：①某种费用在产品成本中所占比重的大小；②某种费用在管理上有无单独反映、控制和考核的需要；③为某种费用专设成本项目所增加的核算工作量的大小。一般，对于产品成本占比较大的费用、管理上需单独反映、控制和考核的费用，应专设成本项目。比如，我国能源比较紧张，因而一般企业要专设“燃料及动力”成本项目，单独反映生产中工艺用燃料和动力的消耗情况。但如果产品在工艺上耗用的燃料和动力很少，为简化核算，不需要专设“燃料及动力”成本项目，可将这些费用并入“制造费用”成本项目。再如，如果废品损失在产品成本中占比较大，需要作为一项重点费用进行核算和控制，也可以增设“废品损失”成本项目；如果没有废品，或者废品损失较小，则不必增设“废品损失”成本项目。

将生产费用划分为若干成本项目，可以按照费用的用途考核各项费用定额或计划的执行情况，分析费用支出是否合理、节约。因此，产品成本不仅要分产品计算，而且要分成本项目计算，计算各种产品的各个成本项目的成本。产品成本计算的过程，也就是各种要素费用按其经济用途划分，最后计入各月各种产品成本，按成本项目反映完工产品和月末在产品成本的过程。

2. 经营管理费用(期间费用)。是指企业在日常经营、管理活动中发生的与产品生产联系不紧密的费用。这些费用不能确定应归属的产品或劳务，因而不能计入产品或劳务成本，但能够确定其归属期间，因而将其作为期间费用核算，直接计入当期损益。按发生用途划分，经营管理费用可分为:管理费用、财务费用和销售费用。

二、成本会计的内容

在激烈的市场竞争中，企业为了避免被淘汰，必须向市场提供物美价廉的产品才能在市场上取得立足之地。物美，依靠新技术的发展和利用;价廉，要依靠降低产品成本。因此，精明的企业领导人，在注意发展新技术、开发新产品的同时，把目光更进一步地集中到成本上。以成本来干预生产经营活动，这是现代成本会计区别于传统成本会计的重要标志。我们可以说:现代成本会计是成本核算与生产经营管理的直接结合，它是根据成本核算及其资料，采用现代数学与数理统计的原理和方法，按照成本最优化的要求，对企业的生产经营活动进行预测、决策、控制和考核，促使企业不断降低产品成本，提高市场竞争能力和获利能力的现代化管理行为。具体来说，成本会计的工作内容包括如下:

(一)成本预测

成本预测(cost prediction)是在认真分析企业内在和外在条件变化的基础上，根据现有成本资料，运用一定的专门方法对未来一定时期产品进行的预计和测算。成本预测是确定目标成本和选择达到目标成本最佳途径的重要手段，是进行成本决策和编制成本计划的基础。通过成本预测可以寻求降低产品成本，提高经济效益的途径。

(二)成本决策

成本决策(cost decision)是在成本预测的基础上，根据内部潜力，制定优化成本的多种可行性方案，运用决策理论和方法，对多种方案进行比较分析，从中选择最优方案，决定应达到的目标成本及其执行的过程。做出最优化的成本决策是制订成本计划的前提，也是提高经济效益的重要途径。

(三)成本计划

成本计划(cost planning)是在成本预测和决策的基础上，为保证成本决策所确定的目标成本的实现，通过一定的程序，运用一定的方法，以货币形式规定计划期产品的生产耗费和各种产品的成本水平，并以书面文件的形式下达各执行单位和部门，作为计划执行和考核的依据。

（四）成本控制

成本控制（cost control）是指对整个生产经营活动中各项生产费用的发生进行引导和限制，使之能按预定的目标或计划进行的一种管理制度。从企业的整个经营过程来看，成本控制包括产品投产前的事前控制、生产过程控制和事后控制。成本事前控制是从建厂、改建、扩建、技术组织措施、新产品设计、研制、老产品改造，直到产品正式投产前所进行的一系列降低产品成本的活动。事前控制是整个成本控制活动中最重要的环节，直接影响以后产品制造成本和使用成本的高低。生产过程控制包括从生产计划安排、原材料采购、生产准备、生产工艺过程，直到产品完工入库这一整个过程中对原材料、人工、劳动工具的耗费，以及其他支出的控制等方面。事后成本控制是对过去成本控制的总结，通过揭示问题，找出差距，扬长避短，为更好地控制未来指明方向。

（五）成本核算

成本核算（cost check）是按照企业的生产工艺和生产组织的特点以及对成本管理的要求所确定的成本计算对象，采用与成本计算对象相适应的成本计算方法，按规定的成本项目，通过一系列的生产费用的归集与分配，正确划分各种费用界限，从而计算出各种产品的实际总成本和单位成本。成本核算是成本会计工作的核心，成本核算过程既是对产品生产中各种劳动耗费和费用支出进行如实反映的过程，也是对产品生产过程中各种劳动耗费和费用支出进行信息反馈和控制的过程。通过成本核算提供的成本资料可以反映成本计划完成的情况，为编制下期成本计划，进行未来成本的预测和决策提供资料，还可为制定产品价格提供依据。

（六）成本分析

成本分析（cost analysis）主要是利用成本核算资料和其他相关资料，将本期实际成本与目标成本、上年实际成本、国内和国外同类产品的成本进行比较，用以了解成本的升降变动情况，系统地研究影响成本变动的因素和原因，以及应负责任的单位和个人，并提出积极建议，以采取有效的措施，进一步挖掘增产节约、降低产品成本的潜力。成本分析的内容主要包括：全部产品计划完成情况分析，可比产品计划完成情况分析，单位产品成本分析，生产费用预算执行情况分析，主要经济技术指标变动对成本影响的分析，国内外同类产品成本对比分析，等等。

（七）成本考核

成本考核（cost investigate）是定期对成本计划及有关指标实际完成情况进行总结和评价。成本考核要以各责任者（部门、单位和执行人）为对象，以其可控制成本为界限，并按责任的归属来核算和考核其成本指标完成情况，评价其工作业绩和决定其奖惩。其目的在于鼓舞先进，激励后进，进一步完善成本管理责任制，督促企业各部门、各单位和职工个人，更好地履行经济责任，提高企业成本管理水平。

上述成本会计的各项工作内容，既相互独立又相互联系地构成一个有机的体系。成本预测是成本决策的前提，成本决策是成本预测的结果；成本计划是在成本预测和成本决策的基础上为保证决策目标而制定的具体实施方案，它是进行成本控制、分析和考核的重要依据；成本控制是为保证实现决策目标而对成本计划执行进行的监督；成本核算是对决策目标和成本计划完成情况的检验;成本分析在于找出影响成本变动的各种因素和原因，并对成本决策的正确性做出判断;成本考核是为了正确评价各责任部门、层次和个人履行责任的业绩，并决定惩罚，借以调动企业全体职工完成成本计划，实现目标成本的主动性、积极性和创造性。应当指出，成本核算是成本会计中的最重要、最基本的内容，成本预测、决策、计划，必须以过去的成本核算资料为重要依据，成本控制离不开成本核算提供的信息反馈，成本分析和成本考核更需要通过成本核算提供成本计划指标、实际完成情况的数据资料。可以说，没有成本核算就没有成本会计，也就不存在成本会计的其他工作。

三、成本会计工作的组织

为了有效地进行成本管理工作，充分发挥其应有的作用，必须加强成本会计工作的组织，也就是要建立健全成本管理机构，配备必要的成本管理人员，制定和推行合理的成本管理制度。特别是由于产品成本的高低受到企业各个部门和广大职工工作状况的影响，因此更需要把企业各部门很好地组织起来，分解成本指标，具体落实成本责任，充分调动广大群众的积极性，做到生产、技术、经济的统一，使所有部门、单位和个人重视成本，才能达到提高成本效益的目的。

(一)设立成本会计机构

1. 成本会计的领导机构

根据技术与经济结合的原则，成本会计工作的领导核心应由总经理、总会计师、总工程师和总经济师组成。总经理是成本会计工作组织的领导者，并对本单位的成本会计工作负完全责任;总会计师、总工程师、总经济师应从经济、技术以及两者的结合上组织企业成本会计工作。四者应融为一体，分工合作，负责组织整个企业的成本会计工作。

2. 成本会计的职能机构

开展成本会计工作的职能机构，在大中型企业单设成本会计处或成本会计科，也有企业在会计机构中设置成本会计组;至于小规模的企业一般是在会计部门中指定一些人专门负责成本会计工作。

总部成本会计职能机构是成本会计的综合部门，组织成本的集中统一管理，为企业领导提供各种成本信息;进行成本预测和决策，编制企业成本计划，并分解下达给各部门和车间;实行成本控制，监督生产费用支出，准确地核算整个企业的产品成本;检查和考核生产车间和工厂成本计划执行情况，开展成本综合分析;组织车间和工厂成本核算和管理，加强对班组经济核算的指导和帮助;制定企业成本会计制度，不断总结和推广成本管理、降低成本方面的先进经验。

成本会计工作在总部成本会计职能部门和内部各单位之间，可以采用两种不同的组织形式。以工业企业为例，在集中核算的形式下，企业一切成本会计工作，都集中在总部成本职能部门执行，其他职能部门、车间一般只负责提供原始资料。这种形式可以使成本核算资料集中在总部成本职能部门，减少核算层次，精简工作人员，但不便于企业内部其他单位掌握和控制成本或费用支出。在分散核算的形式下，车间成本或部门费用支出的计划、核算和分析等，一般由这些单位的成本员或负责成本工作的人员担任;总部成本职能部门主要负责成本数据的汇总，处理不便于分散到各单位去进行的成本工作，以及对各单位成本管理工作进行业务监督和指导。采用分散核算形式，可以使成本工作更好地与各部门、车间的生产经营管理结合起来，使各部门、车间能够及时了解本单位的成本水平及其超降情况，更加直接有效地指导生产。但是，这种组织形式增加了成本会计工作层次和工作人员。企业应采用哪一种组织形式要从有利于更好地完成成本会计任务出发，并根据企业规模的大小和经营管理水平等条件决定。

3. 成本责任归口管理部门

根据成本责任制，企业的其他职能部门都应对成本承担一定的责任：

(1)生产部门负责制定生产定额和控制外部加工费用，编制和落实生产、作业进度计划，提高工时利用率，保证完成产量、品种等计划指标，力求缩短生产周期，减少在产品、半成品的资金占用。

(2)技术工艺部门负责制定物资消耗定额，从产品设计和工艺技术上保证产品质量优、成本低、适销对路，减少原材料等各种物资消耗，节约工时，讲究经济效益。

(3)质量部门负责全面质量管理，提高优级品率，减少不合格产品和废品损失。

(4)物资供销储运部门负责制定物资储备定额，控制物资的消耗，合理组织物资的采购和保管，减少采购、储存和销售费用。

(5)设备部门负责制定设备利用定额，提高设备完好率和利用率，降低设备修理成本，减少维护保养费用。

(6)动力部门负责水、电、气消耗定额的制定和管理，在保证生产需要的前提下，努力控制能源消耗。

(7)劳动物资部门负责劳动力的合理组织，制定劳动定额，提高工时利用率和劳动生产率，控制工资、福利和奖金的支出，节约劳动保护费用开支。

(8)其他部门负责预期本身责任相关的成本工作，提高工作效率，减少费用支出。

4. 班组经济核算

班组是最基层的生产单位，产品生产过程中的各种消耗，大多数是在班组中发生的。所以，班组如何成本控制，直接影响着成本的高低。我国一些企业根据班组的大小配备了专职核算员或工人兼职核算员，把班组成本控制和班组核算结合起来，其内容包括将消耗指标分解、落实到个人；核算和控制班组、个人生产消耗；检查分析定额和费用指标的实现。这是组织工人参加成本会计工作的一种好形式，也是具有中国特点的责任会计的一种形式，对于降低成本发挥着重要的作用。

(二)配备成本会计人员

要求从事成本会计工作的人员，应具备一定的职业道德。西方国家对于管理人员的职业道德较为重视，其职业道德规范也较完善。国外管理会计师的道德行为准则一般包括：能力、保密、正直和客观。

职业道德行为准则在“能力”主题中，指出管理会计师应通过持续地发展本身的知识技能，保持胜任的职业能力。对于成本管理人员，不仅要懂得会计和财务管理，还应懂得经营管理，特别是要熟悉生产技术。由于影响产品成本的因素，既有经济因素，又有技术因素，在一定程度上技术因素起决定作用，这就要求成本管理人员也要努力学习生产技术，学会运用价值工程、成本最优化理论和方法，才能在成本管理工作中，坚持技术与经济相结合，发挥成本管理的重要作用。

现代成本会计工作不仅仅局限于计划、核算和考核，同时还要进行成本技术经济分析和成本效益分析，尤其是要把预测和决策放在重要地位。所以，成本会计人员要熟悉掌握现代成本管理的理论和方法，学会分析、预测、决策，具备过硬的岗位本领，使成本管理工作在企业发展生产中起到参谋作用。

（三）建立成本会计制度

成本会计制度是组织和从事成本会计工作必须遵循的规范和具体依据。因此，正确地制定和执行成本管理制度是做好成本会计工作的重要条件。企业应主动研究企业成本会计工作中的问题，制定企业自身的成本会计制度，加强成本会计工作，使成本会计工作走向良性循环，保证企业经济效益的增加。

企业成本会计制度要以会计准则、财务通则和财务会计制度的有关规定为依据，体现社会主义市场经济的要求，满足宏观调控的要求；要适应企业的生产和经济特点，以及内部经营管理的具体要求，同其他有关规章制度相协调；要深入实践调查研究，发动群众讨论，在认真总结经验的基础上加以制定。

成本会计制度的内容，应包括对成本进行预测、决策、计划、控制、核算、分析和考核等做出规定，一般应包括以下几个方面：成本预测和决策制度；成本定额、成本计划编制制度；成本控制制度；成本核算制度；成本报表制度；成本分析制度；企业内部价格制定和结算制度；其他有关成本会计的制度。

☆★本章关键概念

成本　费用　财务成本　管理成本　成本会计对象　成本会计内容

☆★复习思考题

1. 试述成本的涵义。
2. 成本与费用的关系如何？
3. 简述成本的分类。
4. 简述成本的作用。
5. 成本会计工作的对象是什么？
6. 成本会计工作包括哪些？

第二章　成本核算概述

【引言】

成本核算是成本会计最重要的组成部分。只有正确、及时地核算成本，才能为预测、决策和计划提供可靠、相关的成本信息，才能使企业管理层掌握成本计划的执行情况，才能分析在成本上企业的竞争能力和与竞争对手之间存在的差距，寻求降低成本的高效措施。

第一节　成本核算原则与要求

作为成本会计的主要内容，成本核算是对企业生产经营过程中所发生的成本费用进行归集、计算分配，并进行相应账务处理的活动。考虑到在各类企业中，工业企业的成本核算工作最为复杂、最为全面、也最具代表性，因而本书在不做特殊说明的情况下，讲述的均为工业企业的成本核算。

一、成本核算的原则

成本核算必须遵循国家有关的法规、制度，按企业的生产特点和经营管理要求进行。虽然各企业的生产类型和管理要求各有不同，但成本核算提供的信息均应具备可靠、相关、及时等基本质量要求。为确保成本核算的质量，各个企业在进行成本核算时，应遵循以下原则：

（一）分期核算原则

分期核算原则是指在进行成本核算时，要将企业经营过程按会计期间进行分期，分别归集与分配各期应负担的生产费用、期间费用。

为及时提供成本信息，成本核算中并不考虑核算的分期与产品的生产周期是否一致。成本核算一般按月度分期进行，年末按年度汇总本年核算结果，而产品的生产周期则是根据产品生产类型和生产组织形式确定的。

（二）权责发生制原则

权责发生制原则是指在确认成本、费用时，应以成本、费用的权责关系的实际形成期间为标准确定所属期间，凡是本期已发生或应负担的成本费用，不论是否支付，都应作为本期的成本费用处理;凡是不属于本期的成本费用,即使在本期已经支付,也不能作为本期的成本费用。

(三)实际成本核算原则

实际成本核算原则是指企业在计算产品成本时,必须按照其消耗各类资源的实际成本进行计价核算。不仅在计算生产耗用的原材料、燃料、动力和折旧等费用时,需按实际成本计价,而且结转完工产品成本时,也要按实际成本进行。

虽然企业在进行产品成本核算时,可根据自身的生产特点和管理要求,采用多种方法,如计划成本法、定额法、标准成本法等,但最后计算产品成本时应调整为实际成本。因为成本是客观交易形成的事实,只有按照实际成本核算,才能避免成本计算的随意性,保证成本信息的真实、客观和可靠。它是"客观性原则"在成本核算中的具体体现,但当物价发生大幅变动时,实际成本便不能确切反映资产的现实价值和真实收益了。

(四)可比性原则

可比性原则是指进行成本核算时所涉及到的会计处理方法,应在国家有关规定内进行选择,并且应前后期保持一致,不得随意变动。与成本核算相关的会计处理方法包括:要素费用确认方法、费用分配方法、产品成本计算方法、固定资产折旧的计提方法等。首先,企业应在《企业会计准则》规定的方法内,选择适当的方法,以确保同行业不同企业之间在的同类或相近成本信息口径统一、方便对比。其次,这些方法一经确定,应保持持续性不得经常变动,以使同一企业各期成本信息口径统一、便于比较。

可比性原则要求当情况变化后允许对原有程序和方法做出变更,但必须要有充分的理由,并且确有必要变更时,应将变更的情况、原因及其对企业财务状况和经营成果的影响加以说明,以便信息使用者能够鉴别企业不同期间成本信息差异的性质并做出正确评价。

(五)重要性原则

重要性原则是指在进行成本核算时,对重要的成本费用需单独反映并力求准确核算,对不重要的成本费用可简化核算。这一原则的目的是要分清主次、突出重点,使成本核算工作有序、高效开展,取得事半功倍的效果,而且也确保了成本信息的主次分明,增强了信息的可读性和可用性,便于信息使用者的使用。

(六)配比性原则

配比性原则是指在进行成本核算时,收入和与其相关的成本、费用应当存在对应关系、相互匹配。它以会计分期假设为基础,由权责发生制原则派生而来,用以指导企业的收入、成本费用应何时确认和如何计量的问题。这一原则要求企业某一会计期间的成本费用应与相关的营业收入在确认时间上保持一致,在金额上相联系、相配比。

(七)受益性原则

受益性原则是指在进行成本核算时,费用的分摊与成本的计算应按照投入资源和消耗资源的单位之间存在的受益关系合理进行,以确保成本信息的可靠性和准确性。费用分配方法、成本计算方法的选择,直接关系到成本核算结果的准确性。在选择这些方法时,应秉持受益原则,体现分配的公平性,所选分配标准应与所分配费用的高低关系密切,尽可能减少主观因素的影响，保持分配方法的合理性、客观性。

二、成本核算的要求

（一）算管结合，算为管用

作为企业管理重要组成部分的成本核算，应该从满足企业管理需要的角度出发，做到算管结合，算为管用。在进行成本核算时，首先要对企业在生产经营过程中发生的各项费用进行审核和控制，对各项费用的发生情况以及费用脱离定额或计划的差异进行核算分析，并及时进行信息的反馈和传递，对不利于提高经济效益的超支、浪费和损失要及时制止，并采取相应防范措施，防止以后类似问题的重现；其次要避免为算而算、搞烦琐哲学的做法，成本核算不能与生产经营管理的实际需要相脱离，也要避免片面追求核算简化的做法，使成本核算不能为企业管理提供所需有用信息。

（二）正确划分各种费用界限

为了加强对各种费用开支的控制，正确地核算生产费用和经营管理费用，进而正确地计算产品实际成本和企业损益，企业必须严格划分以下五种费用界限：

1. 正确划分生产经营管理费用与非生产经营管理费用的界限

企业的经济活动是多种多样的，除了日常生产经营活动以外，还有其他的经济活动。相应地，在开展这些经济活动时，必然会发生多种多样的费用支出，这些开支也必须按其用途进行合理分类。对于日常开展的生产、销售商品等活动发生的支出是生产经营管理费用，包括生产费用和期间费用。而日常生产经营活动以外发生的支出是非生产经营管理费用，包括资本性支出，如企业购置和建造固定资产、购买无形资产以及进行对外投资等；营业外支出，如罚没支出、对外赞助捐赠支出、固定资产盘亏损失、报废清理损失、其他非常损失等；其他支出，如股利支出、公积金开支等。

在进行成本核算时，企业不应将非生产经营管理费用计入生产经营管理费用，乱挤生产经营管理费用；也不应将生产经营管理费用计入非生产经营管理费用，少计生产经营管理费用。乱挤和少计生产经营管理费用，都会使成本、费用不实、损益和资产失实，不利于企业成本管理和资产管理，进而会影响企业再生产的顺利进行和国家财政收入的取得。因此，每个企业都应正确地划分生产经营管理费用与非生产经营管理费用的界限，认真遵守国家关于成本、费用开支范围的规定，防止乱挤和少计生产经营管理费用的错误做法。

2. 正确划分生产成本与经营管理费用的界限

生产经营管理费用的用途也各有不同。为生产产品发生的各种消耗支出，是生产成本，即可以计入产品成本的生产经营管理费用，如生产中消耗的原材料、直接人工、制造费用等。用于产品销售、筹集资金、组织和管理生产经营活动的支出是经营管理费用，也就是期间费用，即不可计入产品成本的生产经营管理费用，包括销售费用、财务费用和管理费用。企业的生产成本要在产品完工并销售以后才计入企业的损益，而本月投产的产品不一定在本月完工并销售，同时本月销售的产品不一定是本月完工的，因而本月发生的生产费用可能不是计入本月损益、从本月主营业务收入中扣除的主营业务成本。但是，企业本月发生的经营管理费用作为期间费用处理，不计入产品成本，而作为营业成本直接计入本月损益，从本月利润中扣除。

在进行成本核算时，应该防止混淆生产成本和经营管理费用的界限，也就是通常说的分清成本和费用的界限。将生产成本计为期间费用，或将期间费用计为生产成本都会造成本期产品成本、期间费用失真，而且会使本期确定的损益不正确，我们要杜绝人为调节成本、费用和损益的错误做法。

3. 正确划分各个月份的费用界限

按照分期核算原则，成本核算是按月进行的。为了正确计算各月损益，还应将计入产品成本的生产经营管理费用和作为期间费用处理的经营管理费用，在各个月份之间进行划分。本月发生的生产费用、期间费用都应在本月入账，不应延后到下月入账；也不应未到月末就提前结账，将本月生产费用、期间费用作为下月成本、费用处理。

在进行成本核算时，要贯彻权责发生制原则，按照费用的受益时间，正确确定费用的归属期间，防止人为调节各月损益的错误做法。

4. 正确划分各种产品(各成本计算对象)的费用界限

为了正确核算产品成本，本月发生的可计入产品成本的生产经营管理费用还应在各种产品之间进行划分。属于一种产品单独消耗的费用，是直接计入费用，应将费用直接计入该种产品成本。属于几种产品共同消耗的费用，是间接计入费用，不能直接计入某种产品成本，这类费用应先采用适当的分配方法在受益产品之间进行分配，再按照各自承担的部分分别计入这几种产品的成本。

划分这类费用界限时，应该特别注意划分盈利产品与亏损产品之间的费用界限，防止人为设定盈利产品与亏损产品，掩盖产品真实损益的错误做法。

5. 正确划分完工产品与月末在产品的费用界限

月末计算产品成本时，还应当在同种产品内划分完工产品与月末在产品的成本界限，这是正确计算产品成本的重要环节。月末，如果某种产品都已完工，这种产品负担的各项生产费用之和，就是它的完工产品成本；如果某种产品都未完工，这种产品负担的各项生产费用之和，就是它的月末在产品成本；如果某种产品一部分已经完工，另一部分尚在加工，则先将这种产品负担的各项生产费用采用适当的分配方法在完工产品与月末在产品之间进行分配，而后分别计算它的完工产品成本和月末在产品成本。

在进行成本核算时，应该防止任意提高或降低月末在产品成本，人为调节完工产品成本的错误做法，这会使企业资产和损益不真实。

(三)正确选择财产物资计价和价值结转的方法

企业拥有的财产物资，如固定资产、存货，其实物在生产经营过程中终将被耗用，其价值随着其实物的消耗，而逐渐转化为产品成本和期间费用。例如，固定资产的价值随其实物的磨损，以每期计提折旧的方式逐渐计入产品成本和期间费用中。再比如，材料等存货的价值应在消耗当期计入产品成本或期间费用中。因此，这些财产物资的计价方法和价值结转方法，也是影响产品成本和期间费用计算的重要因素。

为了正确地计算成本和费用，应按照国家有关规定，结合企业的实际情况，正确、合理选择财产物资计价和价值结转方法，所选方法应该既科学合理又切实简便。而且这些方法一经确定，必须保持相对稳定，不能随意改变，要防止任意改变财产物资计价和价值结转的方法，人为调节成本和费用的错误做法。

(四)做好成本核算的基础工作

为了进行成本审核、控制，正确计算产品成本和经营管理费用，还必须做好以下各项基础工作：

1. 建立健全原始记录。原始记录是反映生产经营活动的原始资料，是进行成本核算的初始依据。企业必须建立健全原材料和燃料领退记录、动力消耗记录、各类工时消耗记录、工具领退记录、废品损失记录、在产品和半成品的内部转移记录、产成品入库记录、产品产量记录和质量记录、费用发生记录等。原始记录是否真实准确决定了成本核算结果是否正确，因而原始记录必须真实可靠、简明易用，并按照规定的程序序时登记、传递、审核和保管。

2. 定额的制定和修订。实行定额管理的企业常会涉及的基础工作还包括定额的制定和修订。定额是企业根据现实条件，在充分考虑人的积极因素的基础上，规定的生产数量、质量和各类人、财、物等消耗应达到的标准。企业需制定的定额按其反映的内容不同分为：材料、燃料、动力、工时消耗定额、设备利用定额和其他各类费用(制造费用和期间费用)定额等。这些定额是企业审核和控制各项耗费的尺度和标准，也是成本核算中经常采用的分配标准，因此，科学制定和修订各种定额，是保障成本管理和成本核算工作质量的前提。企业应建立和健全定额管理制度，制定的定额应当既科学先进又切实可行，并随着生产的发展、技术的进步、劳动生产率的提高，对不适用的定额进行及时修订，以保证定额指标能够发挥其应有的作用，为成本管理和成本核算工作提供可靠的定额基础。

3. 建立和健全财产计量和验收制度。计量验收是对各项财产物的收、发、领、退进行正确的数量计算，并根据技术标准鉴定其质量的方法。它是正确计算费用成本的前提。企业必须建立和健全计量验收制度，明确计量器具标准，质量检验的程序和机构，各项财产物资的收、发、领、退的程序和手续要求等。为此，企业应当根据实际情况，配备各种必要的度、量、衡具和有关仪器、仪表等计量工具，并定期进行检修、校正；企业应当设立质量检测机构，指定专人负责计量验收工作。财产清查是会计核算的一种专门方法，应注意做好财产清查工作。企业应当定期或不定期地进行财产清查盘点，及时处理各种财产物资的盘盈、盘亏、毁损、报废，做到账实相符。只有对原材料、自制半成品、在产品、产成品、机器设备等财产加强实物管理，才能保证费用成本计算的真实和正确。

4. 企业内部结算价格的制定和修订。推行责任成本核算的企业，为了分清企业内部各单位的经济责任，便于分析和考核内部各单位成本责任的履行情况，还必须建立内部结算价格体系。对原材料、半成品和企业内部各单位相互提供的劳务等，都应制定内部结算价格。内部结算价格应符合企业的现实情况，一旦确定应保持相对稳定。这类企业中，内部结算价格是企业内部单位划分责任和计价结算的尺度，对于日常的材料领用、半成品转移，以及各单位之间劳务供应，都应先按这一价格结算，月末再采用一定方法计算和调整价格差异，据以计算实际成本和费用。按内部结算价格核算，不仅可以加速成本核算工作，而且还可以加强各单位责任和消耗的考核分析。

在四项基础工作中，原始记录、定额的制定与修订和计量验收是最基本的三项，没有这三个方面的基础工作，成本会计和企业其他管理工作就无法进行。

(五)适应生产特点和管理要求，采用适当的成本计算方法

产品成本是在生产过程中形成的，而不同企业的生产组织方式和生产工艺过程是不同

的，因而在计算成本时应采用不同的成本计算方法。不同企业对产品成本管理也有着不同的要求，选择成本计算方法时还要考虑企业的成本管理要求。企业应充分考虑其生产特点和成本管理要求，选择适宜的成本计算方法，常见的成本计算方法有：品种法、分批法、分步法、分类法和定额法。

第二节 成本核算的账户

为了正确归集生产经营管理费用，核算产品成本和期间费用，企业需要设置相应的成本费用账户，通过这些账户进行成本核算。

一、核算生产费用的账户

（一）“基本生产成本”账户

基本生产是指为完成企业主要生产目的而进行的产品生产。设置“基本生产成本”账户是为了归集基本生产单位发生的各种生产费用，并计算所产产品的生产成本。该账户的借方登记基本生产单位发生的各项生产费用，贷方登记完工入库产品的实际成本，月末余额应在借方，反映基本生产的月末在产品成本，即基本生产在产品占用的资金。企业在开设该总分类账户的同时，还应按产品品种、批别、生产步骤等成本计算对象同时分设明细账，明细账中应按成本项目分设专栏，登记各该产品的月初在产品成本、本月发生生产费用、本月完工产品成本和月末在产品成本。在实务中，基本生产成本明细账也称产品成本明细账或产品成本计算单，其基本格式如表 2 - 1。

表 2 - 1

基本生产成本明细账

第一生产车间 甲产品

月	日	摘 要	成本项目			成本合计
			直接材料	直接人工	制造费用	
		在产品成本				
		本月生产费用				
		生产费用合计				
		完工产品成本				
		在产品成本				

表 2 - 1 中是按成本项目分设专栏的明细账格式。采用此格式，各月成本计算工作可以在明细账中连续进行，不必逐月转抄在产品费用，企业多采用这种账页格式。

产品种类较多的企业中，为按车间汇总反映全部产品的总成本，便于核对账目，也便于分配、计算生产费用，还可按照车间设立“基本生产成本”账户的二级账。与生产成本明细账类似，二级账账内也应按成本项目分设专栏，如有需要还可列示其他资料，其基本格式如表 2 – 2。

表 2－2

基本生产成本二级账

××生产车间

月	日	摘　要	成本项目				成本合计
			直接材料	生产工时	直接人工	制造费用	
		在产品成本					
		本月生产费用					
		生产费用合计					
		完工产品成本					
		在产品成本					

开设基本生产成本二级账时，对“基本生产成本”总账账户、二级账和明细账，都需进行平行登记。这样，二级账就成为核对“基本生产成本”总账账户与明细账之间的中介。在按车间设置基本生产成本二级账的情况下，该账还可以配合车间的经济核算，为考核和分析各车间产品总成本提供资料。

（二）“辅助生产成本”账户

辅助生产是指为企业内部的基本生产和其他经营管理部门服务而进行的产品生产和劳务供应，例如工具、模具、修理用备件等产品的生产和修理、运输等劳务的供应。辅助生产提供的产品和劳务，主要为满足企业生产经营管理的需要，虽有时也对外销售，但这不是它的主要目的。开设“辅助生产成本”账户是为了归集辅助生产所发生的各种生产费用，并计算辅助产品（劳务）的生产成本。该账户的借方登记辅助生产单位发生的各项生产费用，贷方登记完工入库的辅助产品生产成本或分配转出的劳务成本，月末余额应在借方，反映的是辅助生产的月末在产品成本，即辅助生产在产品占用的资金。企业在开设该总分类账户的同时，还应按辅助生产车间或所产产品、劳务分设明细账，明细账内要按成本项目开设专栏，其基本格式与基本生产成本明细账相似。

（三）“制造费用”账户

该账户核算企业生产单位（车间或分厂）为生产产品和提供劳务而发生的各项制造费用。该账户借方登记各车间（分厂）发生的各项制造费用，贷方登记分配计入各种产品的制造费用，除季节性生产企业外，该账户月末应无余额。企业在开设该总分类账户的同时，为核算各车间制造费用的发生和分配情况，应按车间、部门分设明细账，账内按费用项目开设专栏，其基本格式如表 2－3。

表 2－3

制造费用明细账

××生产车间

月	日	摘　要	费用项目						合计
			薪酬	折旧费	办公费	差旅费	检验费	水电费	
		本月发生							
		分配结转							

二、核算经营管理费用的账户

(一)"管理费用"账户

该账户核算企业行政管理部门为组织和管理生产经营活动而发生的各种费用。该账户借方登记本月各行政管理部门发生的各项费用，贷方登记本月结转计入本年利润的管理费用，月末应无余额。企业在开设该总分类账户的同时，为核算各种管理费用的发生情况，该账户应按费用种类分设明细账，进行明细核算。

(二)"财务费用"账户

该账户用来核算企业筹集资金等活动中发生的各种费用。该账户借方登记本月企业发生的各项筹资费用，贷方登记本月结转计入本年利润的财务费用，月末应无余额。企业在开设该总分类账户的同时，为核算各种财务费用的发生情况，该账户应按费用种类分设明细账，进行明细核算。

(三)"销售费用"账户

该账户核算企业在销售商品过程中发生的各项费用。该账户借方登记本月企业发生的各项销售费用，贷方登记本月结转计入本年利润的财务费用，月末应无余额。企业在开设该总分类账户的同时，为核算各种销售费用的发生情况，该账户应按费用种类分设明细账，进行明细核算。

第三节　成本核算的程序

一、一般程序

成本核算是对生产经营过程中发生的各种费用，对其用途进行审核后，分别按费用项目，向各种产品(各成本计算对象)进行归集和分配的过程。成本核算的一般程序可概括为：

(一)审核、归集、分配要素费用

为了有效降低成本、费用，提高企业盈利水平，必须对费用加强审核和控制。对未支出的费用，应审核其是否应开支;对应开支的费用，审核其是否应计入生产经营管理费用;对应计入的生产经营管理费用，审核其是应计入生产费用还是经营管理费用(即将生产经营管理费用归集、分配为成本和费用)。

要素费用需按照经济用途进行分配。对于应计入产品或劳务成本、专设成本项目的生产费用，如直接材料、直接人工等，按用途分配给各种产品或劳务，并计入各种产品或劳务成本;对于应计入产品或劳务成本、但未专设成本项目的生产费用，如车间管理人员的薪酬、车间照明费、设备折旧费等，应先归集计入各车间(分厂)的制造费用。对于应计入期间费用的支出，应按照用途分别计入管理费用、财务费用、销售费用。

(二)核算长期待摊费用

按照权责发生制原则，正确核算长期待摊费用。将本月开支、但应由以后月份共同负担的费用，计作长期待摊费用；将本月应负担、以前月份开支的长期待摊费用摊销计入本月费用。这部分内容较为简单，而且在财务会计中有详细讲述，故本书不再赘述。

(三)归集、分配综合性费用

1. 归集、分配辅助生产费用。辅助生产的某些产品如自制工具、材料等，其完工入库后，其辅助生产成本要结转为周转材料、原材料成本，其费用的分配、成本的计算与基本生产类似，其见后述。此外，辅助生产单位供应不能入库储存的产品(劳务)的辅助生产成本，需依据用途按消耗数量在受益对象之间进行分配。基本生产车间生产某种产品耗用的，并专设成本项目的，分配计入该种产品成本；未专设成本项目的，分配计入该基本生产车间的制造费用；行政管理部门耗用的，分配计入管理费用；销售机构耗用的，分配计入销售费用。

2. 归集、分配制造费用。各基本生产车间归集的制造费用，应分车间在所产各种产品之间进行分配，计入各种产品的生产成本。

3. 核算生产损失。生产过程发生的损失主要是废品损失和停工损失，在单独核算这类损失时，才会出现这类核算。应按产品种类归集废品损失，再扣除可收回的赔偿、残料后，净损失计入产品生产成本。应按车间归集停工损失，再扣除可收回的赔偿后，净损失按照发生原因可计为营业外支出、产品生产成本等。

(四)计算、结转完工产品成本

经以上步骤的归集分配后，每种产品本月应负担的生产费用已在产品成本明细账归集完毕，将本月生产费用与月初在产品成本相加，即为该种产品的全部生产费用。如果当月产品全部完工，所归集的全部费用即为完工产品成本；如果全部未完工，则全部费用即为月末在产品成本。如果当月既有完工产品又有月末在产品，则需将全部费用在完工产品和月末在产品之间进行分配，计算出完工产品成本和月末在产品成本，并结转完工产品成本。

(五)结转期间费用

经以上步骤的归集分配后，管理费用、财务费用、销售费用均已归集在各自的账户中，月末将本月发生费用累加起来，并全部结转到当期损益中。

至此，成本核算完毕，归属于产品的费用计为产品成本，且完工产品成本结转为存货成本；不能归属于产品的期间费用也结转至当期损益。

二、账务处理程序

在实务中，上述五步成本核算的一般程序，可具体细化为以下账务处理程序，见图2-1。

图中账务处理各步骤依次为：(1)分配各项要素费用；(2)核算长期待摊费用；(3)分配辅助生产费用；(4)分配制造费用；(5)核算生产损失；(6)计算并结转完工产品成本；(7)结转期间费用。

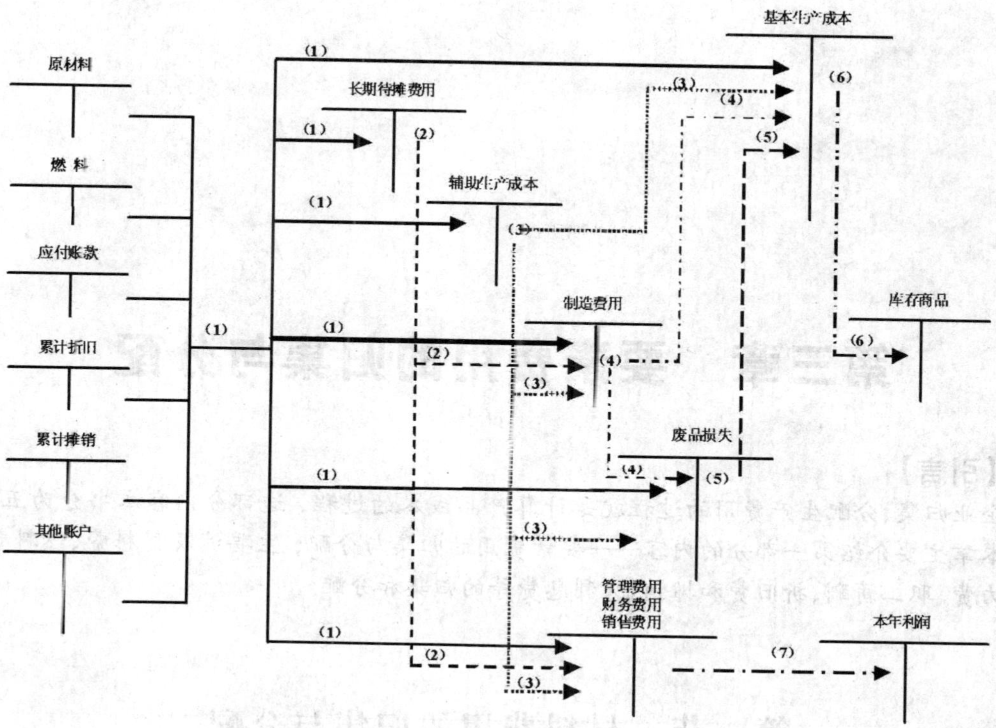

图 2－1　成本核算的财务处理程序

☆★复习思考题

1. 成本核算应遵循哪些基本原则？
2. 成本核算要求有哪些？
3. 费用要素和成本项目有何区别与联系？
4. 间接计入费用和直接计入费用怎样辨别、区分？
5. 成本核算的账务处理程序能否随意排序？为什么？

第三章　要素费用的归集与分配

【引言】

企业归集、分配生产费用的过程就是计算产品成本的过程，这部分内容本书分为五章阐述。本章主要介绍第一部分的内容——要素费用的归集与分配，主要涉及材料费、燃料费、外购动力费、职工薪酬、折旧费和摊销费、利息费等的归集和分配。

第一节　材料费用的归集与分配

一、要素费用归集与分配的基本原理

归集和分配要素费用均按用途进行。归集要素费用依据的是审核后的原始凭证，归集过程就是按照凭证上注明的使用用途进行分类、计算和汇总。归集好的要素费用再按照不同的用途进行分配。

对于行政管理部门耗用的要素费用（如办公费、水电费），应计入管理费用；对于筹资过程中发生的要素费用（如利息支出、银行手续费），应计入财务费用；对于产品销售、劳务供应过程发生的要素费用（销售网点固定资产折旧费、销售人员薪酬），应计入销售费用。生产车间（分厂）发生的、未专设成本项目的要素费用（如设备折旧、管理人员薪酬、照明用电费），不能计入产品（劳务）成本，应计入该车间的制造费用。生产车间（分厂）发生的、专设成本项目的要素费用，应计入产品（劳务）成本，但首先要判断这类要素费用是直接计入费用还是间接计入费用。如果是直接计入费用，无需分配，直接计入某种受益产品的成本。如果是间接计入费用，需先进行分配，再计入各种受益产品的成本。

分配间接计入费用时，通常采用比例法，其公式如下：

$$某项间接计入要素费用分配率=\frac{待分配的该项费用}{各种受益产品分配标准之和}$$

某项受益产品应负担的该项要素费用＝该产品分配标准×该费用分配率

企业可视具体情况选择合理的分配标准，常见的分配标准有消耗定额、费用定额、产量、工时等。

二、材料费用的归集

虽然要素费用中所指的材料包括自制材料与外购材料，但考虑到自制材料与外购材料在归集与分配方法上完全相同，所以，本书将其合并讲述，不再做具体区分。企业在生产经营过程耗用的材料，包括原料和主要材料、辅助材料、外购半成品、修理用备件、包装材料等。材料费用是指企业在生产过程中所耗上述材料的价值表现。材料费用发生的直接原因是消耗材料，材料费用发生的主要标志是领用(发出)材料。

领用材料时，应由专人负责，并经主管人员签字审核后，才能填制领料单，办理领料手续。领料单是一单一料、一式两联的凭证，由领料单位、发料仓库填写。其中一联交给领料单位，另一联放在材料仓库，待登记材料明细账后，由材料会计定期带回财会部门，据以进行材料费用的归集与分配。车间或部门当月领用的材料，如果月末没有用完，应办理退料手续。对下月不再使用的材料，应填写“退料单”，并将材料退回仓库；对下月还继续使用的材料，可办理假退料手续，即同时填制本月的“退料单”和下月的“领料单”，并交给材料仓库办理退料和领料手续，但材料仍放在原车间、部门，并不退回材料仓库。归集材料费用依据的是审核后的领料单、退料单，按照领退料单上注明的使用用途、领用单位进行汇总和归集。

此外，为了进行材料收入、发出和结存的明细核算，应该按照种类、规格设立材料明细账。账中根据材料入库单、领退料单登记收发材料的数量和金额，并根据期初材料的数量和金额，以及本期收发材料的数量和金额，计算登记期末结存材料的数量和金额。材料收发结存的日常核算，可以按照材料的实际成本进行，也可以按照材料的计划成本进行。在按计划成本进行日常核算情况下，月末应计算材料成本差异率，将发出材料的计划成本调整为实际成本。

三、材料费用的分配

归集后的材料费用，应按照具体用途进行分配。对于行政管理部门领用的材料费用，计入“管理费用”明细账的对应费用项目中；对于产品销售、劳务供应过程领用的材料费用，计入“销售费用”明细账的对应费用项目中。生产车间(分厂)一般用途领用(如管理耗用)的材料费用，计入该部门的“制造费用”明细账的对应费用项目中。生产车间(分厂)生产产品、提供劳务领用的材料费用，是一种产品(劳务)单独消耗的，计入该种产品(劳务)“基本生产成本”明细账或“辅助生产成本”明细账的“原材料”或“直接材料”成本项目中。生产车间(分厂)生产产品、提供劳务领用的材料费用，是几种产品(劳务)共同消耗的，先采用一定的分配方法在这几种产品之间进行分配，再计入各种产品(劳务)“基本生产成本”明细账或“辅助生产成本”明细账的“原材料”或“直接材料”成本项目中。

分配间接计入材料费用的方法有很多，本书介绍常用的四种方法，定额消耗量比例分配法、定额费用比例分配法、自然产量比例分配法和标准产量比例分配法。

(一)定额消耗量比例分配法

定额消耗量比例分配法是按照各种产品材料定额消耗量的比例，分配计算各种产品负担材料费用的一种分配方法。这种方法在材料消耗定额稳定且比较准确的情况下多用。

材料消耗定额是指单位产品可以消耗材料的数量标准。材料定额消耗量是指按照材料消耗定额计算的，一定产量的产品可以消耗材料的总数量标准。定额消耗量比例分配法的计算公式如下：

某种产品某材料定额消耗量 = 该种产品产量 × 该产品该材料消耗定额

$$某材料费用分配率 = \frac{该材料费用}{各种产品该材料定额消耗之和}$$

［例 3－1］MST 公司生产甲、乙、丙三种产品。本月材料费用汇总表中三种产品共同耗用 A 材料 2 430 千克，A 材料单价为 30 元/千克，总成本为 72 900 元，本月三种产品实际产量分别为 120 件、180 件和 240 件，单位产品 B 材料消耗定额分别为 2 千克、4 千克和 6 千克。采用定额消耗量比例分配法，A 材料费用分配如下：

甲产品 A 材料定额消耗量 = 120 × 2 = 240（千克）

乙产品 A 材料定额消耗量 = 180 × 4 = 720（千克）

丙产品 A 材料定额消耗量 = 240 × 6 = 1 440（千克）

$$A 材料费用分配率 = \frac{72\ 900}{240 + 720 + 1440} = 30.375（元/千克）$$

甲产品负担的 A 材料费用 = 240 × 30.375 = 7 290（元）

乙产品负担的 A 材料费用 = 720 × 30.375 = 21 870（元）

丙产品负担的 A 材料费用 = 1 440 × 30.375 = 43 740（元）

以上分配方法简便，但分配过程没有反映出各种产品实际消耗材料的数量，就不便于对比实际与定额之间的差距，不利于材料消耗的实物管理。为克服这一缺陷，企业可采用以下公式进行分配。

$$某材料数量分配率 = \frac{该材料数量}{各种产品该材料定额消耗量之和}$$

某种产品消耗该材料的数量 = 该种产品该材料定额消耗量 × 该材料数量分配率

某种产品负担的该材料费用 = 该产品消耗该材料的数量 × 该材料单价

［例 3－2］仍依例 3－1 的资料为例，分配过程如下：

$$A 材料数量分配率 = \frac{2\ 430}{240 + 720 + 1\ 440} = 1.0125$$

甲产品消耗 A 材料数量 = 240 × 1.0125 = 243（千克）

乙产品消耗 A 材料数量 = 720 × 1.0125 = 729（千克）

丙产品消耗 A 材料数量 = 1 440 × 1.0125 = 1 458（千克）

甲产品负担的 A 材料费用 = 243 × 30 = 7 290（元）

乙产品负担的 A 材料费用 = 729 × 30 = 2 1870（元）

丙产品负担的 A 材料费用 = 1 458 × 30 = 4 3740（元）

按这种公式计算的结果与上例结果相同。这样分配，不仅能计算出每种产品应分配的材料费用，而且能计算出每种产品耗用材料的实际数量，便于分析考核材料消耗定额的执行情况，便于进行材料消耗的实物管理，但分配工作量较大。

（二）定额费用比例分配法

定额费用比例分配法是按照各种产品的原材料定额费用比例，分配计算各种产品应负担材料费用的一种分配方法。这种方法在材料消耗定额稳定且比较准确的情况下多用。

材料费用定额是指单位产品可以消耗材料费用的标准，是材料消耗定额的货币表现，是材料消耗定额与材料计划单价的乘积。材料定额费用是指按照材料费用定额计算的，一定产量的产品可以消耗材料的总费用标准。定额费用比例分配法的计算公式如下：

某种产品某材料费用定额 = 该产品该材料消耗定额 × 该材料计划单价

某种产品某材料定额费用 = 该产品产量 × 单位该产品该材料费用定额

$$某材料费用分配率 = \frac{该材料费用}{各种产品该材料定额费用之和}$$

某种产品负担的该材料费用 = 该种产品该材料定额费用 × 该材料费用分配率

采用定额消耗比例法分配材料费用，一次只能分配一种材料费用。在多种产品共同耗用材料的种类多、数量少的情况下，如几种产品共同耗用少量几种辅助材料，采用定额消耗比例法进行分配会非常复杂，而采用定额费用比例法将几种材料费组合起来进行一次分配，就能大大简化分配过程。

［例 3－3］MST 公司本月生产甲、乙产品，共同领用 D、E、F 三种辅料 1 740 元、850 元和 1 190 元。其他有关资料和相关计算见下表 3－1。

表 3－1

辅料定额费用计算表

材料种类	材料费用	材料计划单价	甲产品			乙产品		
			产量	消耗定额	定额费用	产量	消耗定额	定额费用
D	1 740	4	100	1.5	600	200	1.0	800
E	850	1	100	2.5	250	200	3.5	700
F	1 190	2	100	2.0	400	200	1.0	400
合计	3 780				1 250			1 900

辅料费用分配如下：

$$辅料费用分配率 = \frac{3\ 780}{1\ 250 + 1\ 900} = 1.2$$

甲产品负担的辅料费用 = 1 250 × 1.2 = 1 500（元）

乙产品负担的辅料费用 = 1 900 × 1.2 = 2 280（元）

（三）自然产量比例分配法

自然产量比例分配法是按照各种产品的自然产量比例，分配计算各种产品应负担材料费用的一种分配方法。这种方法在产品产量与所耗材料费用成正比例关系或近似正比例关系的情况下采用。

$$某材料费用分配率 = \frac{该材料费用}{各种产品自然产量之和}$$

某种产品负担的该材料费用 = 该种产品自然产量 × 该材料费用分配率

［例 3－4］WY 公司生产的甲、乙两种产品，本月共同耗用 B 材料 120 000 元，本月两种产品产量分别为 1 000 件、2 000 件。采用自然产量比例分配法分配如下：

$$B材料费用分配率 = \frac{120\ 000}{1\ 000 + 2\ 000} = 40（元/件）$$

甲产品负担的 B 材料费用 = 1 000 × 40 = 40 000（元）

乙产品负担的 B 材料费用 = 2 000 × 40 = 80 000(元)

(四)标准产量比例分配法

标准产量比例分配法是将各种产品的实际产量按照一定的折合标准折算为标准产量，以标准产量比例计算分配材料费用的一种分配方法。这种分配法是自然产量比例法的一种补充形式。

有些企业所产各种产品，材料费用消耗水平不同，不能用自然产量比例分配材料费用，但可采用标准产量比例法分配材料费用。这些不同种类的产品虽然材料消耗水平不同，但由于耗用材料相同、生产工艺过程相同，所以其材料消耗水平的差异有规律可循，可确定出各种产品的材料消耗水平比例关系的系数。一般，企业需先选择一种产品作为标准产品，再按照一定的折算标准计算出各种产品的单位系数。确定系数时，选择的折算标准应与材料消耗数量、材料费用成正比例或近似正比例关系，常见的折算标准有：材料消耗定额、材料费用定额、单位产品重量、单位产品体积等。这一方法的计算公式如下：

$$某种产品单位系数=\frac{单位该产品折算标准}{单位标准产品折算标准}$$

某种产品标准产量 = 该产品实际产量 × 该产品单位系数

$$某种材料费用分配率=\frac{该种材料费用}{各种产品标准产量之和}$$

某种产品应负担的该种材料费用 = 该产品标准产量 × 该材料费用分配率

[例 3 - 5] IS 公司生产的甲系产品，包含了 901、902、903、904 四种型号产品，本月共同耗用 C 材料 337 850 元，四种型号产品 C 材料消耗定额分别为 24 米、27 米、30 米、36 米。本月实际产量分别为 1 000 件、2 500 件、5 000 件、3 000 件。企业将 903 型产品确定为标准产品，折算标准为材料消耗定额。采用标准产量比例分配法分配 C 材料费用。

$$901\ 型产品单位系数=\frac{24}{30}=0.8$$

$$902\ 型产品单位系数=\frac{27}{30}=0.9$$

$$903\ 型产品单位系数=\frac{30}{30}=1$$

$$904\ 型产品单位系数=\frac{36}{30}=1.2$$

901 型产品标准产量 = 1 000 × 0.8 = 800(件)

902 型产品标准产量 = 2 500 × 0.9 = 2 250(件)

903 型产品标准产量 = 5 000 × 1.0 = 5 000(件)

904 型产品标准产量 = 3 000 × 1.2 = 3 600(件)

$$C\ 材料费用分配率=\frac{337\ 850}{800+2\ 250+5\ 000+3\ 600}=29$$

901 型产品负担的 C 材料费用 = 800 × 29 = 23 200(元)

902 型产品负担的 C 材料费用 = 2 250 × 29 = 65 250(元)

903 型产品负担的 C 材料费用 = 5 000 × 29 = 145 000(元)

904 型产品负担的 C 材料费用 = 3 600 × 29 = 104 400(元)

实务中，材料费用的分配是依据审核后的领退料凭证，通过编制材料费用分配表进行的。材料费用分配表是企业自制的分配材料费的一类原始凭证，是编制会计分录的直接依据，现通过例3-6说明其基本格式、内容和编制方法。

[例3-6]沿用例3-4资料，WY公司根据本月消耗材料的汇总情况，编制本月“材料费用分配表”，见表3-2，并据以编制分配本月材料费用的会计分录。

表3-2

材料费用分配表

编制单位：WY公司　　20××年9月　　单位：元

借方账户		成本/费用项目	直接计入费用	间接计入费用（费率40）	材料费用合计
基本生产成本	甲产品	原材料	34 500	40 000	74 500
	乙产品	原材料	56 200	80 000	136 200
	合　计		90 700	120 000	210 700
辅助生产成本	机修车间	原材料	8 320		8 320
	供水部门	原材料	53 900		53 900
	合　计		62 220		62 220
制造费用	基本生产	机物料	3 570		3 570
	机修车间	机物料	2 480		2 480
	供水部门	机物料	200		200
	合　计		6 250		6 250
管理费用		其　他	810		810
销售费用		包装费	5 600		5 600
合　计			165 580	120 000	285 580

根据表3-2，编制分配材料费的会计分录：

借：基本生产成本——甲产品　　74 500
　　　　　　　　——乙产品　　136 200
　　辅助生产成本——机修车间　　8 320
　　　　　　　　——供水部门　　53 900
　　制造费用——基本生产车间　　3 570
　　　　　　——机修车间　　2 480
　　　　　　——供水部门　　200
　　管理费用　　810
　　销售费用　　5 600
贷：原材料——A材料　　34 500
　　　　　——B材料　　120 000
　　　　　——C材料　　70 770
　　　　　——D材料　　60 310

四、燃料费用的归集与分配

燃料费用归集与分配的程序、方法，与材料费用类似。当企业燃料费用在产品成本中所占比重较大、专设“燃料及动力”成本项目的情况下，应该增设“燃料”账户，单独对燃料费用进行归集与分配。归集燃料费用依据的是审核后的燃料领料单、退料单，按照领退料单上注明的使用用途、领用单位进行汇总和归集。

归集后的燃料费用，按照具体用途进行分配。对于行政管理部门领用的燃料费用，计入“管理费用”明细账的对应费用项目中；对于产品销售、劳务供应过程领用的燃料费用，计入“销售费用”明细账的对应费用项目中。生产车间（分厂）一般用途领用（如管理耗用）的燃料费用，计入该部门的“制造费用”明细账的对应费用项目中。生产车间（分厂）生产产品、提供劳务领用的燃料费用，是一种产品（劳务）单独消耗的，计入该种产品（劳务）“基本生产成本”明细账或“辅助生产成本”明细账的“燃料及动力”成本项目中。生产车间（分厂）生产产品、提供劳务领用的燃料费用，是几种产品（劳务）共同消耗的，先采用一定的分配方法在这几种产品之间进行分配，再计入各种产品（劳务）“基本生产成本”明细账或“辅助生产成本”明细账的“燃料及动力”成本项目中。

当企业燃料费用在产品成本中所占比重较小、不专设“燃料及动力”成本项目的情况下，不用单独开设“燃料”账户，燃料费用并入材料费用，一同进行归集与分配。

第二节　外购动力费用的归集和分配

外购动力费用是指向外单位购买电力、蒸汽等动力所支付的费用。自制动力费用，例如自产电力或对外来电力进行变压所发生的费用，不属于外购动力费用，属于辅助生产费用。本节所讲述的内容只涉及外购动力费用。

一、外购动力费用的核算

从理论上讲，在支付外购动力费时，应按动力的用途，直接借记有关的成本、费用账户，贷记“银行存款”账户。但在实际工作中，外购动力费的核算一般是通过“应付账款”账户进行的。在付款时，先将款项作为暂付款记入“应付账款”账户的借方，同时贷记“银行存款”账户；月末，按照外购动力的用途和数量分配费用时，再借记各成本、费用账户，贷记“应付账款”账户，冲销原来记入“应付账款”账户借方的暂付款。需要这样核算原因是：实务中，外购动力费用一般不是在每月末支付，而是在每月下旬的某日支付。如果支付时，就直接借记各成本、费用账户，贷记“银行存款”账户，分配计入的动力费用并不是当月发生的动力费用，而是上月付款日到本月付款日这一期间的动力费用。为了正确地分配当月发生动力费用，不仅要扣除上月付款日到上月末的动力费用，而且还要再分配当月付款日到当月末的动力费用，这样做核算工作量太大。通过“应付账款”账户核算，每个月只需要在月末分配登记一次动力费用，就大大简化了核算工作。

按照上述核算方法，“应付账款”账户借方所记是本月所付动力费用，贷方所记是本月应付动力费用，借贷方所记金额往往不相等，会出现月末余额。如果月末是借方余额，表示本月多付的动力费用，可以抵冲下月应付动力费用；如果月末是贷方余额，表示本月未付动力费用，可以在下月补付。

如果企业每月支付动力费用的日期基本固定，而且每月付款日到月末的应付动力费用相差不多，也可以不通过“应付账款”账户核算，将每月支付的动力费用直接作为每月发生的动力费用，在付款时直接借记各成本、费用账户，贷记“银行存款”账户。在这种情况下，各月付款日到月末的应付动力费用可以相互抵消，不影响各月动力费用的正确核算，而每月只需分配、登记一次动力费用，却可以大大简化核算内容。

二、外购动力费用的归集和分配

（一）归集与分配

外购动力费用应按车间、部门和用途进行归集与分配。通常，使用动力的车间、部门都安装有动力计量仪表，各使用部门应负担的动力费用，可直接根据计量仪表记录的耗用量和动力费用单价计算。每个生产车间对生产产品耗用动力和一般性耗用动力也都分别装有计量仪表，车间在生产产品和一般性耗用之间，也可按仪表计量数进行分配；但车间生产产品耗用的动力，一般不能再按产品种类分装计量仪表，生产产品耗用动力费用，需按照一定的分配方法在各种产品之间进行分配。

对于行政管理部门耗用的动力费用，计入“管理费用”明细账的对应费用项目中；对于产品销售、劳务供应过程耗用的动力费用，计入“销售费用”明细账的对应费用项目中。生产车间（分厂）一般性耗用的动力费用，计入该部门的“制造费用”明细账的对应费用项目中。生产车间（分厂）生产产品、提供劳务耗用的动力费用，是一种产品（劳务）单独消耗的，计入该种产品（劳务）“基本生产成本”明细账或“辅助生产成本”明细账的“燃料及动力”成本项目中。生产车间（分厂）生产产品、提供劳务耗用的动力费用，是几种产品（劳务）共同消耗的，先采用一定的分配方法在这几种产品之间进行分配，再计入各种产品（劳务）“基本生产成本”明细账或“辅助生产成本”明细账的“燃料及动力”成本项目中。

（二）分配方法

分配生产车间或部门的间接计入动力费时，可采用产品生产工时比例分配法、定额工时比例分配法。

1. 生产工时比例分配法

生产工时比例分配法是按照各种产品的生产工时比例，分配计算各种产品应负担动力费用的一种分配方法。

$$外购动力费用分配率=\frac{外购动力费用}{各种产品生产工时之和}$$

某种产品负担的外购动力费用 = 该种产品生产工时 × 外购动力费用分配率

[例 3－7]EQ 企业生产甲、乙两种产品，本月共同消耗外购电力 22 000 元，两种产品实际生产工时分别为 2 000 小时、3 000 小时。采用生产工时比例分配法分配外购电力费用，过程如下：

$$外购电力费用分配率=\frac{22\ 000}{2\ 000+3\ 000}=4.4(元/小时)$$

甲产品负担的外购电力费用＝2 000×4.4＝8 800(元)

乙产品负担的外购电力费用＝3 000×4.4＝13 200(元)

2. 定额工时比例分配法

定额工时比例分配法是按照各种产品定额工时的比例，分配计算各种产品负担外购动力费用的一种分配方法。这种方法在材料工时定额稳定且比较准确的情况下多用。

工时定额是指单位产品可以消耗工时的数量标准。定额工时是指按照工时定额计算的，一定产量的产品可以消耗工时的总数量标准。定额工时比例分配法的计算公式如下：

某种产品定额工时＝该种产品产量×该产品工时定额

$$外购动力费用分配率=\frac{外购动力费用}{各种产品定额工时之和}$$某种产品负担的外购动力费用＝该种产品定额工时×外购动力费用分配率

[例 3－8]M 企业生产子、丑两种产品，本月共同消耗外购电力 56 000 元，两种产品工时定额分别为 3 小时、5 小时，本月产量分别为 4 000 件和 3 200 件。采用定额工时比例分配法分配外购电力费用，过程如下：

子产品定额工时＝4 000×3＝12 000(小时)

丑产品定额工时＝3 200×5＝16 000(小时)

$$外购电力费用分配率=\frac{56\ 000}{12\ 000+16\ 000}=2(元/小时)$$

子产品负担的外购电力费用＝12 000×2＝24 000(元)

丑产品负担的外购电力费用＝16 000×2＝32 000(元)

实务中，外购动力费用的分配是通过编制外购动力费用分配表进行的。这也是企业自制的一类原始凭证，是编制会计分录的直接依据，现通过例 3－9 说明其基本格式、内容和编制方法。

[例 3－9]沿用例 3－8 资料，M 公司 7 月 25 日支付本月外购电费 70 000 元，根据本月消耗外购电力的汇总情况，编制本月“外购电力费用分配表”，见表 3－3，并据以编制分配本月外购电力费用的会计分录如表下：

表 3-3

外购电力费用分配表

编制单位:M 公司　　　　20XX 年 7 月　　　　单位:元

借方账户		成本项目 费用项目	部门间分配		间接计入费用		动力费 合　计
			耗用量 (度)	分配金额 (分配率 0.7)	定额工时 (小时)	分配金额 (分配率 2)	
基本生产成本	子产品	燃料及动力			12 000	24 000	24 000
	丑产品	燃料及动力			16 000	32 000	32 000
	合　计		80 000	56 000	28 000	56 000	56 000
辅助生产成本	机修车间	燃料及动力	7 300	5 110			5 110
	供水部门	燃料及动力	6 200	4 340			4 340
	合　计		13 500	9 450			9 450
制造费用	基本生产	水电费	3 000	2 100			2 100
	机修车间	水电费	2 000	1 400			1 400
	供水部门	水电费	1 000	700			700
	合　计		6 000	4 200			4 200
管理费用		水电费	2 500	1 750			1 750
销售费用		水电费	1 600	1 120			1 120
合　计			103 600	72 520	28 000	56 000	72 520

本月编制支付和分配外购电力费用的会计分录:

7 月 25 日编制:

借:应付账款——电力公司　　　　70 000
　贷:银行存款　　　　　　　　　　　70 000

7 月 31 日，根据表 3-3 编制:

借:基本生产成本——子产品　　　　24 000
　　　　　　　　——丑产品　　　　32 000
　辅助生产成本——机修车间　　　　5 110
　　　　　　　　——供水部门　　　　4 340
　制造费用——基本生产车间　　　　2 100
　　　　　——机修车间　　　　　　1 400
　　　　　——供水部门　　　　　　　700
　管理费用　　　　　　　　　　　　1 750
　销售费用　　　　　　　　　　　　1 120
　贷:应付账款——电力公司　　　　　　72 520

第三节　职工薪酬的归集和分配

一、职工薪酬的核算

(一)职工薪酬的核算内容

按照《企业会计准则》的规定，职工薪酬是指企业为获得职工提供的服务或解除劳动关系而给予的各种形式的报酬或补偿。具体包括：短期薪酬、离职后福利、辞退福利和其他长期职工福利。由于篇幅所限，本书只介绍短期薪酬的核算。短期薪酬是指企业在职工提供相关服务的年度报告期间结束后十二个月内需要的全部予以支付的职工薪酬，因解除与职工的劳动关系给予的补偿除外。短期薪酬具体包括：

1. 职工工资、奖金、津贴和补贴；
2. 职工福利费；
3. 社会保险费，包括：养老保险费(包括补充养老保险)、医疗保险费(包括补充医疗保险)、失业保险费、工伤保险费和生育保险费等；
4. 住房公积金；
5. 工会经费和职工教育经费；
6. 非货币性福利；
7. 短期带薪缺勤；
8. 短期利润分享计划；
9. 其他短期薪酬。

(二)职工薪酬的核算账户

设置“应付职工薪酬”总账账户，并按照职工薪酬的内容分设明细账户，如“工资”、“职工福利”、“社会保险费”、“住房公积金”、“工会经费”、“职工教育经费”“非货币性福利”等。

发生某项应付职工薪酬时，借记有关成本、费用科目，贷记本账户及其所属明细账户；发放或支付职工薪酬时，借记本账户及其所属明细账户，贷记银行存款、现金、应交税费、主营业务收入等科目。

二、应付短期薪酬的计算

(一)工资的计算

1. 计时工资的计算

计时工资是指企业按照职工的劳动时间和计时工资标准支付给职工的劳动报酬。工资标准是指每一职工在单位时间(月、日或小时)内应得的工资额。工资标准按其计算的时间不同，可分为月工资标准、日工资标准或小时工资标准等。本书只介绍日工资标准的计算方法。

职工考勤记录是登记职工出勤和缺勤时间的原始记录。考勤记录一般采用考勤簿的形式。考勤簿应该按照部门、车间和生产小组分月设置，根据各单位在册人员的编号、姓名分行逐日登记，月末对月内出勤天数、缺勤天数及原因进行归类汇总登记。各单位如有职工录用、内部调动或调离，应根据人事部门通知，在考勤簿中进行人员变动的记录。

月末，人力资源部门负责考勤的职员应该将经过车间、部门负责人检查、盖章以后的考勤记录，送交会计部门审核。经过会计部门审核的考勤记录，即可据以计算每一职工的工资，根据出勤或缺勤天数，计算应发计时工资；根据夜班次数和加班加点时数，计算夜班津贴和加班加点工资，根据病假日数计算病假工资等等。

应付计时工资的计算分两步进行：

(1)计算日工资(标准)。日工资，也叫日平均工资、日工资标准，是指职工每日应得的平均工资额。它有以下两种计算方法：

①按每月平均日历天数30天计算

日工资＝月工资标准÷30

上式中，月工资标准是按照国家人力资源部规定的不同行业、不同职务职称、不同工种和不同工龄的计时工资基础数据，套算得出的月工资。每月平均日历天数按下列公式计算求得：365天÷12＝30.416666……≈30天。采用这种方法，出勤期间包括的节假日按出勤日计算，要支付工资；缺勤期间包括的节假日按缺勤日计算，要扣减工资。

②按每月平均法定工作天数20.83天计算

日工资＝月工资标准(月工资)÷20.83

上式中，20.83天是每月平均法定工作天数，是根据全年自然天数365天，减去104天双休日和国家规定的11天法定节假日后，除以12个月求得的平均天数。采用这种方法计算日工资时，双休日和节假日不付工资，也不扣工资。

(2)计算应付计时工资。有以下两种计算方法：

①顺算法。按日工资和出勤时间计算应付计时工资时，其计算公式为：

应付计时工资＝(月出勤天数＋病假天数×发放比例)×日工资

在顺算法下，各月的全勤月工资与各月自然天数成正比，不一定等于月工资标准。顺算法的缺点是计算工作量较大，但其优点也较明显：一是符合按劳分配的原则，计时工资的多少取决于出勤天数，多劳多得，少劳少得；二是各月成本费用负担比较合理，职工实际出勤天数多，产品产量高，计入成本或费用的工资费用也多，各月成本或费用负担较为合理。

②倒扣法。按月工资扣除缺勤期间工资计算应付计时工资，计算公式为：

应付计时工资＝月工资标准－应扣缺勤工资

应扣缺勤工资＝(缺勤天数＋病假天数×扣款比例)×日工资

倒扣法的优点是计算简单、工作量小，因为绝大多数职工很少缺勤，只计算扣减缺勤工资比较简便。其缺点表现在以下两个方面：一是不符合按劳分配原则。因为不管当月的日历天数是多少，职工每月出满勤，可以得到相同的全勤工资，遇到满勤天数大于20.83天或日历天数大于30天的月份，职工出勤超过20.83天或30天时，不能得到相应的工资补偿；而缺勤超过20.83天或30天时，又会出现倒欠工资的现象，这显然不符合按劳分配的原则。二是可能造成各月成本费用负担不合理的情况。由于各月自然天数不同，全勤职工各月实际出勤天数也就不同，相应的产量也应不相同，但每月却以相同的月工资计入成本或费用，这会使各月成本或费用负担不合理。

按以上两种方法计算的应付计时工资，从某个月份来看，其结果不一定相等。但全年来看，其计算结果大体上一致。因此，两种计算方法可任选一种，但在一年以内不得变换使用。

综合考虑以上两个计算步骤的可用方法，计算应付计时工资共有以下四种方法：

一是按 30 天计算日工资，顺算应付计时工资；

二是按 30 天计算日工资，倒挤应付计时工资；

三是按 20.83 天计算日工资，顺算应付计时工资；

四是按 20.83 天计算日工资，倒挤应付计时工资。

[例3－10]王华的月工资标准为3 124.5 元，6 月双休假日 8 天，实出勤18 天，病假4 天（期间跨越 2 天双休假日），病假期间按 80% 的比例支付工资。

(1)按 30 天算日工资，顺算应付工资

日工资＝3 124.5÷30＝104.15(元)

应付计时工资＝(18＋6)×104.15＋(4＋2)×104.15×80%＝2 999.52(元)

(2)按 30 天算日工资，倒算应付工资

应付计时工资＝3 124.5－(4＋2)×104.15×(1－80%)＝2 999.52(元)

(3)按 20.83 天算日工资，顺算应付工资

日工资＝3 124.5÷20.83＝150(元)

应付计时工资＝18×150＋4×150×80%＝3 180(元)

(4)按 20.83 天算日工资，倒算应付工资

应付计时工资＝3 124.5－4×150×(1－80%)＝3 004.5(元)

2. 计件工资的计算

计件工资是按产量记录中登记的完成合格品的数量或符合要求的劳务量，和规定的计件单价计算的工资。计件工资包括：实行超额累进计件、直接无限计件、限额计件和超定额计件等工资制度下，按照定额和计件单价支付给职工的工资；按营业额或利润提成办法支付给职工的工资。

产量记录是登记生产工人或生产小组在出勤时间内完成产品的数量、质量和生产产品所用工时数量的原始记录。一般，产量记录应包括的内容有：产品、作业或订单的名称和编号；生产车间、小组的名称；操作人员的编号和姓名；所用机器设备的名称和编号；收到加工的材料、毛坯或零件的名称、编号和数量；完成的合格品和废品的数量；实用工时和定额工时等。此外，还应包括计件单价、合格品的计件工资，以及不是由于工人过失产生废品的废品工资。

计件工资按照计算对象不同，可分为个人计件工资和集体计件工资，计算方法如下。

(1)个人计件工资的计算

应付计件工资＝∑(某产品合格品产量＋该产品料废产量)×该产品计件单价

[例3－11]某工人本月加工完成乙零件 1 008 个。其中合格品 950 个，料废 50 个，工废 8 个，该零件的计件单价为 8.8 元，则：

本月该职工应付计件工资＝(950＋50)×8.8＝8 800(元)

2. 集体计件工资的计算和分配

有些企业由于以集体为单位生产或连续操作，不能够按个人计算工作量的，也可以按集体(一般为生产班组)计算集体计件工资。集体计件工资还应需集体内部的每一职工进行分配，通常是根据每人的工资标准和实际工作时间进行分配。其计算公式为：

应付班组计件工资＝∑(该班组加工某种产品合格品与料废品产量)×该产品计件单价

$$班组内工资分配率=\frac{应付班组计件工资}{班组的各成员按工作时间计算的工资总额}$$

应付某工人计件工资=该人按工作时间计算的工资×班组内工资分配率

［例3－12］F车间第一生产小组本月加工完成甲部件1 000件，该部件计件单价为25.04元。该生产小组由李丽、王明、赵华三个不同等级的工人组成，本月三人实际工作时间分别为150小时、180小时和200小时，每人的小时工资率分别为42元、40元和10.75元，则应付李丽、王明、赵华三人的计件工资分别为：

应付第一生产小组计件工资总额＝1 000×25.04＝25 040（元）

$$第一生产小组组内工资分配率=\frac{25\ 040}{150\times42+180\times40+200\times10.75}=1.6$$

应付李丽的计件工资＝150×42×1.6＝10 080（元）

应付王明的计件工资＝180×40×1.6＝11 520（元）

应付赵华的计件工资＝200×10.75×1.6＝3 440（元）

（二）其他短期薪酬的计算

工资以外的其他职工薪酬，以及特殊情况下支付的工资应按国家、地方政府和企业的有关规定进行计算。

1. 国家和地方政府规定了计提基础和计提标准的，按规定标准计算。

这部分职工薪酬包括“五险一金两费”。“五险”即五种社会保险，包括养老保险费、医疗保险费、失业保险费、工伤保险费和生育保险费；“一金”即住房公积金，“两费”为工会经费和职工教育经费。

2. 国家和地方政府没有规定计提比例和计提基础的，企业应该根据历史经验和实际情况，合理地预计、提取本期这类职工薪酬，期末再按照其实际发生额进行调整。如果本期这类职工薪酬的实际发生额小于预提数，应该冲回多提部分；实际发生额大于预提数，应补提少提部分。职工福利费就应按照这种规定计算、提取。

3. 以自产产品作为非货币性福利发放给职工的，按产品的公允价值计算。

4. 企业将拥有的房屋、车辆等资产提供给职工使用的，根据其应计提的折旧计算职工薪酬。

三、短期薪酬的归集与分配

（一）工资费用的归集与分配

月末，根据企业人力资源部门计算的所有在册职工工资，财会部门需编制工资结算单，作为与职工个人进行工资结算的依据。同时，再根据工资结算单，按照不同车间、部门以及不同的人员编制“工资结算汇总表”，作为工资费用归集与分配的原始依据。

对于行政管理部门工作人员的工资费用，计入“管理费用”明细账的对应费用项目中；对于销售机构或部门人员的工资费用，计入“销售费用”明细账的对应费用项目中。生产车间（分厂）管理人员的工资费用，计入该部门的“制造费用”明细账的对应费用项目中。生产车间（分厂）生产工人的工资费用，视不同的工资制度，采用直接计入、分配计入的方式计入产品（劳务）“基本生产成本”明细账或“辅助生产成本”明细账的“直接人工”成本项目中。

在计件工资制下，生产工人工资属于直接计入费用，可根据工资结算凭证，直接计入各种产品(劳务)成本明细账中。在计时工资制下，如果生产车间(分厂)只生产一种产品，生产工人工资也属于直接计入费用，应直接计入各种产品(劳务)成本明细账；如果生产车间(分厂)生产多种产品，生产工人工资就属于间接计入费用，此时需采用既合理又简便的分配方法，先在各种产品之间进行分配，再计入各种产品成本明细账中。分配间接计入工资费用的常用方法有两种：实际工时比例分配法和定额工时比例分配法。

1. 实际工时比例分配法

实际工时比例分配法是按照各种产品实际消耗的生产工时比例，分配计算各种产品应负担工资费用的一种分配方法。

$$间接计入工资费用分配率=\frac{间接计入工资费用}{各种产品实际工时之和}$$

某种产品负担的工资费用=该种产品实际工时×间接计入工资费用分配率

[例3-13]SQ企业的一车间生产甲、乙两种产品，本月汇总出该车间生产工人的计时工资共计342 000元，两种产品实际生产工时分别为4 000小时、6 000小时。采用实际工时比例分配法分配工资费用如下：

$$生产工人工资费用分配率=\frac{342\ 000}{4\ 000+6\ 000}=34.2(元/小时)$$

甲产品负担的生产工人工资费用=4 000×34.2=136 800(元)

乙产品负担的生产工人工资费用=6 000×34.2=205 200(元)

2. 定额工时比例分配法

定额工时比例分配法是按照各种产品定额工时的比例，分配计算各种产品负担工资费用的一种分配方法。这种方法在材料工时定额稳定且比较准确的情况下多用。

某种产品定额工时=该种产品产量×该产品工时定额

$$间接计入工资费用分配率=\frac{间接计入工资费用}{各种产品定额工时之和}$$

某种产品负担的工资费用=该种产品定额工时×工资费用分配率

[例3-14]Z企业生产丙、丁两种产品，本月共发生生产工人工资200 000元，甲、乙两种产品的工时定额分别为3小时和4小时，本月产量分别为4 000件和7 000件。按照定额工时比例法分配生产工人工资费用，结果如下：

丙产品定额工时=4 000×3=12 000(小时)

丁产品定额工时=7 000×4=28 000(小时)

$$生产工人工资费用分配率=\frac{200\ 000}{12\ 000+28\ 000}=5(元/小时)$$

丙产品负担的生产工人工资费用=12 000×5=60 000(元)

丁产品负担的生产工人工资费用=28 000×5=140 000(元)

实务中，分配工资费用是通过编制工资费用分配表进行的。它是企业自制的一类原始凭证，是编制会计分录的直接依据，现通过下例说明其基本格式、内容和编制方法。

[例3-15]沿用例3-14资料，Z公司根据本月各车间、部门发生的的工资汇总情况，编制本月“工资费用分配表”，见表3-4，并据以编制分配本月工资费用的会计分录如表下：

表 3－4 工资费用分配表

编制单位:Z 公司 20××年 8 月 单位:元

借方账户		成本项目费用项目	直接计入费用	间接计入费用		工资费合计
				定额工时(小时)	分配金额(分配率 5)	
基本生产成本	丙产品	直接人工		12 000	60 000	60 000
	丁产品	直接人工		28 000	140 000	140 000
	合 计			40 000	200 000	200 000
辅助生产成本	机修车间	直接人工	23 500			23 500
	运输部门	直接人工	22 760			22 760
	合 计		46 260			46 260
制造费用	基本生产	薪酬	78 200			78 200
	机修车间	薪酬	12 300			12 300
	运输部门	薪酬	9 500			9 500
	合 计		100 000			100 000
管理费用		薪酬	67 200			67 200
销售费用		薪酬	132 000			132 000
合 计			345 460	40 000	200 000	545 460

月末，编制分配工资费用的会计分录:

借:基本生产成本——丙产品 60 000
　　　　　　　——丁产品 140 000
　辅助生产成本——机修车间 23 500
　　　　　　　——运输部门 22 760
　制造费用——基本生产车间 78 200
　　　　　——机修车间 12 300
　　　　　——运输部门 9 500
　管理费用 67 200
　销售费用 132 000
　贷:应付职工薪酬——工资 545 460

(二)短期职工薪酬的归集与分配

其他职工薪酬如社会保险费、住房公积金、工会经费、职工福利费应按照这些薪酬的受益对象和用途，将其应计提的金额计入成本或费用。生产产品、提供劳务的生产工人的这类职工薪酬，计入各种产品(劳务)的“基本生产成本”或“辅助生产成本”明细账中;生产车间(分厂)管理人员的这类职工薪酬，应计入该部门“制造费用”明细账中。对于行政管理部门工作人员的这类职工薪酬，计入“管理费用”明细账中。对于销售机构或部门人员的这类职工薪酬，计入“销售费用”明细账中。从事在建工程项目、研发工作人员的职工薪酬，计入“在建工程”或“研发支出”。其他难以认定受益对象的职工薪酬，计入“管理费用”。

归集与分配这些职工薪酬时，还要注意区分清楚直接计入费用和间接计入费用。对于一种产品单独受益的其他职工薪酬，属于直接计入费用，无需分配，可直接计入该种受益产品的成本中；对于多种产品共同受益的其他职工薪酬，属于间接计入费用，需要先采用一定的分配方法（与工资费用的分配方法类似），在各种产品之间进行分配，然后再按照分配结果计入各种受益产品的成本中。

第四节　折旧费和摊销费的归集与分配

企业因使用各类固定资产而发生的折旧费用、各类无形资产的摊销费用也属于企业生产经营过程中发生的要素费用。

一、折旧费的归集和分配

（一）折旧的计算

折旧是指在固定资产的使用寿命内，按照确定的方法对应计折旧额进行的系统分摊。企业应当根据固定资产所含经济利益的预期实现方式选择折旧计算方法，可选用的折旧计算方法包括年限平均法、工作量法、双倍余额递减法和年数总和法。折旧计算方法一经选用，不得随意调整。

1. 年限平均法

年限平均法，也称直线法，是指按固定资产预计使用年限平均分摊固定资产应计折旧额的方法。应计折旧额是指应当计提折旧的固定资产原价扣除其预计净残值后的余额，如果已对固定资产计提减值准备，还应当扣除已计提固定资产减值准备的累计金额。其计算公式如下：

$$\text{固定资产应计折旧额} = \text{固定资产原值} - \text{预计净残值}$$

$$\text{年折旧额} = \frac{\text{应计折旧额}}{\text{预计使用年限}}$$

在实际工作中，采用年限平均法计算折旧时，折旧额是根据固定资产原价乘以折旧率计算的。固定资产折旧率，是指一定时期内固定资产折旧额对固定资产原价的比率。其计算公式如下：

$$\text{年折旧率} = \frac{\text{年折旧额}}{\text{固定资产原值}} \times 100\% = \frac{1 - \text{预计净残值率}}{\text{预计使用年限}} \times 100\%$$

$$\text{月折旧率} = \frac{\text{年折旧率}}{12} \times 100\%$$

折旧率计算确定以后，不应随意变动。每月计算折旧额时，只需用原值乘以月折旧率即可。其计算公式为：

$$\text{月折旧额} = \text{固定资产原值} \times \text{月折旧率}$$

2. 工作量法

工作量法是指按照固定资产在预计使用年限内所能完成的工作总量分摊固定资产应计折旧额的方法，采用这种方法。固定资产的价值会随着完成工作量的多少转移到成本费用中。其基本计算公式如下：

$$某项固定资产单位工作量折旧额=\frac{该项固定资产应计折旧额}{该项固定资产预计可完成的总工作量}$$

$$=\frac{固定资产原值\times(1-预计净残值率)}{该项固定资产预计可完成的总工作量}$$

月折旧额＝该项固定资产该月完成的工作量×该固定资产单位工作量折旧额

3.双倍余额递减法

双倍余额递减法是指在不考虑固定资产预计净残值的情况下，根据每期期初固定资产的账面净值和年限平均折旧率的双倍分摊应计折旧额的方法。其计算公式如下：

$$年折旧率=\frac{2}{预计使用年限}\times100\%$$

年折旧额＝年初固定资产账面净值×年折旧率

$$月折旧额=\frac{年折旧额}{12}$$

在应用这种方法时，如果在某一折旧年度，按双倍余额递减法计算的折旧额小于按年限平均法计算的折旧额，应改为年限平均法计提折旧。判断公式如下：

$$某年双倍余额递减法计算的折旧额\leqslant\frac{固定资产账面净值-预计净残值}{剩余使用年限}$$

在会计实务中，为了便于应用这种方法，采用双倍余额递减法时，在固定资产使用寿命的最后两年里，将固定资产净值扣减预计净残值后的余额平均摊销。

4.年数总和法

年数总和法是指以固定资产尚可使用年限作为分子，使用年限的逐年数字总和作为分母的一个逐年递减的分数，来分摊应计折旧额的方法。其计算公式如下：

$$年折旧率=\frac{预计使用年限-已使用年限}{预计使用年限\times(1+预计使用年限)\div2}$$

年折旧额＝固定资产应计折旧额×年折旧率

$$月折旧率=\frac{年折旧率}{12}\times100\%$$

为了简化折旧的计算工作，月份内开始使用的固定资产，当月不计算折旧，从下月起计算折旧，月份内减少的固定资产，当月仍计算折旧，从下月起停止计算折旧。这就是说，每月折旧额按月初固定资产的原值和规定的折旧率计算。

此外，企业对于经营租赁方式租入的固定资产、已经提足折旧超龄使用的固定资产和单独估价入账作为固定资产的土地不再计提折旧外，应对所有的固定资产计提折旧。

（二）折旧费用的归集和分配

一种产品的生产往往需要使用多种机器设备，而每一种机器设备又可能生产多种产品。因此，机器设备的折旧费用虽然是直接用于产品生产的费用，但一般属于分配工作比较复杂的间接计入费用，为了简化产品成本的计算工作，没有专门设立折旧费这一成本项目，而与不是间接用于产品生产的其他固定资产折旧费一起计入制造费用。企业行政管理部门固定资产的折旧费用，用于其他经营业务的固定资产折旧费用，则应分别记入管理费用和其他业务支出。这就是说，折旧费用应该按照固定资产使用的车间、部门和用途，分别记入“制造费用”、“管理费用”和“其他业务成本”等总账账户和所属明细账的借方（在明细账中记入“折旧费”费用项目)。固定资产折旧总额应记入“累计折旧”账户的贷方。

分配折旧费用应通过折旧费用分配表进行。现列示某企业的折旧费用分配表如表 3-5 所示。

表 3-5 折旧费用分配表

20××年6月

借方账户		费用项目	上月固定资产折旧额	上月增加固定资产的折旧额	上月减少固定资产的折旧额	本月固定资产折旧额
制造费用	基本生产	折旧费	39 200	1 650	1 320	39 530
	机修车间	折旧费	12 600		440	12 160
	供水部门	折旧费	5 500	2 100		7 600
	合　计		57 300	3 750	1 760	59 290
管理费用		折旧费	7 800			7 800
销售费用		折旧费	5 400			5 400
合　计			70 500	3 750	1 760	72 490

表中，企业采用的折旧方法是年限平均法。由于企业每个月都要计算折旧、分配折旧费用，因而当月的折旧额可以在上月折旧额的基础上加、减调整计算。又由于每月折旧额按月初固定资产的原价和规定的折旧率计算。因此，该企业本月份的折旧额和折旧费用，可以在上月(即上月初)固定资产折旧额的基础上，加上上月份增加的固定资产的折旧额，减去上月份减少的固定资产的折旧额计算求出。因而这样算出的折旧额，就是上月末固定资产的折旧额，也就是本月初、本月份固定资产的折旧额、折旧费用。

根据表 3-5，编制分配折旧费的会计分录：

借:制造费用——基本生产车间　　39 530
　　　　　——机修车间　　12 160
　　　　　——供水车间　　7 600
　管理费用　　7 800
　销售费用　　5 400
　贷:累计折旧　　　　72 490

二、摊销费的归集与分配

无形资产作为企业的一项长期资产，其具有价值量大、使用期限长、受益期限不固定、价值转换差异大等特点。根据寿命期限，无形资产可分为使用寿命有限和寿命不确定的无形资产，按照《企业会计准则》的规定，使用寿命有限的无形资产在其使用寿命内需摊销其价值，使用寿命不确定的无形资产在其持有期内不需进行摊销。

(一)摊销期和摊销方法

无形资产的摊销期限应自其达到可供使用状态起，到终止确认为止的这一时期，即在使用寿命内系统摊销其价值。无形资产的取得来源于合同性权利或是其他法定权利，其使用寿命不应超过合同性权利或其他法定权利的期限。合同性权利或其他法定权利能够在到期时因续约等延续，且有证据表明企业续约不需要付出大额成本的，续约期应当计入使用寿命。合同或法律没有规定使用寿命的，企业应当综合各方面因素判断，以确定无形资产能为企业带来经济利益的期限。

无形资产的应摊销金额为其初始成本扣除预计残值后的金额。已计提减值准备的无形资产，还应扣除已计提的无形资产减值准备累计金额。

企业摊销某项无形资产时，应当选择与该无形资产预期经济利益的实现方式一致的摊销方法。如果无形资产为企业带来的经济利益是前期多、后期少，该项无形资产的摊销则应采用加速摊销法，比如年限总和法、双倍余额递减法；如果无形资产为企业带来的经济利益前期少、后期多，则该项无形资产的摊销应采用减速摊销法；如果不能确定或很难确定某项无形资产在不同会计期间给企业带来经济利益的多少，采用平均年限摊销法。

（二）摊销费的归集与分配

一般，无形资产的摊销费应计入当期损益。自用的无形资产，按照当期应摊销金额借记“管理费用”账户，贷记“累计摊销”账户。对外出租的无形资产，按照当期应摊销金额借记“其他业务成本”账户，贷记“累计摊销”账户。如果某项无形资产所包含的经济利益通过所生产的产品或其他资产实现的，其摊销金额应当计入产品或资产成本。

企业当月增加的无形资产，自达到可供使用状态当月就开始摊销；当月减少的无形资产，当月不再摊销。

第五节 其他费用的归集和分配

企业的要素费用，除了以上所述的各项费用以外，还有利息费用、税金和其他费用。

一、利息费用的归集和分配

利息费用是指企业筹集生产经营所需资金而发生的利息支出（扣除利息收入），主要包括短期借款、长期借款以及发行债券等业务的利息支出。利息费用是经营管理费用中财务费用的组成部分。

短期借款利息费用一般按期（按季）支付，为正确划分各月费用界限应按月预提。每月预提利息费用时，借记“财务费用”账户，贷记“其他应付款”账户；在实际支付利息费用时，借记“其他应付款”账户，贷记“银行存款”账户。如果利息费用数额不大，为简化核算，也可不作预提处理，在实际支付利息费用时，直接借记“财务费用”账户，贷记“银行存款”账户。

长期借款利息费用一般按年支付，也应按月计提。每月计提长期借款利息费用时，借记“财务费用”账户，贷记“长期借款”账户；实际支付利息费用时，借记“长期借款”账户，贷记“银行存款”账户。应付票据和应付债券的利息费用与长期借款利息费用处理类似，只需将“长期借款”账户用“应付票据”和“应付债券——应计利息”账户取代即可。

二、税金的归集与分配

企业按规定计算交纳的房产税、车船使用税、土地使有税和印花税，按规定计入期间费用，列为管理费用。其中印花税，可以用银行存款等货币资金直接交纳。交纳时，应借记“管理费用”总账账户和所属明细账，贷记“银行存款”等账户。房产税、车船使用税和土地使用税，需要预先计算应交金额，然后交纳，这些税金应该通过“应交税费”账户核算。算出应交税费时，借记“管理费用”总账账户和所属明细账，贷记“应交税费”账户；实际交纳税金时，借记“应交税费”账户，贷记“银行存款”等账户。

三、其他费用的归集与分配

其他费用，是指除了前述各项要素费用以外的各种费用。包括运输费、差旅费、邮电费、劳动保护费、租赁费、外部加工费、保险费、零星修理费、无形资产摊销、办公费、业务招待费，以及支付的原材料试验等研究开发费等。这些费用发生时，应根据有关付款凭证或转账凭证，先按其用途和发生地点归集计入“制造费用”、“管理费用”、“销售费用”等账户及其明细账户中。

☆★本章关键概念

材料费用　材料消耗定额　材料费用定额　标准产量　工时定额　职工薪酬
计时工资　计件工资　折旧费　摊销费

☆★复习思考题

1. 分配材料费用的各种方法在何种情况下采用？
2. 标准产量比例分配法下，为何选择生产稳定的产品作为标准产品？
3. 为何核算外购动力费用时，要使用“应付账款”账户？
4. 职工薪酬包括哪些？如何计算？
5. 在计算计时工资的四种方法中，你认为哪种方法最合理？为什么？
6. 如何选择合理的无形资产摊销方法？

第四章　辅助生产费用的归集与分配

【引言】

辅助生产费用是企业辅助生产部门发生的生产性消耗。其能否准确核算，直接关系到企业产品成本和期间费用核算的正确性。本章介绍辅助生产费用归集与分配的各种方法以及各自的优缺点，企业应根据辅助生产部门的特点选择合适的方法。

第一节　辅助生产费用的归集

工业企业的生产车间按其承担的生产任务不同，可划分为基本生产车间和辅助生产车间两类部门。基本生产车间生产各种对外销售的产品，是企业的主要生产单位；而辅助生产车间是为企业的基本生产车间、行政管理部门等提供各种产品或劳务服务的部门，是企业的辅助性生产单位，一般较少对外销售或服务。可见，辅助生产车间发生的费用应由各受益的车间、部门负担。也就是说只有在计算、分配辅助生产费用之后，才能进行产品成本和期间费用的计算。因此辅助生产成本的高低以及分配是否合理，对企业的产品成本和期间费用水平有着直接的影响，也因此对辅助生产费用实施有效的控制，并正确、及时地组织辅助生产费用的归集和分配，对于节约生产费用、降低以及正确、及时地计算产品成本均具有重要意义。

一、辅助生产费用及其特点

辅助生产车间为生产产品或提供劳务所发生的人力、物力、财力等各种经济资源的耗费，统称为辅助生产费用，按成本项目划分包括直接材料、直接人工和制造费用等。这些费用构成辅助生产车间产品或劳务的成本，亦可称为辅助生产成本。

辅助生产属于非商品生产，其目的主要是为基本生产车间服务，同时也为企业管理部门服务。辅助生产车间之间也经常相互提供产品或劳务。尽管辅助生产车间有时也对外提供劳务或产品，但这并不是辅助生产车间的主要任务，所占比重一般都很小。因此，辅助生产费用应由这些受益单位承担。

辅助生产根据其提供的产品或劳务的品种数量不同，可分为两种类型：一类是只提供一种产品或劳务的辅助生产，称为单品种辅助生产，如供水、供电、供气、运输等；另一类是提供多种产品或劳务的辅助生产，称为多品种辅助生产，如工具，模具、修理用备件的生产、机器设备维修等。辅助生产的类型不同，辅助生产费用归集和分配的方法也不同，所以，区分辅助生产的不同类型，是正确组织生产费用核算的前提。

辅助生产费用的归集与分配是指根据辅助生产的特点，以辅助生产产品或劳务为对象归集所发生的辅助生产费用，以计算辅助生产产品或劳务的成本，并将其按一定方法分配给各个受益单位的核算过程。

二、辅助生产费用的归集

为了归集和分配辅助生产费用，应设置“辅助生产成本”账户。“辅助生产成本”账户与“基本生产成本”账户一样，一般应按照车间类别或产品和劳务的种类设置明细账，账中按照成本项目设立专栏或专行进行明细核算。对于只提供一种产品或劳务的辅助生产车间，只需按辅助生产车间设置明细账；对于提供多种产品或劳务的符辅助生产车间，除按车间另设置外，还应按各种产品或劳务种类设置明细账。

“辅助生产成本”账户作为一个成本类账户，其借方登记为进行辅助生产所发生的一切费用，包括辅助生产车间内发生的直接费用，辅助生产车间为组织和管理生产活动而发生的各种间接费用，以及从其他辅助生产车间分配转来的费用；该账户贷方根据“辅助生产费用分配表”登记结转完工入库的自制材料、工具、模具等的成本以及向其他辅助生产车间、基本生产车间、行政管理部门等受益单位分配转出的劳务成本。该账户应按辅助生产车间及产品或劳务的种类设置明细账。

辅助生产车间发生的间接费用，可以通过“制造费用”账户进行归集与分配，也可以直接记入“辅助生产成本”账户的相关成本项目。

（一）制造费用通过“制造费用”账户归集

在一般情况下，辅助生产的制造费用应该与基本生产的制造费用一样，先通过“制造费用”账户进行单独归集，然后按照受益程度分配转入“辅助生产成本”账户，计入辅助生产产品或劳务的成本。

在辅助生产的制造费用通过“制造费用”账户进行单独归集的企业中，发生辅助生产费用时，专设成本项目的直接计入费用，应单独地直接记入“辅助生产成本”账户和所属有关明细账的借方。辅助生产所发生的制造费用，应先记入“制造费用”总账账户和所属辅助生产制造费用明细账的借方进行归集，然后再从其贷方直接转入或分配转入“辅助生产成本”总账账户和所属明细账的借方。

需要注意的是：辅助生产车间归集的生产费用，可比照基本生产车间的产品成本计算方法，对辅助生产车间的产品、劳务采用一定的方法计算它们的实际成本。

根据某企业辅助生产所发生的各项费用和有关费用分配表，登记辅助生产的制造费用明细账的内容，如表4-1所示。

表 4－1

制造费用明细账

车间:机修车间

201×年×月

单位:元

2013年		摘要	借方									贷方	余额
月	日		工资	福利费	折旧费	供暖费	办公费	水电费	机物料	其他	小计		
	30	货币资金支出分配表					340			260	600		
	30	材料费用分配表							1 600		1 600		
	30	工资费用分配表	2 400							2 400			
	30	福利费用分配表		336							336		
	30	折旧费用分配表			4 180						4 180		
	30	辅助生产费用分配表				2 972					2 972		
	30	动力费用分配表						600			600		
	30	燃料费用分配表								560	560		
	30	分配转出(分配表)										13 248	
	30	本月合计	2 400	336	4 180	2 972	340	600	1 600	820	13 248	13 248	

由于机修车间只提供劳务,所发生的制造费用可以直接转入“辅助生产成本”总账户和所属明细账。结转制造费用时可以编制制造费用分配表,如表 4－2 所示。

表 4－2

制造费用分配表

201×年×月

单位:元

应借账户		成本项目	分配金额
总账账户	明细账户		
辅助生产成本	机修	制造费用	13 248
合 计			13 248

根据表 4－2 制造费用分配表编制会计分录如下:

借:辅助生产成本——机修　　13 248

　贷:制造费用　　13 248

根据某企业辅助生产发生的各项费用和有关费用分配表,登记辅助生产成本明细账如表 4－3 所示。

表 4－3　　　　　　　　　　　　　　**辅助生产成本明细账**

车间：机修车间

2013 年		摘要	原材料	燃料及动力	直接人工	制造费用	合计	转出	余额
月	日								
	30	原材料费用分配表	9 750				9 750		
	30	工资费用分配表			8 200		8 200		
	30	福利费用分配表			1 148		1 148		
	30	制造费用分配表				13 248	13 248		
	30	动力费用分配表		1 650			1 650		33 996
	30	分配转出						33 996	0
	30	本月合计	9 750	1 650	9 348	13 248	33 996	33 996	0

(二)制造费用不通过“制造费用”账户归集

在辅助生产车间很小，制造费用很少，而且辅助生产不对外提供商品或劳务，则不需要按照规定的成本项目计算产品成本、编制产品生产成本报表的这种情况下，为了简化核算工作，辅助生产的制造费用也可以不通过“制造费用”账户单独归集，而直接记入“辅助生产成本”账户，计入辅助生产产品或劳务的成本。

在辅助生产的制造费用不通过“制造费用”账户、不进行单独归集的企业中，在计算辅助生产成本时，可以将产品或劳务的成本项目与制造费用的费用项目结合起来，设立简化的成本或费用项目，并在辅助生产成本明细账设立专栏或专行，归集费用、计算成本。在这些企业中，发生的辅助生产费用均单独地直接记入或分配记入“辅助生产成本”账户和所属有关的明细账的借方(在明细账中记入产品成本项目与制造费用项目结合设立的有关项目)。

例如根据某企业辅助生产发生的各项费用和有关费用分配表，登记辅助生产成本明细账如表 4－4 所示。

表 4－4　　　　　　　　　　　　　　**辅助生产成本明细账**

车间：机修车间　　　　　　　　　　201×年×月　　　　　　　　　　**单位：元**

2013 年		摘要	原材料	燃料及动力	工资及福利费	折旧费	办公费	水电费	供暖费	机物料	其他	合计	转出	余额
月	日													
	30	外购动力费用分配表		1 650				600				2 250		
	30	原材料费用分配表	9 750							1 600		11 350		
	30	工资费用分配表			10 600							10 600		
	30	福利费用分配表			1 484							1 484		
	30	折旧费用分配表				4 180						4 180		

续表

	30	辅助生产费用分配表							2 972			2 972		
	30	税金利息其他分配表					340				260	600		
	30	燃料费用分配表									560	560		
	30	待分配费用	9 750	1 650	12 084	4 180	340	600	2 972	1 600	820	33 996		
	30	分配转出（分配表）											33 996	0
	30	本月合计	9 750	1 650	12 084	4 180	340	600	2 972	1 600	820	33 996	33 996	0

第二节　辅助生产费用的分配

企业发生的辅助生产费用按照辅助生产车间分别进行归集后，月末需采用一定的方法将其在受益单位之间进行分配。辅助生产的产品或提供的劳务，按其能否入库存储分为两类：一类是可以入库存储的产品，如生产的工具、备件、模具等；另一类是不可入库存储的产品或劳务，如生产的水、电、汽等产品或供应的修理、运输等劳务。由于辅助生产车间提供产品和劳务的种类不同，归集在“辅助生产成本”总账和所属明细账借方的辅助生产费用，其分配和结转的方法和程序也各不相同。

如果辅助生产车间是生产产品的，如自制材料、工具模具等，在这些产品完工后，应将其成本从“辅助生产成本”账户的贷方转入到“原材料”或“低值易耗品”等账户的借方。各车间、部门领用时，再比照财务会计中发出存货的核算方法，根据其具体的用途和数量，一次或分次转入到“制造费用”、“管理费用”、“销售费用”、“在建工程”等有关成本费用账户的借方。

对于提供水、电、修理、运输等产品或劳务的辅助生产车间，发生的费用在归集后，应根据受益各部门的耗用量，在各受益单位之间进行分配。在这种情况下，辅助生产车间除主要向基本生产车间和行政管理部门提供劳务外，如果辅助生产之间也相互提供劳务，就存在几个辅助生产车间相互分配费用的问题。比如供电车间为修理车间提供电力，修理车间也为供电车间提供修理服务。那么，要计算供电成本，就要确定修理成本；而要计算修理成本，又要计算供电成本。这时各辅助生产车间归集的费用实际上应包括从其他辅助生产车间转入费用，这样要想计算一个辅助生产车间其产品或劳务的成本时，需要以其他辅助生产车间产品或劳务的成本计算为前提，这增加了辅助生产费用分配的难度。

在实务中，分配这类辅助生产费用采用专门方法，这些方法包括：直接分配法、顺序分配法、一次交互分配法、计划成本分配法和代数分配法等。

一、直接分配法

直接分配法是指不考虑各辅助生产车间之间相互提供产品或劳务的情况下，将各辅助生产车间发生的费用直接分配给辅助生产车间以外的各受益单位的辅助生产费用分配方法。其计算公式如下：

$$\text{某辅助生产车间费用分配率}=\frac{\text{该辅助生产车间直接发生的费用总额}}{\text{该辅助生产车间劳务总量}-\text{其他辅助生产车间耗用劳务量}}$$

$$\text{某受益对象应负担的辅助生产费用}=\text{该受益对象耗用劳务(产品)数量}\times\text{辅助生产费用分配率}$$

采用这种方法进行辅助生产费用的分配，具有一定的假设性，即假定各辅助生产车间的产品或劳务都是为基本生产车间和辅助生产车间以外的其他受益对象所耗用的。实际上，各辅助生产车间之间相互提供产品或劳务不相互分配费用，因此，计算手续较为简单。但由于在计算费用分配率时，费用总额为不包括所耗用的其他辅助生产车间劳务的成本，并不是该车间的实际费用；耗用劳务（或产品）总量中又剔除了其他辅助生产车间耗用的数量；因此，分配结果不够准确，不利于车间精打细算、划分成本。

这种方法一般只适用于辅助生产车间相互提供产品或劳务的数量不多，或辅助生产车间之间相互耗用劳务费用大致相等的企业。

［例4－1］A企业有供水和供电两个辅助生产车间，本月各车间直接发生的费用为：供水车间6 820元，供电车间4 800元。辅助生产车间为各基本生产车间、其他辅助车间和行政管理部门提供产品和劳务数量见表4－5。

表4－5　**辅助生产劳务供应通知单**

间：供电车间　201×年×月　单位：元

辅助生产车间	单位	各车间（产品）部门耗用数量							
		供水车间	供电车间	第一基本生产车间管理耗用	第二基本生产车间			行政管理耗用	合计
					子产品	丑产品	一般用		
供水车间	吨	×	10 000	2 000	22 000	18 000	4 000	16 000	72 000
供电车间	度	4 000	×	5 000	5 400	2 600	2 000	1 000	20 000

根据上述资料，按直接分配法进行分配，编制辅助生产费用分配表，见表4－6。

表4－6　**辅助生产费用分配表**

（直接分配法）

201×年×月　单位：元

辅助生产费用	待分配费用	辅助生产以外的劳务量	费用分配率	受益对象费用分配额									
				第一基本生产车间管理耗用		第二基本生产车间						行政管理耗用	
						子产品		丑产品		一般用			
				耗用量	分配额	耗用量	分配额	耗用量	分配额	耗用量	分配额	耗用量	分配额
供水车间	6 820	62 000	0.11	2 000	220	22 000	2 420	18 000	1 980	4 000	440	16 000	1 760
供电车间	4 800	16 000	0.3	5 000	1 500	5 400	1 620	2 600	780	2 000	600	1 000	300
	11 620				1 720		4 040		2 760		1 040		2 060

在表4－6中，有关指标计算如下：

$$\text{水费分配率}=\frac{6\ 820}{72\ 000-10\ 000}=0.11(\text{元/吨})$$

$$电费分配率=\frac{4\ 800}{20\ 000-4\ 000}=0.3(元/度)$$

根据表4－6辅助生产费用分配表，编制会计分录如下：

借：基本生产成本——子产品　　　　4 040

　　　　　　　　——丑产品　　　　2 760

　　制造费用——第一基本生产车间　　1 720

　　　　　　——第二基本生产车间　　1 040

　　管理费用　　　　　　　　　　　2 060

　贷：辅助生产成本——供水车间　　　　6 820

　　　　　　　　　——供电车间　　　　4 800

［例4－2］B企业设有供电、机修两个辅助生产车间，由于该企业每个辅助生产车间只提供一种劳务，因而不需设置“制造费用”账户，辅助生产车间所发生的费用，全部登记在“辅助生产成本明细账”中。供电车间的“辅助生产成本明细账”见表4－7；机修车间本月发生费用为680 000元（“辅助生产成本明细账”从略）。各辅助生产车间提供的劳务数量及各受益单位劳务耗用量见表4－8所示。要求采用直接分配法分配辅助生产费用。

表4－7

辅助生产成本明细账

车间：供电车间

201×年×月

单位：元

日期		摘要	工资	办公费	折旧费	外购电力	机物料	其他支出	合计	转出	余额
年	月	原材料分配表					50000		50000		
		工资费用分配表	54000						54000		
		折旧费用分配表			2000				2000		
		其他费用分配		28000				14000	42000		
		外购电力费用				40000			40000		
		合　计	54000	28000	2000	40000	50000	14000	188000		
		本月转出								188000	0

表4－8

辅助生产劳务供应通知单

201×年×月

受益单位		耗电度数	耗用机修工时
供电车间			510
机修车间		20 000	
第一基本车间	甲产品耗用	200 000	3500
	一般耗用	50 000	400
第二基本车间	乙产品耗用	100 000	1500
	一般耗用	6 000	200
管理部门		20 000	690
合　计		396 000	6800

根据上述资料，采用直接分配法分配辅助生产费用的结果见表4－9。

表4－9

辅助生产费用分配表

（直接分配法）

201×年×月

单位：元

项目	待分配费用	消耗数量	分配率	分配金额					
				基本生产成本		制造费用		管理费用	
				数量	金额	数量	金额	数量	金额
供电	188 000	376 000	0.5	300 000	150 000	56 000	28 000	20 000	10 000
机修	680 000	6 290	108.1	5 000	540 500	600	64 860	690	74 640
合计	868 000				690 500		92 860		84 640

根据计算结果，应做如下的会计分录：

借：基本生产成本　　690 500
　　制造费用　　92 860
　　管理费用　　84 640
　贷：辅助生产成本——供电车间　　188 000
　　　　　　　　——机修车间　　680 000

二、顺序分配法

顺序分配法是指根据各辅助生产车间相互提供劳务的受益程度之多少进行排序，将接受其他辅助生产车间劳务少、为其他辅助生产车间提供劳务多的辅助生产车间排列在前，先分配费用；将接受其他辅助生产车间劳务多、为其他辅助生产车间提供劳务少的辅助生产车间排列在后，后分配费用的一种费用分配方法。

采用这种方法分配费用时，先将排在最前面的辅助生产车间发生的费用分配给排在其后面的所有受益单位（包括排在它后面的其他辅助生产车间），然后再归集排在第二位的辅助生产车间直接发生费用以及分配而来费用，分配给排列在其后面的所有受益单位，依此类推，直至排在最后的辅助生产车间将归集而得的直接发生费用和分配而来费用分配给辅助生产车间之外的各受益单位。其特点是：排列在前的辅助生产车间不承担排在其序后的辅助生产车间的费用。

采用顺序分配法，能重点突出地反映辅助生产车间交互服务的关系，分配结果较直接、分配法较准确；同时，各种辅助生产费用只计算分配一次，分配方法简便易行。但是，由于排列在先的辅助生产车间不负担排列在后的辅助生产车间的费用，从而导致费用归集不全，不能全面反映辅助生产车间之间相互提供产品和劳务的关系，影响费用分配结果的准确性。此外，在辅助生产车间较多的情况下，其顺序的确定比较困难。因此，这种方法一般在辅助生产车间相互耗用劳务费用有着明显的顺序，并且排列在前的辅助生产车间耗用排列在后的辅助生产车间的费用较少的情况下采用。

［例4－3］C企业设有机修和运输两个辅助生产车间，辅助生产的制造费用不单独通过“制造费用”账户核算。本月各车间在分配辅助生产费用以前发生的费用为：机修车间9178元，运输车间14112元。各辅助生产车间提供劳务数量和各受益对象耗用劳务数量如表4－10所示。

表 4－10

辅助生产劳务供应通知单

201×年×月

受益对象		提供劳务量	
		修理劳务（工时）	运输劳务（吨公里）
辅助生产车间	机修车间		400
	运输车间	96	
第一基本生产车间		1 604	8 500
第二基本生产车间		1 624	3 300
行政管理部门		600	2 200
合　计		3 924	14 400

根据各辅助生产车间相互提供劳务情况得知，运输车间受益少，为机修车间提供劳务量多，应排列再前，先分配其费用；机修车间受益多，为运输车间提供给的劳务量少，后分配其费用。各辅助生产车间分配费用的分配率计算如下：

$$运输费用分配率=\frac{14\ 112}{14\ 400}=0.98（元/吨公里）$$

机修车间应负担运输费用 $=400\times0.98=392$ 元

$$机修费用分配率=\frac{9\ 178+392}{3\ 924-96}=2.5（元/工时）$$

根据上述计算结果，编制辅助生产费用分配表如表 4－11 所示。

表 4－11

辅助生产费用分配表

（顺序分配法）

201×年×月

单位：元

账户	辅助生产成本						制造费用				理费用		分配金额合计
	运输部门			修理车间			第一车间		第二车间				
车间部门	劳务数量	待分配费用	分配率	劳务数量及耗用量	待分配费用	分配率	耗用数量	分配额	耗用数量	分配额	耗用数量	分配额	
	14 400	14 112		3 924	9 178								
分配运输费用	－14 400	－14 112	0.98	400	392		8 500	8 330	3 300	3 234	2 200	2 156	14 112
	修理费用合计				9 570								
	分配修理费用			3 828	－9 570	2.5	1 604	4 010	1 624	4 060	600	1 500	9 570
分配金额合计													23 682

根据表 4－11 辅助生产费用分配表，编制会计分录如下：

借：辅助生产成本——机修车间　　392

　　制造费用——第一基本生产车间　　8 330

——第二基本生产车间　　3 234

管理费用　　2 156

贷:辅助生产成本——运输车间　　14 112

借:制造费用——第一基本生产车间　　4 010

——第二基本生产车间　　4 060

管理费用　　1 500

贷:辅助生产成本——机修车间　　9 570

[例4－4]仍使用例4－2的数据资料，采用顺序分配法进行辅助生产费用的分配。

由于例4－2中资料显示，机修车间收益程度小于供电车间受益程度，因此，机修车间排列在前，供电车间排列在后。按排列顺序进行辅助生产费用的分配，编制的“辅助生产费用分配表”如表4－12所示。

表4－12

辅助生产费用分配表

（顺序分配法）

201×年×月

单位:元

项目	消耗数量	待分配费用			分配率	分配金额							
		直接发生	分配转入	小计		供电车间		基本生产成本		制造费用		管理费用	
						数量	金额	数量	金额	数量	金额	数量	金额
机修	6 800	680 000		680 000	100	510	51 000	5 000	500 000	600	60 000	690	69 000
供电	376 000	188 000	51 000	239 000	0.63564			300 000	190 692	56 000	35 595.2	20 000	12 712.8
合计		868 000							690 692		95 595.2		81 712.8

根据上述的计算结果，应做如下会计分录：

借:辅助生产成本——供电车间　　51 000

基本生产成本　　690 692

制造费用——基本车间　　95 595.2

管理费用　　81 712.8

贷:辅助生产成本——机修车间　　680 000

——供电车间　　239 000

三、一次交互分配法

一次交互分配法是将辅助生产车间费用的费用分配分两次进行，第一次称为交互分配，即仅限于各辅助生产车间之间根据相互提供的产品或劳务进行交互分配费用，基本生产车间和行政管理等部门从略；第二次称为对外分配，即将各辅助生产车间交互分配前的费用，加上交互分配转入的费用，减去交互分配转出的费用，计算出各辅助生产车间的实际费用后，按对外提供劳务的数量，在辅助生产车间以外的各受益单位之间进行分配。其计算公式如下：

交互分配时：

$$某辅助生产车间费用分配率=\frac{该辅助生产车间直接发生费用}{该辅助生产车间提供劳务总量}$$

$$\frac{\text{某辅助生产车间应负担的}}{\text{其他辅助生产车间分来费用}}=\frac{\text{该辅助生产车间耗用其}}{\text{他辅助生产车间劳务量}}\times\frac{\text{其他辅助生产}}{\text{车间交互分配率}}$$

对外分配时：

$$\frac{\text{某辅助生产车}}{\text{间费用分配率}}=\frac{\text{该辅助生产车间直接发生费用}+\text{分配转入费用}-\text{分配转出费用}}{\text{该辅助生产车间劳务总量}-\text{其他辅助生产车间耗用劳务量}}$$

$$\frac{\text{某外部受益单位应}}{\text{负担辅助生产费用}}=\frac{\text{该受益单位}}{\text{消耗劳务总量}}\times\frac{\text{辅助生产车}}{\text{间对外分配率}}$$

采用一次交互分配法时，费用分配分两个步骤。第一步骤的交互分配，待分配费用是该辅助生产车间直接发生的费用，不包括所耗用的其他辅助生产车间的费用，所分配的劳务数量是该车间提供的劳务总量，即包括所有收益对象的消耗量之和。第二步骤的对外分配，待分配费用是交互分配之后的实际费用，所分配的劳务数量是辅助生产车间之外的劳务量，即仅包括基本生产车间、职能管理部门等外部受益对象的消耗量之和。

[例4－5]D企业设有供水和供电两个辅助生产车间，辅助生产车间发生的制造费用通过“制造费用”账户归集。本月在分配辅助生产费用前，供水车间直接发生的费用为12 160元，其中制造费用为2 000元，供电车间直接发生的费用为12 480元，其中制造费用为3 000元。辅助生产提供产品或劳务数量资料如表4－13所示。采用一次交换分配法分配辅助生产费用。

表4－13

辅助生产劳务供应通知单

201×年×月

受益对象		提供劳务量	
		供水(吨)	供电(千瓦时)
辅助生产供水车间	生产耗用		11 200
	一般耗用		800
辅助生产供电车间	生产耗用		
	一般耗用	24 000	
基本生产车间	甲产品		16 000
	乙产品		13 000
	一般耗用	112 000	1 000
行政管理部门		16 000	6 000
合　计		152 000	48 000

根据[例4－5]资料，费用分配率计算如下：

$$\text{供水费用交互分配率}=\frac{12\ 160}{152\ 000}=0.08(\text{元/吨})$$

$$\text{供电费用交互分配率}=\frac{12\ 480}{48\ 000}=0.26(\text{元/千瓦时})$$

$$\text{供水费用对外分配率}=\frac{12\ 160+208+2\ 912-1\ 920}{152\ 000-24\ 000}=0.1044(\text{元/吨})$$

$$供电费用对外分配率=\frac{12\ 480+1\ 920-2\ 912-208}{48\ 000-11\ 200-800}=0.3133(元/千瓦时)$$

根据计算结果，编制辅助生产费用分配表如表 4－14 所示。

表 4－14

辅助生产费用分配表

（一次交互分配法）

201×年×月

单位：元

项目		待分配费用	耗用数量	分配率	分配金额							
					供水车间		供电车间		基本生产			管理费用
					生产耗用	一般耗用	生产耗用	一般耗用	甲产品	乙产品	一般耗用	
交互分配	供水	12 160	152 000	0.08				1 920				
	供电	12 480	48 000	0.26	2 912	208						
	小计	24 640			2 912	208		1 920				
对外分配	供水	13 360	128 000	0.1044							11 692.8	1 667.2
	供电	11 280	36 000	0.3133					5 012.8	4 072.9	313	1 881
	小计	24 640										
合计		24 640							5 012.8	4 072.9	12 006.1	3 548.2

根据表 4－14，编制会计分录如下：

交互分配：

借：辅助生产成本——供水车间　　2 912

　　制造费用——供水车间　　208

　　　　　　——供电车间　　1 920

　　贷：辅助生产成本——供水车间　　1 920

　　　　　　　　　　——供电车间　　3 120

对外分配之前，将辅助生产车间的制造费用转入“辅助生产成本”账户，其中包括交互分配之前的制造费用。

借：辅助生产成本——供水车间　　2 208

　　　　　　　　——供电车间　　4 920

贷：制造费用——供水车间　　2 208

　　　　　　——供电车间　　4 920

对外分配：

借：基本生产成本——甲产品　　5 012.8

　　　　　　　　——乙产品　　4 072.9

　　制造费用——基本生产车间　　12 006.1

　　管理费用　　3 548.2

　　贷：辅助生产成本——供水车间　　13 360

　　　　　　　　　　——供电车间　　11 280

［例 4－6］仍使用例 4－2 的数据资料，采用一次交互分配法进行辅助生产费用的分配。

交互分配：

$$供电车间交互分配率=\frac{188\ 000}{396\ 000}=0.47475(元/度)$$

$$机修车间交互分配率=\frac{680\ 000}{6\ 800}=100(元/工时)$$

对外分配：

$$供电车间对外分配率=\frac{188\ 000+51\ 000-9\ 495}{396\ 000-20\ 000}=0.6104(元/度)$$

$$机修车间对外分配率=\frac{680\ 000+9\ 495-51\ 000}{6\ 800-510}=101.51(元/工时)$$

根据计算结果，编制辅助生产费用分配表如表4－15所示。

表4－15

辅助生产费用分配表

（一次交互分配法）

201×年×月

单位：元

项目		待分配费用	耗用数量	分配率	分配金额						
					供电	机修	基本生产一车间		基本生产二车间		管理费用
					生产耗用	生产耗用	甲产品	一般耗用	乙产品	一般耗用	
交互分配	供电	188 000	396 000	0.47475		9 495					
	机修	680 000	6 800	100	51 000						
	小计	868 000			51 000	9 495					
对外分配	供电	229 505	376 000	0.6104			122 080	30 520	61 040	3 662.4	12 202.6
	机修	638 495	6 290	101.51			355 285	40 604	152 265	20 302	70 039
	小计	868 000									
合计		868 000					477 365	71 124	213 305	23 964.4	82 241.6

根据表4－15，编制会计分录如下：

交互分配：

借：辅助生产成本——机修车间　　9 495
　　　　　　　　——供电车间　　51 000
　贷：辅助生产成本——供电车间　　9 495
　　　　　　　　　——机修车间　　51 000

对外分配：

借：基本生产成本——甲产品　　477 365
　　　　　　　　——乙产品　　213 305
　制造费用——基本生产一车间　　71 124
　　　　　——基本生产二车间　　23 964.4
　管理费用　　82 241.6
　贷：辅助生产成本——机修车间　　638 495
　　　　　　　　　——供电车间　　229 505

采用一次交互分配法，克服了直接分配法在辅助生产车间之间不分配费用的缺点，使辅助生产车间费用的分配结果相对准确，但是计算手续较复杂。这种方法一般适用于各辅助生产车间相互提供劳务较多的企业。

由于采用一次交互分配法分配辅助生产费用，各辅助生产车间只能在接到财务部门转来其他辅助生产车间费用交互分配资料之后，才能计算出实际费用，进而进行对外分配，因此，往往影响了成本核算的及时性。同时，进行两次费用分配不仅增加了工作量，且第一阶段的交互分配所计算出来的辅助生产费用分配率并不是实际的分配率，因而计算结果也不很准确。为了弥补这一缺陷，在各月辅助生产的费用水平相差不大的情况下，也可以按劳务的计划单位成本或上期实际单位成本进行交互分配。各辅助生产车间只需根据消耗其他车间的劳务数量和该项劳务的单位成本，就能计算出分配转入的费用，以确定本辅助生产车间发生的实际费用额。

四、计划成本分配法

计划成本分配法是指分配辅助生产费用时，根据事先确定的产品或劳务的计划单位成本，结合各车间或部门耗用的数量计算各车间或部门应负担的辅助生产费用的一种方法。其计算公式如下：

$$\text{各受益对象应负担的辅助生产费用}=\text{该受益对象实际耗用的产品或劳务数量}\times\text{计划单位成本}$$

$$\text{某项辅助生产费用分配的差异额}=\left(\text{该辅助生产车间直接发生费用}+\text{分配转入额}\right)-\text{该辅助生产车间按计划成本分配的数额}$$

采用这种方法分配辅助生产费用也分两个步骤。第一步骤，计算辅助生产的实际费用，即计算某辅助生产车间直接发生的费用与该辅助生产车间应负担的其他辅助生产分配转来的费用之和;第二步骤，计算辅助生产的成本差异，将计算得出的辅助生产实际发生的费用总额与按计划成本分配转出的费用总额相减得到差异额，即辅助生产成本的差异。这一差异可以按照直接分配法进行追加分配;也可以简化核算，直接将辅助生产成本差异列入“管理费用”账户，不再分配给各受益单位。如果是实际成本大于计划成本的超支差异则增加管理费用，如果是节约差异，则冲减管理费用。

[例4－7]仍使用例4－5的数据资料，假设供水车间的计划单位成本为0.10元/吨，供电车间的计划单位成本为0.30元/千瓦时，要求采用计划成本分配法分配辅助生产费用。

根据例题资料，计算辅助生产的实际费用为：

供水车间实际费用＝12 160＋0.30×(11 200＋800)＝15 760(元)

供电车间实际费用＝12 480＋0.10×24 000＝14 880(元)

辅助生产成本差异计算为：

供水费用成本差异＝15 760－0.10×152 000＝560(元)

供电费用成本差异＝14 880－0.30×48 000＝480(元)

根据计算结果，编制辅助生产费用分配表如表4－16所示。

表 4－16

辅助生产费用分配表

（计划成本分配法）

201×年×月

单位：元

项目		待分配费用	耗用数量	计划单位成本	分配金额								
					供水车间		供电车间		基本生产			管理费用	合计
					生产耗用	一般耗用	生产耗月	一般耗用	甲产品	乙产品	一般耗用		
计划成本	供水		152 000	0.10				2 400			11 200	1 600	15 200
	供电		48 000	0.30	3 360	240			4 800	3 900	300	1 800	14 400
	小计												29 600
实际成本		直接费用		分配费用									
	供水	12 160		3 600									15 760
	供电	12 480		2 400									14 880
	小计	24 640		6 000									30 640
辅助生产成本差异													1 040

根据表 4－16 所示，编制辅助生产费用分配会计分录如下：

按计划成本分配：

借：辅助生产成本——供水车间　　　3 360
　　基本生产成本——甲产品　　　　4 800
　　　　　　　　——乙产品　　　　3 900
　　制造费用——供水车间　　　　　240
　　　　　　——供电车间　　　　　2 400
　　　　　　——基本生产车间　　　11 500
　　管理费用　　　　　　　　　　　3 400
　　贷：辅助生产成本——供电车间　　　14 400
　　　　　　　　　　——供水车间　　　15 200

结转按计划成本进行交互分配后辅助生产车间的制造费用：

借：辅助生产成本——供水车间　　　2 240
　　　　　　　　——供电车间　　　5 400
　　贷：制造费用——供水车间　　　　　2 240
　　　　　　　　——供电车间　　　　　5 400

结转辅助生产成本差异：

借：管理费用　　　　　　　　　　　1 040
　　贷：辅助生产成本——供水车间　　　560
　　　　　　　　　　——供电车间　　　480

［例 4－8］仍使用例 4－2 的数据资料，假设机修车间计划单位成本为 100 元/工时，供电

车间计划单位成本为0.6元/度，要求采用计划成本分配法分配辅助生产费用。

根据资料，计算辅助生产实际费用如下：

供电车间实际费用＝188 000＋51 000＝239 000(元)

机修车间实际费用＝680 000＋12 000＝692 000(元)

计算辅助生产成本差异如下：

供电车间成本差异＝239 000－0.6×396 000＝1 400(元)

机修车间成本差异＝692 000－100×6 800＝12 000(元)

根据计算结果，编制辅助生产费用分配表如表4－17所示。

表4－17

辅助生产费用分配表

（计划成本分配法）

201×年×月

单位:元

项目		待分配费用	耗用数量	计划单位成本	分配金额							合计
					供电	机修	基本生产一车间		基本生产二车间		管理费用	
					生产耗用	生产耗用	甲产品	一般耗用	乙产品	一般耗用		
计划成本	供电		396 000	0.6		12 000	120 000	30 000	60 000	3 600	12 000	237 600
	机修		6 800	100	51 000		350 000	40 000	150 000	20 000	69 000	680 000
	小计						470 000	70 000	210 000	23 600	81 000	917 600
实际成本		直接费用	分配费用									
	供电	188 000	51 000									239 000
	机修	680 000	12 000									692 000
	小计											931 000
辅助生产差异												13 400

根据表4－17所示，编制会计分录如下：

按计划成本分配：

借:辅助生产成本——供电车间　　51 000

　　　　　　　——机修车间　　12 000

　　基本生产成本——甲产品　　47 000

　　　　　　　——乙产品　　210 000

　　制造费用　　936 000

　　管理费用　　81 000

　贷:辅助生产成本——供电车间　　237 600

　　　　　　　——供水车间　　680 000

结转辅助生产成本差异：

借：管理费用　　13 400

　贷：辅助生产成本——供水车间　　1 400

　　　　　　　　——供电车间　　12 000

采用计划成本分配法分配辅助生产费用，由于是按照事先确定的计划单位成本进行分配的，不用计算费用分配率，而且不需等到辅助生产车间实际费用结算后再进行分配，从而简化和加速了计算工作。此外，这种方法还便于分析和考核各辅助生产车间成本计划的完成情况，从而便于分析清各责任者的经济责任。但该方法的采用，要求企业计划成本的制定应比较准确，否则会影响辅助生产费用分配的准确性，因此，它适用于企业辅助生产车间提供劳务、产品的实际成本与计划成本相差不大的情况。

五、代数分配法

代数分配法是运用初等代数中解多元一次方程组的原理，先计算出各辅助生产车间提供产品或劳务的实际单位成本，然后，再根据该单位成本和各受益对象(包括辅助生产车间)的劳务耗用数量计算分配辅助生产费用的一种方法。在建立多元一次方程组时，每一组方程都是按下列公式建立的：

$$\text{某辅助生产车间提供产品或劳务数量} \times \text{该产品或劳务的单位成本} = \text{该辅助生产车间直接发生的费用} + \text{该辅助生产车间耗用其他辅助生产车间产品或劳务的数量} \times \text{其他辅助生产车间产品或劳务的单位成本}$$

只要将上式公式中的单位成本分别用未知数代替，联立成一个方程组后，即可求出每一种产品或劳务的实际单位成本，然后，再按公式分配辅助生产费用。分配公式如下：

$$\text{各受益对象应负担的辅助生产费用} = \text{该受益对象的劳务耗用量} \times \text{单位成本}$$

[例4－9]仍使用例4－5的数据资料，要求代数分配法分配辅助生产费用。

假设：x 为每吨水的成本；y 为每度电的成本。

建立的联立方程组如下：

$152\ 000x = 12\ 160 + 11\ 200y + 800y$

$48\ 000y = 12\ 480 + 24\ 000x$

求解该方程组，得出：

$x = 0.1046575$

$y = 0.3123287$

根据计算结果，编制辅助生产费用分配表如表4－18所示。

表 4－18

辅助生产费用分配表

（代数分配法）

201×年×月

单位:元

项目	待分配费用	耗用数量	单位成本	分配金额							
				供水车间		供电车间		基本生产			管理费用
				生产耗用	一般耗用	生产耗用	一般耗用	甲产品	乙产品	一般耗用	
供水	12 160	152 000	0.1046575				2 511.78			11 721.64	1 674.52
供电	12 480	48 000	0.3123287	3 498.08	249.86			4 997.26	4 060.27	312.33	1 873.97
合计	24 640			3 498.08	249.86	0	2 511.78	4 997.26	4 060.27	12 033.97	3 548.49

根据表 4－18 所示，编制辅助生产费用分配会计分录如下：

按计划成本分配：

借:辅助生产成本——供水车间　　3 498.08
　基本生产成本——甲产品　　4 997.26
　　　　　　——乙产品　　4 060.27
　制造费用——供水车间　　249.86
　　　　——供电车间　　2 511.78
　　　　——基本生产车间　　12 033.97
　管理费用　　3 548.49
　贷:辅助生产成本——供电车间　　12 480
　　　　　　　——供水车间　　12 160

结转按实际单位成本进行交互分配后辅助生产车间的制造费用：

借:辅助生产成本——供水车间　　249.86
　　　　　　——供电车间　　2 511.78
　贷:制造费用——供水车间　　249.86
　　　　　——供电车间　　2 511.78

［例 4－10］仍使用例 4－2 的数据资料，要求采用代数分配法分配辅助生产费用。

根据资料，假设:供电车间单位成本为 x，机修车间单位成本为 y，列出方程组为：

$396\ 000x = 188\ 000 + 510y$

$6\ 800y = 680\ 000 + 20\ 000x$

求解，得到：

$x = 0.6043$

$y = 101.7774$

根据计算结果，编制辅助生产费用分配表如表 4－19 所示。

表 4－19

辅助生产费用分配表

（代数分配法）

201×年×月

单位：元

项目	待分配费用	耗用数量	单位成本	分配金额						
				供电	机修	基本生产一车间		基本生产二车间		管理费用
				生产耗用	生产耗用	甲产品	一般耗用	乙产品	一般耗用	
供电	188 000	396 000	0.6043		12 086	120 860	30 215	60 430	3 625.8	12 086
机修	680 000	6 800	101.7774	906.4485		356 220.725	40 710.94	152 666.03	20 355.47	70 226.37
合计						477 080.725	70 925.94	213 096.03	23 981.27	82 312.37

采用代数分配法，分配结果最准确。但是当企业辅助生产车间较多时，方程组中的未知数也就较多，计算较复杂，计算工作量也相应增加。因此，这种方法一般适用于辅助生产车间较少或已经实现会计电算化的企业。

以上辅助生产费用分配的五种基本方法，企业科根据实际情况加以选用。一旦确定，一般不得随意变更。需要注意的是，辅助生产费用分配方法的选择，不会改变辅助生产费用归集和分配的特点：(1)无论采用何种方法，分配结转后辅助生产成本明细账应无余额；(2)对外分配金额的合计数是相同的，即应等于分配前的各辅助生产车间的待分配费用之和。

☆★本章关键概念

辅助生产费用　直接分配法　顺序分配法　一次交互分配法　计划成本分配法　代数分配法

☆★复习思考题

1. 辅助生产费用与基本生产车间的费用相比有何不同？
2. 辅助生产费用归集方法有哪些？
3. 各辅助生产费用分配方法有何特点？适用范围如何？

第五章　制造费用的归集与分配

【引言】

制造费用也是一种生产性耗费，其最终要计入产品或劳务成本。因此正确归集和分配制造费用对正确计算产品成本有着重要意义。本章主要介绍生产车间制造费用的内涵、归集与分配方法。

第一节　制造费用的归集

企业的产品生产过程中，除了要发生直接材料、直接人工等生产费用以外，还会发生其他生产消耗，这些消耗多属于制造费用。制造费用是构成产品成本的重要组成部分。因此，正确合理地组织制造费用的核算，考核费用预算的执行情况，不断降低产品成本均具有重要的意义。

一、制造费用的涵义及内容

制造费用是指企业生产车间发生的、用于产品生产的但未专设成本项目各项生产费用。在成本会计中，一切不属于直接材料和直接人工等成本项目的生产费用，一般都归入“制造费用”，因此制造费用包含费用也是最繁杂的。具体来说，包括以下内容：

制造费用中的大部分费用属于间接用于产品生产的费用，例如机物料消耗，辅助生产工人薪酬，车间生产用房屋及建筑的折旧费、修理费、租赁费和保险费，车间生产费用的照明费、取暖费、运输费、劳动保护费以及季节性和修理期间的停工损失等。车间、分厂等生产单位用于组织和管理生产的费用，也作为间接用于产品生产的费用进行核算。这些费用通常包括：车间或分厂管理人员工资及福利费，车间或分厂管理用房屋和设备的折旧、修理费、租赁费和保险费，车间或分厂管理用具摊销费，车间或分厂管理用的照明费、水费、取暖费、差旅费和办公费等。

制造费用还包括直接用于产品生产、但管理上不要求或者不便于单独核算、因而没有专设成本项目进行核算的费用，比如机器设备的折旧费、租赁费、保险费、维护费，生产工具的摊销费用、产品设计费、制图费、试制费等。

二、制造费用的归集

为了有效控制制造费用，必须把实际发生的制造费用合理分摊于各产品、生产环节及部门。为此，制造费用归集与分配的首要工作是建立制造费用有关核算账户，每一部门都要有这样管算结合的一个专门账户，发生的制造费用首先要按用途予以登账，从而把制造费用的归集和相应的管理有机结合起来。

制造费用的归集是通过设置“制造费用”账户进行的。该账户属于集合分配账户，借方归集一定时期内发生的制造费用，贷方反映结转到“基本生产成本”或“辅助生产成本”账户的金额，除季节性生产企业外，月末一般无余额。该账户应按车间、部门设置明细账，账内按照费用设专栏或专户，分别反映各车间、部门各项制造费用的发生情况和分配转出情况，以便于进行成本控制。

为清楚反映出制造费用的构成内容，便于进行成本考核与控制，通常制造费用明细账需按照费用项目分栏列示。一般，费用项目可按其经济用途分设为：间接材料、间接人工和其他间接费用；也可按其经济内容分设为：机物料消耗、外购动力、职工薪酬、折旧费、修理费、水电费、保险费、低值易耗品摊销、取暖费、办公费、差旅费、运输费、租赁费（不包括融资租赁费）、设计制图费、油田维护费、矿山维护费、劳动保护费、实验检验费、停工损失及其他。为了使各期费用资料可比，费用项目一经确定，不应任意变更。

当企业发生制造费用时，应按其用途和地点进行归集，根据有关付款凭证、转账凭证和各种费用分配表，借记“制造费用”账户，并按费用项目计入所属的有关明细账账页内；贷记“原材料”、“应付职工薪酬”、“累计折旧”和“银行存款”等账户。基本生产车间的制造费用一般都要通过“制造费用”账户进行归集，辅助生产车间的制造费用，可以通过“制造费用”账户进行归集，也可以不通过“制造费用”账户进行归集。制造费用分录模式如下：

借：制造费用——基本生产车间
　　　　　　——辅助生产车间

贷：原材料
　　应付职工薪酬
　　累计折旧
　　现金
　　银行存款等

第二节　制造费用的分配

一、制造费用的分配

在辅助生产部门的制造费用通过“制造费用”账户核算的企业中，应该先分配辅助生产的制造费用，将其计入辅助生产成本；然后分配辅助生产费用，将其中应由基本生产部门负担的制造费用记入基本生产车间的“制造费用”账户；最后再分配基本生产车间的制造费用。

大部分制造费用是企业为生产产品和提供劳务而发生的各项间接费用，所以，制造费用的受益对象是各生产车间、分厂生产的各种产品或供应的各种劳务。而且由于各车间、分厂的制造费用水平不同，因此各车间、分厂发生的制造费用不能统一分配，应按各车间、分厂分别进行分配。本期所发生的制造费用在经过归集总汇后，应于月末将其按一定的标准，分配计入各受益对象。具体分配时，应区分不同的情况进行：在车间、分厂只生产一种产品或提供一种劳务的情况下，归集的制造费用全部由该种产品或劳务负担，即直接计入该种产品或劳务的成本；在车间、分厂生产多种产品或提供多种劳务的情况下，因为存在多个受益对象，其共同发生的制造费用应采用一定的方法，按各对象受益的一定比例进行分配，分别计入各车间或各种产品的生产成本中。

在企业分为车间、分厂和总厂这些组织结构的情况下，分厂发生的制造费用，也应比照车间发生的制造费用进行分配：在生产一种产品的情况下，直接计入该分厂该种产品的成本；在生产多种产品的情况下，采用适当的分配方法分配计入该分厂各种产品的成本。

还有一部分制造费用是在企业的行政管理部门（厂部或总厂）发生的，例如设计制图费和试验检验费等，这一部分制造费用应由厂部或总厂进行归集，并在全厂或整个总厂的各种产品之间进行分配，计入各该种产品的成本。

二、制造费用的分配方法

分配制造费用的基本方法是比例法，即将制造费用总额除以选择的分配标准数额，先计算出制造费用分配率，然后以各种产品的分配标准比例进行分配。一般而言，分配制造费用的具体方法有：生产工时比例分配法、生产工资比例分配法、机器工时比例分配法和按年度计划分配率分配法等。

不论采用哪一种分配方法，都应根据分配计算的结果，编制制造费用分配表；根据这种分配表进行制造费用分配的总分类核算和明细核算。制造费用分配完毕后，在不单独核算废品损失和停工损失的企业中，应计入本月产品成本的生产费用，都归集于“基本生产成本”总账科目的借方，并已在所属产品成本明细账的本月发生额中按照成本项目分别反映。制造费用的分配，对正确及时地计算企业的产品成本有着重要的意义。

（一）生产工时比例分配法

生产工时比例分配法是指以各种产品所耗用生产工人的实际工时数为标准分制造费用的一种方法。其计算公式如下：

$$\text{某车间制造费用分配率} = \frac{\text{该车间制造费用总额}}{\text{该车间各种产品生产工时之和}}$$

$$\text{某种产品应分配的制造费用} = \text{该种产品生产工时} \times \text{制造费用分配率}$$

［例5－1］M企业基本生产车间本月制造费用共发生4 740元，各种产品的生产工时总数为400小时，其中甲产品用300小时，乙产品用100小时，分配制造费用如下：

$$\text{制造费用分配率} = \frac{4\ 740}{400} = 11.85\text{（元/小时）}$$

甲产品分配到的制造费用＝300×11.85＝3 555元

乙产品分配到的制造费用＝100×11.85＝1 185元

根据上述计算，应编制制造费用分配表如表5－1所示。

表5－1

制造费用分配表

M企业:基本生产车间　　201×年×月　　单位:元

借方科目	产品种类	生产工时	分配率	分配额
基本生产成本	甲产品	300	11.85	3 555
	乙产品	100	11.85	1 185
合　计		400		4 740

根据表中所示分配结果，编制会计分录如下：

借:基本生产成本——甲产品　　3 555

　　　　　　　　——乙产品　　1 185

　贷:制造费用——基本生产车间　　4 740

[例5－2]N企业基本生产车间本月制造费用明细账中所登记的制造费用总额为37 818元，子、丑两种产品的生产工时分别为5 204小时和3 200小时。分配制造费用如下：

$$制造费用分配率=\frac{37\ 818}{5\ 204+3\ 200}=4.5(元/小时)$$

子产品分配到的制造费用＝5 204×4.5＝23 418元

丑产品分配到的制造费用＝3 200×4.5＝14 400元

根据上述计算，应编制制造费用分配表如表5－2所示。

表5－2

制造费用分配表

N企业:基本生产车间　　201×年×月　　单位:元

借方科目	产品种类	生产工时	分配率	分配额
基本生产成本	子产品	5 204	4.5	23 418
	丑产品	3 200	4.5	14 400
合　计		8 404		37 818

根据表中所示分配结果，编制会计分录如下：

借:基本生产成本——子产品　　23 418

　　　　　　　　——丑产品　　14 400

　贷:制造费用——基本生产车间　　37 818

按照生产工时比例分配制造费用，同分配工资费用一样，能将劳动生产效率与产品负担的费用水平联系起来，使得分配结果比较合理。由于大多数企业都有完整的生产工人工时记录，因而采取该分配方法所需的分配标准资料容易取得，计算手续简便。但采用这种方法的前提条件是制造费用与生产工人实际工时关系密切，即每增加一小时的人工，便增加若干制造费用。因此，这种方法适应于各种产品生产的机械化程度大致相同的企业。如果生产企业中产品的工时定额比较准确，定额管理完善，制造费用也可以按照生产工人定额工时的比例进行分配。

（二）生产工资比例分配法

生产工资比例分配法是指以直接计入各种产品成本的生产工人工资作为标准来分配制造费用的一种方法。其计算公式如下：

$$\text{某车间制造费用分配率}=\frac{\text{该车间制造费用总额}}{\text{该车间各种产品生产工人工资总额}}$$

$$\text{某种产品应分配的制造费用}=\text{该种产品生产工人工资}\times\text{制造费用分配率}$$

［例5－3］R企业基本生产车间本月制造费用明细账中所登记的制造费用总额为4740元，甲和乙两种产品的生产工人工资分别为3 000元和1 000元。分配制造费用如下：

$$\text{制造费用分配率}=\frac{4\ 740}{3\ 000+1\ 000}=1.185\text{（元/小时）}$$

甲产品分配到的制造费用＝3 000×1.185＝3 555元

乙产品分配到的制造费用＝1 000×1.185＝1 185元

根据上述计算，应编制制造费用分配表如表5－3所示。

表5－3

制造费用分配表

R企业：基本生产车间　　201×年×月　　单位：元

借方科目	产品种类	生产工人工资	分配率	分配额
基本生产成本	甲产品	3 000	1.185	3 555
	乙产品	1 000	1.185	1 185
合　计		4 000		4 740

根据表中所示分配结果，编制会计分录如下：

借：基本生产成本——甲产品　　3 555
　　　　　　　　——乙产品　　1 185
　贷：制造费用——基本生产车间　　4 740

由于工资费用分配表中有现成的生产工人工资核算资料，因而采用这一分配方法，核算工作很简便。但是，采用这一方法时，要求企业的制造费用与人工成本之间关系密切。如果生产工人工资全部是按照生产工人的实际工时比例分配计入各种产品成本的，那么，按照生产工人工资比例分配制造费用，实际也就是按照生产工人实际工时比例分配制造费用。因此，采用该方法与生产工人实际工时比例法相似，各种产品生产的机械化程度应该相差不大，否则，机械化程度高的产品，由于工资费用少，负担机器设备的折旧费、修理费等制造费用也就少，这样就会影响制造费用分配的合理性。

（三）机器工时比例分配法

机器工时比例法是指以各种产品所耗用的机器工时为标准进行制造费用分配的一种方法。其计算公式如下：

$$\text{某车间制造费用分配率}=\frac{\text{该车间制造费用总额}}{\text{该车间各种产品机器工时之和}}$$

$$\text{某种产品应分配的制造费用}=\text{该种产品机器工时}\times\text{制造费用分配率}$$

采用这种方法的前提条件是:发生的制造费用多少与机器运转时间长短之间存在一定的比例关系;同时，还必须具备各种产品所耗用机器工时的原始记录。这种方法适用于产品生产的机械化程度较高的车间。因为在机械化程度高的车间，制造费用中与机器设备使用有关的费用比重较大，如:机器折旧费、租赁费、保险费、修理费等，因此产品所负担的制造费用的多少与产品所耗用的机器运转时间的长短密切相关，使用机器工时作为分配标准分配制造费用，结果更加正确、合理。而机械化程度不高的车间，大部分产品以手工操作为主，有的产品很少使用或不使用机器加工，若按机器运转时间分配制造费用就会导致分配结果不合理。因此，企业为了提高制造费用分配结果的正确性，在增加合适工作量不多的情况下，可将制造费用分为与机器设备使用有关的制造费用和与机器设备使用无关的制造费用两类。前者包括机器折旧费、修理费等，可按机器工时比例分配法分配;后者包括车间管理人员工资、福利费、办公费、水电费等，可按生产工时比例分配法分配。

需要注意的是，当车间机器设备差别较大时，不同机器设备在同一运转时间内的折旧费和修理费的差别也会较大，在这种情况下，为了使该分配方法达到相对准确，可以对不同机器设备按系数折合成标准工时，并将标准机器工时作为分配制造费用的依据。

[例5－4]S企业为机电设备厂，基本生产车间发生制造费用18200元，该车间生产甲、乙两种产品，使用机器工时分别为300小时和400小时，分配制造费用如下：

$$\text{制造费用分配率}=\frac{18\ 200}{300+400}=26(\text{元/小时})$$

甲产品分配到的制造费用＝26×300＝7 800元

乙产品分配到的制造费用＝26×400＝10 400元

根据上述计算，应编制制造费用分配表如表5－4所示。

表5－4

制造费用分配表

S企业:基本生产车间　　201×年×月　　单位:元

借方科目	产品种类	机器工时	分配率	分配额
基本生产成本	甲产品	300	26	7 800
	乙产品	400	26	10 400
合　计		700		18 200

根据表中所示分配结果，编制会计分录如下：

借:基本生产成本——甲产品　　7 800
　　　　　　　——乙产品　　10 400
　贷:制造费用——基本生产车间　　18 200

(四)按年度计划分配率分配法

按年度计划分配率分配法是指按照年度开始前确定的全年度适用的计划分配率分配制造费用的方法。采用这种分配方法，不管各月制造费用实际发生多少，月末均按年度计划确定的计划分配率来分配制造费用。但是，如果发现制造费用的实际数与按年度计划分配率分配的费用存在较大差额时，应及时调整计划分配率。其计算公式如下：

$$制造费用年度计划分配率=\frac{全年制造费用计划总额}{年度各种产品计划产量的定额工时总数}$$

$$\begin{matrix}某月某种产品应\\负担的制造费用\end{matrix}=\begin{matrix}该月该种产品实际\\产量的定额工时数\end{matrix}\times 年度计划分配率$$

按年度计划分配率分配制造费用时，由于“制造费用”账户借方归集实际发生的制造费用，贷方按计划分配率分配转出制造费用，所以月末“制造费用”账户一般有余额。若余额在借方，表示实际发生数大于计划分配数的差额，属于超支性质；若余额在贷方，表示计划分配数大于实际发生数的差额，属于节约性质。“制造费用”账户余额在年度内不做调整，通常在年末，将差额一次性调整计入12月份的产品成本中。全年实际发生余额大于计划分配额的超支差额，应借记“基本生产成本”账户，贷记“制造费用”账户，反之，用蓝字做相反的冲减。调整后，“制造费用”账户年末应无余额。

[例5-5]某工厂只有一个W车间，全年制造费用计划数80 000元，全年各种产品的计划产量为：甲产品1 000件，乙产品1 500件，单位产品的工时定额为：甲产品10小时，乙产品20小时。11月份实际产量为：甲产品100件，乙产品120件，该月制造费用实际发生额为6 700元，制造费用月初有借方余额30元。12月份实际产量为：甲产品90件，乙产品110件，该月制造费用实际发生额为6 580元，制造费用分配如下：

11月份核算：

甲产品年度计划产量的定额工时 $=1\ 000\times10=10\ 000$ 小时

乙产品年度计划产量的定额工时 $=1\ 500\times20=30\ 000$ 小时

$$制造费用年度计划分配率=\frac{80\ 000}{10\ 000+30\ 000}=2（元/小时）$$

甲产品11月实际产量的定额工时 $=100\times10=1\ 000$ 小时

乙产品11月实际产量的定额工时 $=120\times20=2\ 400$ 小时

11月甲产品分配到的制造费用 $=1\ 000\times2=2\ 000$ 元

11月乙产品分配到的制造费用 $=2\ 400\times2=4\ 800$ 元

根据上述计算，应编制制造费用分配表如表5-5所示。

表5-5

制造费用分配表

201×年11月

W车间 **单位：元**

借方科目	产品种类	产量	工时定额	定额工时	分配率	分配额
基本生产成本	甲产品	100	10	1 000	2	2 000
	乙产品	120	20	2 400	2	4 800
合 计				3 400		6 800

根据表中所示分配结果，编制会计分录如下：

借：基本生产成本——甲产品　　2 000

　　　　　　　——乙产品　　4 800

贷:制造费用——基本生产车间　　　　　　　　　　6 800

11 月制造费用账户登账结果见图 5-1。

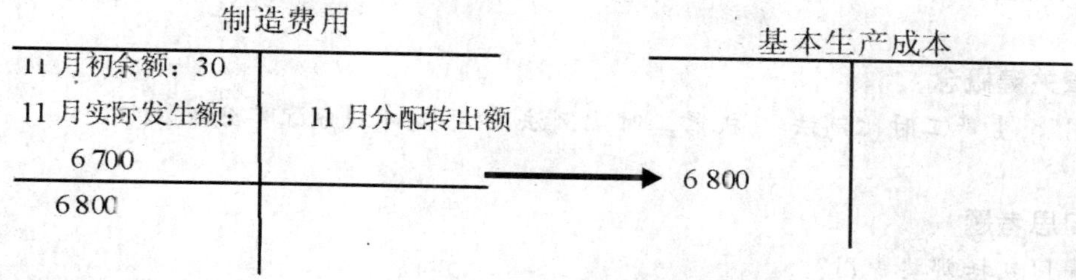

图 5-1

12 月份核算：

甲产品 12 月实际产量的定额工时 = 90 × 10 = 900 小时

乙产品 12 月实际产量的定额工时 = 110 × 20 = 2 200 小时

12 月甲产品分配到的制造费用 = 900 × 2 = 1 800 元

12 月乙产品分配到的制造费用 = 2 200 × 2 = 4 400 元

12 月份分录如下：

借:基本生产成本——甲产品　　　　　　　　1 800

　　　　　　　　——乙产品　　　　　　　　4 400

　贷:制造费用——基本生产车间　　　　　　　　6 200

12 月制造费用账户登账结果见图 5-2。

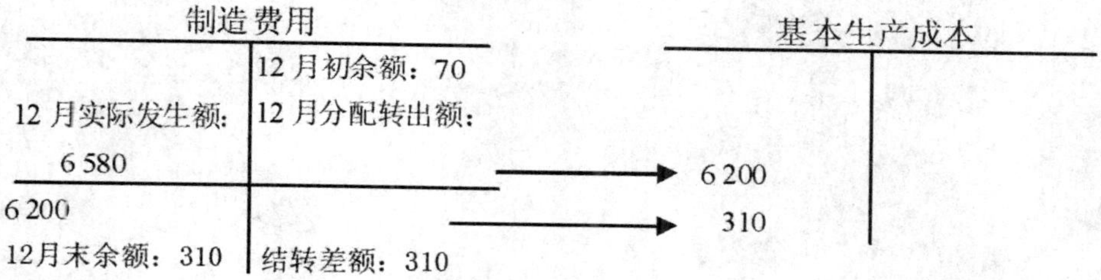

图 5-2

12 月末余额属于超支差异，应追加分配给 12 月份的产品成本，做调整分录(若 310 元按照 12 月甲产品与乙产品实际产量定额工时比例分配)：

借:基本生产成本 ——甲产品　　　　　　　　90

　　　　　　　　——乙产品　　　　　　　　220

　贷:制造费用——基本生产车间　　　　　　　　310

采用按年度计划分配率分配法，手续简便，能随时结算已完工产品负担的制造费用，并能均衡各期产品负担的制造费用，不会产生因淡季和旺季产量相差悬殊而导致各月单位产品中制造费用忽高忽低的现象，因而，这种方法特别适用于季节性生产的企业。但是，该方法的运用，要求企业应具有较高的计划管理水平，否则计划分配额与实际发生额差异过大，就会影响分配结果的准确性，进而会影响企业产品成本计算的正确性。

上述四种方法分配制造费用，前三种分配方法使“制造费用”账户月末无余额，年度计划分配率分配法在年内各月末“制造费用”账户可能存在余额，但年末无余额。

除了上述介绍的四种常用方法外，企业还可以生产工人定额工时、耗用原材料的数量或成本、直接成本（直接材料与直接人工之和）及产品产量等作为标准来分配制造费用。

☆★本章关键概念

制造费用　生产工时比例法　机器工时比例法　年度计划分配率分配法

☆★复习思考题

1. 制造费用包括哪些费用？
2. 制造费用的各种分配方法选择的标准是什么？
3. 企业在选择制造费用的分配方法时应考虑哪些因素？

第六章 生产损失的归集与分配

【引言】

在企业的生产过程中，可能会出现一些不经济的情况，比如会产出废品、会停工，这使企业蒙受一定损失。而按照现有会计准则的规定，这些损失大部分要计入产品成本，因此正确归集与分配这类生产损失，对正确计算产品成本有积极意义。本章主要介绍生产损失的核算，包括废品损失和停工损失的归集与分配。

第一节 废品损失的归集与分配

在产品生产过程中，由于生产工艺水平、材料质量、人员素质、管理水平等原因，不可避免地会产生一些损失，这些损失有些与生产无关，有些与生产相关。与生产无关的损失是非生产损失，包括:坏账损失，固定资产和存货的盘亏毁损与报废损失，罚款支出等，这类损失与产品生产没有直接关系，所以不能计入产品成本。与生产有关的损失是生产损失，是指与产品生产有直接联系的、应由产品成本负担的损失，主要包括废品损失和停工损失。

废品损失与停工损失的发生，属不经济的生产行为，会减少产品产量、影响生产计划的正常完成、提高产品成本。而且如果废品被出售，更会影响企业信誉、其他企业的正常生产和消费者的利益。因此，企业必须提高职工安全生产和质量管理的意识，严格执行技术操作规范，严控产品质量，做好废品损失和停工损失的核算，并分析废品和停工的产生原因，采取主动措施，努力减少和消灭这类不经济的生产行为，提高产品质量和经济效益、降低产品成本。

实际工作中，若发生的生产损失数额较小，为了简化成本核算，可不进行单独核算;若生产损失数额较大，为了对其控制就必须进行单独核算，需单独开设“废品损失”和“停工损失”账户，并在产品生产成本明细账中增设“废品损失”、“停工损失”项目。

一、废品与废品损失

(一)废品及分类

废品是指经检验在质量上不符合规定的技术标准，不能按原定用途使用，或者需要在生产中重新加工修理后才能使用的在产品、半成品和产成品。废品可以按照不同标准进行分类。

废品的种类不同，废品损失的核算方法也不同。

按其产生的原因不同，可将废品分为工废和料废两类。工废是指在产品加工过程中，由于加工工艺技术、生产工人操作方法、技术水平等方面的缺陷而产生的废品；料废是指由于加工的原材料或半成品的质量、规格、性能不符合要求而产生的废品。分清废品的产生原因是在于明确经济责任，贯彻经济责任制度以及正确地计算核算工资等职工薪酬。

按其废损程度和在经济上是否具有修复价值，可将废品分为可修复废品与不可修复废品两类。可修复废品是指在技术上可以修复，并且所花费的修复费用在经济上合算的废品；不可修复废品是指在技术上无法进行修复，或者技术上虽然可以修复但所需修复费用不经济、不合算的废品。

（二）废品损失

废品损失是指因产生废品而造成的损失。具体地讲，可修复废品损失，是指可修复废品在返修过程中发生的各种修复费用；不可修复废品损失，是指不可修复废品已耗用的实际生产成本。最终企业承担的废品净损失，应为废品损失扣除回收残料的价值和责任单位赔款后的净额。废品净损失应由当月生产的同种产品的合格品负担。

另外，生产经营过程中发生的其他损失，不属于废品损失核算范围之内，需要加以区分。企业可以降价出售的不合格品（残次品），其损失为降价销售给企业带来的利润上的损失，不是废品损失；仓储运输环节由于保管不善、包装、运输不当而产生产品破损、报废发生的各种损失，不是废品损失，应作为存货毁损处理；对所售产品承担产品质量承诺的企业，如实行包退、包修、包换的企业，产品出售以后所发生的一切损失，不是废品损失，均为售后服务支出，计入销售费用处理。此外，产出废品给企业带来的间接损失，如延误交货期支付的违约赔偿款，减少销量影响利润等，也不属于废品损失之列。

二、废品损失的归集和分配

在生产过程中，生产工人或质量检验部门查出废品时，应填写“废品通知单”。“废品通知单”是进行废品损失核算的原始凭证，在单内要详细填列废品的名称、产生废品的原因、工序、责任人、处理意见等。

对单独核算废品损失的企业，还应单独设置“废品损失”账户。该账户应按车间和产品品种设置明细账，账页内按成本项目设专栏，进行明细核算。该账户的借方反映可修复废品的修复费用和不可修复废品的生产成本；贷方反映回收废品残料的价值和应向责任人收取的赔款；借方与贷方相抵后的差额即废品的净损失，应从“废品损失”账户的贷方，转入同种产品“基本生产成本”账户的借方；月末该账户应没有余额。此外，还应在产品生产成本明细账中增设“废品损失”成本项目，以反映废品损失在产品生产成本中所占的比重。下面按照废品种类分别讲述废品损失的核算。

（一）不可修复废品损失的归集与分配

不可修复废品损失的归集和分配包括：计算并结转废品的生产成本、核算回收的废品残料价值和应收赔偿款以及结转废品净损失。

在产品成本明细账内，由于不可修复废品生产成本是同合格产品生产成本混在一起的，所以必须采用一定的方法加以划分确定。常用计算不可修复废品成本的方法有按实际成本计算法、按定额成本计算法。

1. 按实际成本计算法

计算不可修复废品的实际成本时，应先分别按成本项目将实际发生的各项生产费用在合格品和废品之间进行分配，再加计废品的各项生产费用，汇总出废品的实际生产成本。如果原材料在生产开始就一次投入时，直接材料费用可按合格品与废品的数量比例分配；若原材料是随着生产进度陆续投入的，则可采用适当的方法，将废品折合成合格品的数量进行分配。其余项目的生产费用例如直接人工和制造费用，可按合格品和废品的生产工时比例进行分配。

原材料在生产开始时一次投入时，不可修复废品实际成本的计算公式如下：

$$直接材料分配率=\frac{待分配直接材料费用}{合格品费用+废品数量}$$

$$废品负担的直接材料=废品数量\times直接材料分配率$$

$$某项费用分配率=\frac{待分配该项费用}{合格品工时+废品工时}$$

$$废品负担的该项费用=废品工时\times该项费用分配率$$

$$不可修复废品实际成本=\sum 废品负担各项费用$$

[例6-1]某企业A车间生产甲产品100件，生产过程中发现其中10件产品为不可修复废品。该产品成本明细账所登记的合格品和废品共同发生的生产费用为：原材料125 000元，直接人工5 037.5元，制造费用24 700元，合计154 737.5元。原材料是在生产开始时一次投入的；其他费用按生产工时比例分配，生产工时为：合格品1 505小时，废品120小时，合计1 625小时。废品回收的残料计价150元，应收过失人赔款300元。

由于原材料是生产开始时一次投入的，所以原材料应按合格品数量90件和废品数量10件的比例进行分配。

$$原材料费用分配率=\frac{125\ 000}{90+10}=1\ 250(元/件)$$

$$直接人工分配率=\frac{50\ 375}{1\ 505+120}=3.1(元/小时)$$

$$制造费用分配率=\frac{24\ 700}{1\ 505+120}=15.2(元/小时)$$

根据上述计算资料，编制不可修复废品损失计算表如表6-1所示。

表6-1

不可修复废品损失计算表

（按实际成本计算）

车间：A车间　　产品：甲　　201×年×月　　单位：元

项目	数量（件）	原材料	生产工时	直接人工	制造费用	成本合计
生产费用	100	125 000	1 625	5 037.5	24 700	154 737.5
费用分配率		1 250		3.1	15.2	
废品生产成本	10	12 500	120	372	1 824	14 696
减：残料价值		150				150
废品损失		12 350		372	1 824	14 546

根据表中所示结果，编制会计分录如下：

结转废品的生产成本时：

借:废品损失——甲产品　　14 696

　贷:基本生产成本——甲产品(原材料)　　12 500

　　　　　　　　　　　　(直接人工)　　372

　　　　　　　　　　　　(制造费用)　　1 824

回收废品残料价值时：

借:原材料　　150

　贷:废品损失——甲产品　　150

结转应收过失人赔款时：

借:其他应收款　　300

　贷:废品损失——甲产品　　300

结转废品净损失时：

借:基本生产成本——甲产品(废品损失)　　14 246

　贷:废品损失——甲产品　　14 246

按照实际成本计算废品成本，计算结果符合实际;但核算工作量较大，且必须等到"基本生产成本"账户的实际生产费用汇总以后，才能计算和结转废品的生产成本，因而可能影响了成本核算的及时性。

2. 按定额成本计算法

废品成本按定额成本计算法，是指根据废品的数量、各项消耗定额及计划单位成本计算不可修复废品成本的方法。此方法不考虑废品实际发生的费用，定额费用与实际费用的差额全部由合格品负担。

废品定额材料费用 = 废品数量 × 单位废品材料费用定额

废品定额直接人工费用 = 废品工时 × 每小时直接人工定额

废品定额制造费用 = 废品工时 × 每小时制造费用定额

不可修复废品定额成本 = $\sum$ 废品各项定额费用

[例6-2]某企业生产B车间本月生产乙产品，发现不可修复废品60件，按所耗定额成本计算废品的生产成本。该产品原材料费用定额为200元，废品已消耗的工时为280小时，每小时直接人工定额为5元，每小时制造费用定额为4元。收回残料价值为650元。根据上述材料，编制废品损失计算表如表6-2所示。

表6-2

不可修复废品损失计算表

(按定额成本计算)

车间:B车间　　产品:乙　　201×年

项目	原材料	工时	直接人工	制造费用	成本合计
费用定额	200		5	4	
废品定额成本	12 000	280	1 400	1 120	14 520
减:残料价值	650				650
废品损失	11 350		1 400	1 120	13 870

根据表中所示结果，编制会计分录如下：

结转废品的生产成本时：

借：废品损失——乙产品　　14 520

　贷：基本生产成本——乙产品（原材料）　　12 000

　　（直接人工）　　1 400

　　（制造费用）　　1 120

回收废品残料价值时：

借：原材料　　650

　贷：废品损失——乙产品　　650

结转废品净损失时：

借：基本生产成本——乙产品（废品损失）　　13 870

　贷：废品损失——乙产品　　13 870

废品成本按定额成本计算时，由于费用定额事先就已经制定，因而核算简便、及时，克服了按实际成本计算法的缺点，还便于分析和考核废品损失和产品成本；但该方法要求企业必须具备比较完整、准确的定额资料。

（二）可修复废品损失的归集与分配

可修复废品损失是指废品在返修过程中所发生的各项费用。由于可修复废品在返修以前所发生的费用，不属于废品损失，因此，应保留在“基本生产成本”账户和所属有关产品成本明细账中，不必转入“废品损失”账户。

在发现可修复废品时，要编制可修复废品损失计算表，对废品进行修复核算。对于返修时发生的料、工、费等修复费用，应根据费用分配表及有关凭证，借记“废品损失”账户，贷记“原材料”、“应付职工薪酬”和“制造费用”等账户。若有回收废品残料和应收赔偿，应借记“原材料”、“其他应收款”等账户，贷记“废品损失”账户。然后，将废品的净损失从“废品损失”账户的贷方转入“基本生产成本”账户的借方。月末，“废品损失”账户无余额。

[例6－3]某企业基本生产C车间，生产丙产品，发现可修复废品20件，返修前生产成本为65 000元。返修时领用原材料价值2 000元，发生工资费用600元，现金支付的其他费用400元。返修时回收残料价值185元。修复完工，检验合格，验收入库。

根据资料，应进行下列账务处理：

借：废品损失——丙产品　　3 000

　贷：原材料　　2 000

　　应付职工薪酬　　600

　　现金　　400

回收残料时：

借：原材料　　185

　贷：废品损失——丙产品　　185

结转废品净损失时：

借：基本生产成本——丙产品　　2 815

　贷：废品损失——丙产品　　2 815

在废品较少的企业，为了简化核算工作，可不单独核算废品损失，无需开设“废品损失”账户，只需将额外发生的废品修复费用计入当月产品成本、收回的残料价值和赔款冲减当月产品成本。

第二节　停工损失的归集与分配

一、停工损失

停工损失是指企业生产车间或班组由于各种原因停止生产而造成的损失，包括停工期内支付给生产部门员工的薪酬，所耗的燃料和动力费用，以及应负担的制造费用等。在管理上要求单独反映和控制停工损失的企业，应进行停工损失的核算。

企业发生停工的原因有多种，例如停电、待料、机械故障、机器设备修理、发生自然灾害以及计划降低产量等，都可能引起停工。停工的时间有长有短、范围有大有小。为了简化核算，停工不满一个工作日的，可以不计算停工损失。停工损失的计算范围和时间起点，可由企业或企业的主管部门规定。

企业在停工期间所发生的停工损失应由开工生产的产品负担，计入产品的生产成本，但由于自然灾害造成的停工损失和由于计划降低产量而使主要生产车间连续停产一个月以上或整个企业连续停产十天以上所造成的停工损失，按制度规定应转入营业外支出。此外，过失单位、个人或保险公司的赔款，应从停工损失中扣除。

二、停工损失的归集与分配

发生停工时，有关部门应填列“停工报告单”，注明停工的原因、时间、范围、过失单位或个人等事项。“停工报告单”经会计部门审核后，可作为归集和分配停工损失的原始凭证。

单独核算停工损失的企业时，应设置“停工损失”账户，同时，在产品生产成本明细账中增设“停工损失”项目。“停工损失”账户应按车间设置明细账，明细账内按成本项目设专栏，进行明细核算。该账户的借方归集本月发生的停工损失；贷方登记应由过失单位、个人或保险公司赔偿的款项以及分配结转的停工损失；除跨月继续停工的情况，其停工损失不予结转外，月末该账户一般无余额。

停工损失的原因不同，核算的账务处理也不同。对于季节性、修理期间的停工损失，应列入制造费用，可采用适当摊销方法由开工月份的产品成本负担；非季节性和非修理期间的停工损失，应计入营业外支出；可向责任人或保险公司取得的赔款，应记入“其他应收款”账户。

当发生停工损失时，应根据停工单等凭证做如下会计分录：

借：停工损失

　　贷：应付职工薪酬

　　　　制造费用等

可以向责任人或保险公司索赔的赔款，应做如下会计分录：

借：其他应收款

　　贷：停工损失

如果是季节性、修理期间的停工损失，应记入制造费用，应做如下会计分录：
借:制造费用
　　贷:停工损失
如果是非正常原因发生的停工损失，应记入"营业外支出"账户，应做如下会计分录：
借:营业外支出
　　贷:停工损失
经过上述处理之后，月末"停工损失"账户应无余额。

☆★本章关键概念

废品损失　可修复废品损失　不可修复废品损失　停工损失

☆★复习思考题

1. 可修复废品与不可修复废品有何区别？
2. 不可修复废品损失的核算要点有哪些？
3. 可修复废品损失的核算要点有哪些？
4. 停工损失的核算要点有哪些？

第七章 生产费用在完工产品与在产品之间的分配

【引言】

每月末，各种产品生产成本明细账内汇集的生产费用，是生产该种产品的总生产成本，也是本月生产该种产品的完工产品和月末在产品共同发生的全部消耗。月末，应将其在完工产品与月末在产品之间进行合理分配，以计算各种产品完工产品和月末在产品的生产成本。本章介绍这一分配过程的基本原理和分配方法。

第一节 在产品数量的核算

各项生产费用经过前述在各种产品之间进行分配和归集以后，应计入本月各种产品成本的生产费用，都已集中反映在"基本生产成本"账户及其所属的产品明细账中。对于已经全部完工，没有在产品的产品来说，计入该种产品成本的全部生产费用就是完工产品成本；对于全部没有完工的产品来说，计入该种产品成本的全部生产费用就是月末在产品成本；对于既有完工产品，又有在产品的产品来说，还必须将该种产品本月发生的生产费用和月初在产品的生产费用加起来，采用适当的分配方法，分配计算本月完工产品的成本和月末在产品成本。本月生产费用、本月完工产品费用和月初、月末在产品费用四者之间的关系，可用下列公式表明：

$$\text{月初在产品费用}+\text{本月生产费用}=\text{本月完工产品费用}+\text{月末在产品费用}$$

在公式前两项已知的情况下，在完工产品和月末在产品之间分配费用的方法通常有二：一是先确定月末在产品费用，再计算完工产品费用；二是将前两项之和在后两项之间按照一定的分配比例进行分配，同时计算出完工产品费用和月末在产品费用。但是无论采用哪一种方法，都必须正确组织在产品数量核算，取得在产品动态和结存的数量资料。

一、在产品收发结存的核算

企业的在产品是指没有完成全部生产过程、不能作为商品销售的产品，包括正在车间加工的在产品（正在返修的废品也在内）和已经完成一个或几个生产步骤、但还需继续加工的半成品（未验收入库的产品和等待返修的废品也在内）两部分。对外销售的自制半成品属于商品产品，验收入库后不应列入在产品之内。以上在产品，是从广义或就整个企业来说的在产品。从狭义或某一车间或某一生产步骤来说，在产品只包括该车间或该生产步骤正在加工中的那部分在产品，车间或生产步骤完工的半成品不包括在内。

正确理解在产品的涵义，对于加强在产品的管理和正确进行产品成本计算有着重要意义。从加强在产品实物的管理角度来看，为保证在产品实物的安全完整，就必须分清在产品实物管理的责任。一般而言，狭义在产品由于正在生产车间加工制造，所以主要应由生产车间进行实物管理；广义在产品中的已交仓库验收的自制半成品，应由仓库进行实物管理。从正确计算成本角度来看，由于总成本确定后，完工产品与在产品成本存在着此消彼长，少计了在产品成本，则会多计完工产品成本。所以，正确区分完工产品与在产品，是正确分配完工产品与月末在产品成本、保证产品成本计算正确性的关键问题。

在产品数量的核算，应具备账面核算资料和实际盘点资料，即一方面要做好在产品收发结存的日常核算，另一方面要做好在产品的定期清查工作。

为进行在产品收发结存的日常核算，企业应在生产车间内按产品的品种和在产品品名（如零部件的品名）设置"在产品收发结存账"（实际工作中也称"在产品台账"），以反映车间各种在产品的转入、转出和结存的数量。根据生产工艺特点和管理的需求，有的还应进一步按照加工工序组织在产品的数量核算。在产品在车间之间或车间内部的转移，应认真做好计量验收的交接工作。在此基础上，根据领料凭证、在产品内部转移凭证、产品检验凭证和产品入库凭证，及时登记在产品收发结存账。该账可由车间核算人员登记，也可以由企业生产调度部门专人登记。其格式如表7-1所示。

表7-1　在产品收发结存账

零部件名称、编号:6311　　　　车间名称:二车间

月	日	摘要	收入		转出			结存		备注
			凭证号	数量	凭证号	合格品	废品	完工	未完工	
7	1		7101	100					100	
7	4		7102	90	7201	50		15	125	
7	10				7202	75	5	10	35	
		合计		190		125	5	25	35	

二、在产品清查的核算

为了核实在产品的数量，必须做好在产品的清查工作。在产品应定期进行清查，也可不定期轮流清查。如果车间没有建立在产品收发日常核算，每月月末都必须清查一次在产品，以便取得在产品的实际盘存资料，用来计算在产品成本。清查结果应编制"在产品盘点表"，并以实存数与在产品收发结存账相核对，如果账实不符，应查明原因及时处理。

发生在产品盘盈时，应根据盈盈报告表借记"基本生产成本"账户，贷记"待处理财产损溢"账户，待批准后，作为冲减管理费用处理，借记"待处理财产损溢"账户，贷记"管理费用"账户。

发生在产品盘亏和毁损时，应根据盈亏报告表借记"待处理财产损溢"账户，贷记"基本生产成本”账户，待批准后，分别不同原因做出处理。如盘亏是定额内的正常损耗，应计入管理费用，借记“管理费用”账户，贷记“待处理财产损溢”账户；应向责任人员索赔的，则借记“其他应收款”账户，贷记“待处理财产损溢”账户；如盘亏是由于自然灾害等非常原因所造成的，则应向保险公司索赔，待保险公司核定赔款额后，应借记“其他应收款”，贷记“待处理财产损溢”账户，并将盈亏数扣除保险公司索赔款后的净损失部分借记“营业外支出”账户，贷记“待处理财产损溢”账户。

为了正确、及时地归集和分配管理费用，有关在产品盘盈盘亏处理的核算，应在管理费用结账前进行。

如果在产品的盘亏是由于没有办理领料或交接手续，或者由于某种产品的零部件为另一种产品挪用，则应补办手续，及时转账更正。

辅助生产的在产品数量核算与基本生产基本相同，但辅助生产在产品清查的结果，应在“辅助生产成本”账户中核算，而不是通过“基本生产成本”账户核算。

第二节　生产费用在完工产品与在产品之间分配的方法

生产费用在完工产品与月末在产品之间进行分配，是产品成本计算的一个既重要又复杂的问题。企业应根据在产品数量的多少、各月在产品数量变化的大小、各项费用比重的大小，以及定额管理基础的好坏等具体条件，采用适当的分配方法。一般来讲，生产费用在完工产品与月末在产品之间的分配方法有三类：

(1)先确定月末在产品成本，后确定本期完工产品成本

在这类方法下，先按一定的方法计算出某成本计算对象的月末在产品成本，然后用按该成本计算对象汇总的总成本减去月末在产品成本，即可计算出该成本计算对象的完工产品总成本，用完工产品总成本除以完工产品的数量，即可计算出完工产品的单位成本。先确定月末在产品成本的方法一般有：①不计算月末在产品成本法；②月末在产品按年初固定数计价法；③月末在产品按定额成本计价法；④月末在产品按原材料费用计价法。

(2)先确定本期完工产品成本，后确定月末在产品成本

在这类方法下，先按一定的方法计算出某成本计算对象的本期完工产品成本，然后用按该成本计算对象汇总的总成本减去本期完工产品成本，即可计算出该成本计算对象的月末在产品成本。这类方法一般企业不采用，但在采用分批法计算成本的企业，对批次(或订单)内产品部分完工并已实现销售的情况，可采用此类方法先计算部分完工产品的成本。在此类方法下，完工产品成本一般可按计划成本、定额成本或历史成本计算。

(3)本期完工产品成本与月末在产品成本同时确定

在这类方法下，应选择一定的分配标准，然后将某成本计算对象汇总的总成本按该分配标准的比例在完工产品与在产品之间进行分配，即根据此分配标准计算的分配率不分先后地计算出本期完工产品成本和月末在产品成本。完工产品与月末在产品成本同时确定的方法一般有：①月末在产品按完工产品成本计算法；②约当产量比例法；③定额比例法。

一、不计算月末在产品成本法

不计算月末在产品成本法是指将月末在产品成本确定为零。在这种方法下，本月按某一成本计算对象归集的生产成本即为该种产品的本月完工产品总成本，除以本月完工产品的数量，即为该产品的单位成本。

这种方法适用于月末在产品数量很少，价值很低，算不算月末在产品成本对完工产品成本影响不大的情况。例如煤炭企业的采煤，由于工作面小，在产品数量很少，月末在产品就可以不计算成本。

二、月末在产品按年初固定数计价法

月末在产品按年初固定数计价法是指各月月末的在产品成本均按年初在产品成本确定。在这种方法下，各月初、月末的在产品成本是相等的，按照某成本计算对象的期初在产品成本加上本期生产费用等于本期完工产品加上月末在产品成本的等式，可知某一成本计算对象本期完工产品成本即为按该成本计算对象汇总的本期生产费用，除以该完工产品的数量，即为该产品的单位成本。

这种方法适用于各月月末在产品数量比较稳定的情况。因为在各月末在产品数量比较稳定的情况下，各月份的月末在产品成本变化不大，差额较小，所以为简化产品成本的计算工作，可按年初固定数确定各月月末的在产品成本。必须指出的是，采用月末在产品成本按年初固定数计算的分配方法，如因原材料调价等因素的影响使月末在产品成本水平波动较大时，应对月末在产品成本进行调整，不然会影响完工产品成本计算的正确性。

采用这种分配方法的产品，每月发生的生产费用之和就是每月该种完工产品的成本。但是在年末，应根据实际盘点的在产品数量，具体计算在产品成本，据以计算 12 月份产品成本，并将计算出的年末在产品成本作为下一年各月固定的在产品成本，以免相隔时间过长，在产品成本与实际出入过大，影响产品成本计算的正确性。炼铁企业和化工企业的产品，由于高炉和化学反应装置的容积固定，其在产品成本就可以这样计算。

三、月末在产品按完工产品成本计价法

月末在产品按完工产品成本计价法是指将月末在产品视同完工产品计算成本。在这种方法下，完工产品与月末在产品的单位成本是相同的，以完工产品数量加上月末在产品数量之和去除按该成本计算对象所汇总的总成本，即为月末在产品单位成本，乘以月末在产品数量即可计算出月末在产品应负担的成本。

这种方法适用于月末在产品即将完工或月末在产品已经完工但尚未验收入库的情况。因为在此种情况下，为产品生产应发生的各种费用基本上已经全部投入，如按其他方法计算月末在产品成本差额也很小，所以，为简化核算手续，将月末在产品按完工产品一样来计算成本。

[例 7－1]某企业生产的甲产品月初在产品成本为：直接材料 24 340 元，直接人工 7 610 元，制造费用 27 890 元，合计 59 840 元；本月生产费用为：直接材料 62 280 元，直接人工 13 130 元，制造费用 28 230 元，合计 103 640 元。本月完工产品 810 件，月末在产品 410 件。月末在产品都已完工，尚未验收入库，可以视同完工产品分配各项费用。费用分配和成本计算如表 7－2 所示。

表 7－2　　甲产品基本生产成本明细账

成本项目	月初在产品成本	本月生产费用	生产费用合计	费用分配率	完工产品		月末在产品	
					数量	费用	数量	费用
直接材料	24 340	62 280	86 620	71		57 510		29 110
直接人工	7 610	13 130	20 740	17		13 770		6 970
制造费用	27 890	28 230	56 120	46		37 260		18 860
合　计	59 840	103 640	163 480	134	810	108 540	410	54 940

上列各项费用分配率，应根据各该费用的合计数，除以完工产品数量与月末在产品数量之和计算；以各该项费用分配率分别乘以完工产品数量和月末在产品数量，即为各该项费用的完工产品成本和月末在产品成本。

四、约当产量比例法

约当产量是指折合成完工产品的数量，完工产品约当产量即为完工产品数量，月末在产品约当产量即为月末在产品折合成完工产品的数量，两者之和为总约当产量。约当产量比例法是指按约当产量的比例同时计算本期完工产品成本与月末在产品成本的一种方法。在进行完工产品与在产品成本分配时，一般应分项目分配成本，而产品成本项目主要包括直接材料、直接人工与制造费用，其中直接人工与制造费用统称为加工费用；直接材料费用的发生与材料投入程度直接有关，而加工费用的发生与加工程度直接有关。所以在计算约当产量时，我们应对直接材料和加工费用分别计算约当产量。

1. 直接材料费用

月末在产品约当产量＝月末在产品数量×投料程度

$$\text{直接材料费用分配率}=\frac{\text{月初在产品直接材料费用}+\text{本月产品生产耗用的直接材料费用}}{\text{完工产品产量}+\text{月末在产品约当产量}}$$

完工产品直接材料成本＝完工产品产量×直接材料费用分配率

月末在产品直接材料成本＝月末在产品约当产量×直接材料费用分配率

月末在产品的投料程度与投料方式直接有关，一般来说，投料方式有以下几种：

（1）一次投料，即原材料在产品开始生产时一次全部投入。在这种投料方式下，月末在产品的投料程度为 100％。

（2）逐步投料，即原材料随加工程度逐步投入。在这种投料方式下，投料程度与加工程度是一致的，投料程度＝加工程度。

（3）分次投料，即在产品开始生产时先投入一部分材料，产品生产达到某一加工程度时再投入部分材料。在这种方式下，投料程度应视投料情况即加工程度而具体确定。

例如：某公司生产甲产品，原材料在甲产品开始生产时投入 80％，当加工程度达到 50％时再投入原材料 15％，其余 5％的原材料在加工程度达到 90％时投入。在这种情况下，如产品的加工程度小于 50％，则投料程度为 80％；当产品加工程度已达到 50％但未达到 90％时，投料程度为 95％；当产品的加工程度达到 90％时，投料程度为 100％。

2. 加工费用

月末在产品约当产量＝月末在产品数量×加工程度

$$加工费用分配率=\frac{月初在产品加工费用+本期发生的加工费用}{完工产品产量+月末在产品约当产量}$$

完工产品加工成本＝完工产品产量×加工费用分配率

月末在产品加工成本＝月末在产品约当产量×加工费用分配率

［例7－2］某公司生产乙产品，原材料为生产开始时一次全部投入，20××年3月份月初在产品数量为20件，加工程度为50%；本月投产200件，本月完工产品产量为190件；月末在产品数量为30件，加工程度为40%；乙产品3月初在产品成本为：直接材料1 040元，直接人工156元，制造费用为272元；3月份乙产品归集的生产费用为：直接材料6 000元，直接人工1 056元，制造费用为1 344元。则乙产品3月份的完工产品与月末在产品成本计算如下：

（1）直接材料：

月末在产品约当产量＝30×100%＝30（件）

$$直接材料费用分配率=\frac{1\ 040+6\ 000}{190+30}=32（元/件）$$

完工产品负担直接材料成本＝190×32＝6 080（元）

月末在产品负担直接材料成本＝30×32＝960（元）

（2）直接人工：

月末在产品约当产量＝30×40%＝12（件）

$$直接人工费用分配率=\frac{156+1\ 056}{190+12}=6（元/件）$$

完工产品负担直接人工成本＝190×6＝1 140（元）

月末在产品负担直接人工成本＝12×6＝72（元）

（3）制造费用：

月末在产品约当产量＝30×40%＝12（件）

$$制造费用分配率=\frac{272+1\ 344}{190+12}=8（元/件）$$

完工产品负担制造费用总额＝190×8＝1 520（元）

月末在产品负担制造费用总额＝12×8＝96（元）

上述完工产品与月末在产品成本计算过程可直接在产品成本计算单或基本生产成本明细账上进行，乙产品基本生产成本明细账如表7－3所示。

表7－3　基本生产成本明细账

产品名称：乙产品　　20××年3月

摘 要	直接材料	直接人工	制造费用	合 计
月初在产品成本	1 040	156	272	1 468
直接材料费用分配	6 000			6 000
直接人工费用分配		1 056		1 056
制造费用分配			1 344	1 344
合 计	7 040	1 212	1 616	9 868
总约当产量	220	202	202	
费用分配率	32	6	8	46
完工产品成本	6 080	1 140	1 520	8 740
月末在产品成本	960	72	96	1 128

如果在逐步投料和分次投料的方式下，则应按加工程度或按加工程度结合投料的具体情况计算直接材料的约当产量，并据以分配计算完工产品和月末在产品的直接材料成本；加工费用的分配计算与一次投料方式相同。可见，投料方式的不同，直接影响直接材料约当产量的计算，进而影响完工产品与月末在产品直接材料成本的计算，而对加工费用在完工产品与在产品之间的分配没有影响。

上述完工产品与月末在产品的成本计算只是针对单步骤（或单工序）而言的，即产品生产只需经过一个加工步骤（或一个加工工序）即可完成。如果产品生产是多步骤（或多工序）的，则可分成两种情况：第一种情况是管理上要求分步骤（或分工序）计算成本，此时我们计算的每一个步骤（或每一个工序）成本时视同单步骤（或单工序），每一步骤（或每一工序）完工产品或半产品与在产品成本的计算和单步骤（或单工序）相同；第二种情况是管理上不要求分步骤（或分工序）计算成本，只需计算总的完工产品成本与月末在产品成本，此时，因月末在产品成本分布在各个加工步骤（或加工工序），各步骤（或各工序）月末在产品的加工程度亦不同；在原材料不是由第一步骤生产开始时一次投入，即各步骤均有原材料投入的情况下，各步骤的月末在产品投料程度也有所不同。因此，我们应根据具体情况分别计算出各步骤月末在产品的总投料程度和总加工程度，进而计算月末在产品的约当产量，并据以进行完工产品与月末在产品的成本计算。一般来说，总投料程度按已投入材料定额成本除以材料定额总成本计算；总加工程度按已完成定额工时除以定额总工时计算。

总投料程度及总加工程度的计算公式如下：

$$\text{某步骤(工序)月末在产品总投料程度}=\frac{\text{该步骤单位产品材料定额成本}\times\text{该步骤月末在产品投料程度}}{\text{单位产品材料定额总成本}}$$

$$\text{某步骤(工序)月末在产品直接材料约当产量}=\text{该步骤月末在产品数量}\times\text{总投料程度}$$

$$\text{某步骤(工序)月末在产品总加工程度}=\frac{\text{该步骤单位产品工时定额}\times\text{该步骤月末在产品加工程度}}{\text{单位产品定额总工时}}$$

$$\text{某步骤(工序)月末在产品加工费约当产量}=\text{该步骤月末在产品数量}\times\text{总加工程度}$$

［例7－3］某公司生产C产品需经过三个生产步骤连续加工，20××年3月份月初在产品第一步骤为200件，加工程度为60%；第二步骤为100件，加工程度为50%；第三步骤为250件，其中100件的加工程度为40%，另外150件的加工程度为70%。本期投产750件，本期完工产品800件。月末在产品第一步骤为100件，加工程度为40%；第二步骤为200件，加工程度为60%；第三步骤为200件，其中50件的加工程度为40%，另外150件的加工程度为80%。单位C产品材料定额总成本为20元，其中第一步骤为8元，为生产开始时一次全部投入；第二步骤为7元，随产品加工程度逐步投入；第三步骤为5元，在生产开始时投入80%，加工程度达50%时再投20%。单位C产品定额总工时为10工时，其中第一步骤为4工时；第二步骤为3工时；第三步骤为3工时。月初在产品成本计13 527元，其中直接材料9 198元，直接人工1 843元，制造费用2 486元；本期生产费用计23 076.50元，其中直接材料15 151.50，直接人工3 170元，制造费用4 755元。完工C产品成本和月末在产品成本计算如下：

月末在产品总投料程度：

$$第一步骤=\frac{8\times100\%}{20}=40\%$$

$$第二步骤=\frac{8+7\times60\%}{20}=61\%$$

$$第三步骤\begin{cases}加工程度为40\%的在产品=\dfrac{8+7+5\times80\%}{20}=95\%\\ 加工程度为80\%的在产品=\dfrac{8+7+5\times100\%}{20}=100\%\end{cases}$$

$$\begin{matrix}月末在产品直\\接材料约当产量\end{matrix}=100\times40\%+200\times61\%+50\times95\%+150\times100\%=359.5(件)$$

$$直接材料费用分配率=\frac{9\ 198+15\ 151.5}{800+359.5}=21(元/件)$$

完工产品直接材料成本 $=800\times21=16\ 800$（元）

月末在产品直接材料成本 $=359.5\times21=7\ 549.5$（元）

月末在产品总加工程度：

$$第一步骤=\frac{4\times40\%}{10}=16\%$$

$$第二步骤=\frac{4+3\times60\%}{10}=58\%$$

$$第三步骤\begin{cases}加工程度为40\%的在产品=\dfrac{4+3+3\times40\%}{10}=82\%\\ 加工程度为80\%的在产品=\dfrac{4+3+3\times80\%}{10}=94\%\end{cases}$$

$$\begin{matrix}月末在产品加工\\费用约当产量\end{matrix}=100\times16\%+200\times58\%+50\times82\%+150\times94\%=314(件)$$

$$直接人工费用分配率=\frac{1\ 843+3\ 170}{800+314}=4.5$$

完工产品直接人工成本 $=800\times4.5=3\ 600$（元）

月末在产品直接人工成本 $=314\times4.5=1\ 413$（元）

$$制造费用分配率=\frac{2\ 486+4\ 755}{800+314}=6.5$$

完工产品制造费用 $=800\times6.5=5\ 200$（元）

月末在产品制造费用 $=314\times6.5=2\ 041$（元）

上述完工产品与月末在产品成本计算可在产品成本计算单或基本生产成本明细账上进行。C产品的基本生产成本明细账如表7－4所示。

表 7－4 基本生产成本明细账

产品名称：C 产品 20××年 3 月

摘　要	直接材料	直接人工	制造费用	合　计
月初在产品成本	9 198	1 843	2 486	13 527
本月生产费用	15 151.50	3 170	4 755	23 076.50
合　计	24 349.50	5 013	7 241	36 603.50
总约当产量	1 159.50	1 114	1 114	
费用分配率	21	4.5	6.5	32
完工产品总成本	16 800	3 600	5 200	25 600
单位成本	21	4.5	6.5	32
月末在产品成本	7 549.50	1 413	2 041	11 003.50

必须说明的是，以上介绍的约当产量比例法是以月初在产品成本加上本期生产费用的总额，以本期完工产品数量加上月末在产品约当产量作为权数，求得约当产量的加权平均单位成本后，计算出本月完工产品成本和月末在产品成本的一种方法，即约当产量法下的加权平均法。这种方法可在上月与本月成本水平变化不大时采用；但在上月与本月的成本水平变化较大时，如仍用加权平均法计算本月完工产品成本与月末在产品成本，就会使上月的成本水平影响本月完工产品与月末在产品的成本水平。因此，为了客观地反映本月完工产品与月末在产品的成本水平，应采用约当产量法下的先进先出法（亦称纯本期约当产量法），分别计算上期投产本期完工产品的成本、本期投产本期完工产品成本和月末在产品成本。按先进先出法计算完工产品成本与月末在产品成本时假定月初在产品先于本月投产的产品完工，在产品的生产周期小于一个月的情况下，月初在产品在本月应全部完工，这样，月初在产品成本应全部由上月投产本期完工的产品负担，而本月份所发生的生产费用应由上月投产本月完工产品负担本月份加工部分，其余部分由本月投产本月完工产品与月末在产品共同负担。这样，本月投产本月完工产品和月末在产品成本就不用受上月成本水平的影响，能客观地反映本月的成本水平。

在先进先出法下，负担本月份生产费用的约当产量只包括本期加工的约当产量，不包括月初在产品在上月已加工的约当产量，即约当产量为纯本期约当产量。采用先进先出法计算本月完工产品与月末在产品成本的计算公式如下：

$$\text{本期加工产品的约当产量}=\text{本期完工产品数量}+\text{期末在产品约当产量}-\text{期初在产品约当产量}$$

$$\text{费用分配率}=\frac{\text{本期生产费用}}{\text{本期加工产品的约当产量}}$$

$$\text{上期投产本期完工产品成本}=\text{月初在产品数量}\times\left(1-\text{上月加工程度}\%\right)\times\text{约当产量单位成本}+\text{期初在产品成本}$$

$$\text{本期投产本期完工产品成本}=\left(\text{本期完工产品数量}-\text{月初在产品数量}\right)\times\text{费用分配率}$$

月末在产品成本＝月末在产品约当产量×费用分配率

［例 7－4］现仍以例 7－2 乙产品成本计算为例，按先进先出法计算完工产品成本和月末

在产品成本。由于原材料为乙产品生产开始时一次全部投入的，所以月初在产品20件的原材料成本已在上月全部投入，所以这20件产品不再负担本期耗用的原材料费用，而只负担本期加工部分的加工费用。具体计算如下：

(1)直接材料：

本期加工约当产量 = 190 + 30 × 100% = 200(件)

直接材料费用分配率 $=\frac{6\ 000}{200}$ = 30(件)

上月投产本月完工产品直接材料成本 = 1 040(元)

本月投产本月完工产品直接材料成本 = (190 − 20) × 30 = 5 100(元)

月末在产品直接材料成本 = 30 × 100% × 30 = 900(元)

(2)直接人工：

本期加工约当产量 = 190 + 30 × 40% − 20 × 50% = 192(件)

直接人工费用分配率 $=\frac{1\ 056}{192}$ = 5.5(元/件)

上月投产本月完工产品直接人工成本 = 20 × (1 − 50%) × 5.5 + 156 = 211(元)

本月投产完工产品直接人工成本 = (190 − 20) × 5.5 = 935(元)

月末在产品直接人工成本 = 30 × 40% × 5.5 = 66(元)

(3)制造费用：

本期加工约当产量 = 190 + 30 × 40% − 20 × 50% = 192(件)

制造费用分配率 $=\frac{1\ 344}{190}$ = 7(元/件)

上月投产本月完工产品制造费用 = 20 × (1 − 50%) × 7 + 272 = 342(元)

本月投产完工产品制造费用 = (190 − 20) × 7 = 1 190(元)

月末在产品制造费用 = 30 × 40% × 7 = 84(元)

上述完工产品与月末在产品成本计算可在产品成本计算单或基本生产成本明细账上进行。乙产品基本生产成本明细账如表7－5所示。

表7－5　基本生产成本明细账

产品名称：乙产品　　20××年3月

摘　要	直接材料	直接人工	制造费用	合　计
月初在产品成本	1 040	156	272	1 468
本月生产费用	6 000	1 056	1 344	8 400
合　计	7 040	1 212	1 616	9 868
上月投产本月完工产品成本	1 040	211	342	1 593
单位成本	52	10.55	17.1	79.65
本月投产本月完工产品成本	5 100	935	1 190	7 225
单位成本	30	5.5	7	42.5
月末在产品成本	900	66	84	1 050

如果是在多步骤(工序)产品生产时，管理上不要求分步骤(工序)计算成本，即直接计算完工产品与月末在产品成本，则同样在先确定总投料和总加工程度后计算出月初、月末在产品的约当产量，再按约当产量法下的先进先出法分别计算出上月投产本月完工产品成本、本月投产本月完工产品成本和月末在产品成本。

[例7-5]现以例7-3中C产品成本计算为例，按先进先出法计算完工产品与月末在产品成本如下：

月初在产品总投料程度：

$$第一步骤=\frac{8\times100\%}{20}=40\%$$

$$第二步骤=\frac{8+7\times50\%}{20}=57.5\%$$

$$第三步骤\begin{cases}加工程度为40\%的在产品=\dfrac{8+7+5\times80\%}{20}=95\%\\[2ex]加工程度为70\%的在产品=\dfrac{8+7+5\times100\%}{20}=100\%\end{cases}$$

$$\begin{matrix}直接材料月初\\在产品约当产量\end{matrix}=200\times40\%+100\times57.5\%+100\times95\%+150\times100\%=382.5(件)$$

$$直接材料本期加工约当产量=800+359.5-382.5=777(件)$$

$$直接材料费用分配率=\frac{15\ 151.5}{777}=19.5(元/件)$$

$$\begin{matrix}上月投产本月完工\\产品直接材料成本\end{matrix}=(550-382.5)\times19.5+9\ 198=12\ 464.25(元)$$

$$\begin{matrix}本月投产本月完工\\产品直接材料成本\end{matrix}=(800-550)\times19.5=4\ 875(元)$$

$$月末在产品直接材料成本=359.5\times19.5=7\ 010.25(元)$$

月初在产品总加工程度：

$$第一步骤=\frac{4\times60\%}{10}=24\%$$

$$第二步骤=\frac{4+3\times50\%}{10}=55\%$$

$$第三步骤\begin{cases}加工程度为40\%的在产品=\dfrac{4+3+3\times40\%}{10}=82\%\\[2ex]加工程度为70\%的在产品=\dfrac{4+3+3\times70\%}{10}=91\%\end{cases}$$

$$\begin{matrix}加工费用初在\\产品约当产量\end{matrix}=200\times24\%+100\times55\%+100\times82\%+150\times91\%=321.5(件)$$

$$加工费本月加工约当产量=800+314-321.5=792.5(件)$$

$$直接人工费用分配率=\frac{3\ 170}{792.5}=4(元/件)$$

$$\begin{matrix}上月投产本月完工\\产品直接人工成本\end{matrix}=(550-321.5)\times4+1\ 843=2757(元)$$

$$\begin{array}{l}\text{本月投产本月完工}\\\text{产品直接人工成本}\end{array}=(800-550)\times4=1\ 000(\text{元})$$

$$\text{月末在产品直接人工成本}=314\times4=1\ 256(\text{元})$$

$$\text{制造费用分配率}=\frac{4\ 755}{792.5}=6(\text{元/件})$$

$$\begin{array}{l}\text{上月投产本月完工}\\\text{产品制造费用}\end{array}=(550-321.5)\times6+2\ 486=3\ 875(\text{元})$$

$$\begin{array}{l}\text{本月投产本月完工}\\\text{产品制造费用}\end{array}=(800-550)\times6=1\ 500(\text{元})$$

$$\text{月末在产品制造费用}=314\times6=1\ 884(\text{元})$$

上述完工产品与月末在产品成本计算可在产品成本计算单或基本生产成本明细账上进行。C 产品的基本生产成本明细账如表 7－6 所示。

表 7－6

基本生产成本明细账

产品名称：C 产　　　　20××年 3 月

摘　要	直接材料	直接人工	制造费用	合　计
月初在产品成本	9 198	1 843	2 486	13 527
本月生产费用	15 151.50	3 170	4 755	23 076.50
合　计	24 349.50	5 013	7 241	36 603.50
上月投产本月完工产品成本	12 464.25	2 757	3 857	19 078.25
单位成本	22.6623	5.0127	7.0127	34.6877
本月投产本月完工产品成本	4 875	1 000	1 500	7 375
单位成本	19.50	4	6	29.50
月末在产品成本	7 010.25	1 256	1 884	10 150.25

综上所述，在约当产量法下无论采用加权平均法还是先进先出法，都应按在产品的投料程度和加工程度分别计算在产品直接材料约当产量和加工费用约当产量，并据以分项目计算完工产品成本和月末在产品成本，所以，约当产量比例法适用于在产品投料程度与加工程度能正确估计的情况。

五、月末在产品成本按定额成本计价法

月末在产品成本按定额成本计价法是根据各月末在产品的数量、投料程度、加工程度和单位产品定额成本资料计算出月末在产品的定额成本，并以月末在产品的定额成本作为月末在产品的实际成本，进而以月初在产品成本加上本月生产费用减去月末在产品成本，来计算本期完工产品成本的一种完工产品与月末在产品成本的分配方法。

月末在产品的定额成本，是根据月末在产品约当产量和费用定额计算求得。其计算公式为：

$$\begin{array}{l}\text{月末在产品直}\\\text{接材料定额成本}\end{array}=\begin{array}{l}\text{月末在产}\\\text{品约当产量}\end{array}\times\begin{array}{l}\text{单位产品直接}\\\text{材料费用定额}\end{array}$$

$$\text{月末在产品加工费用定额成本} = \text{月末在产品约当产量} \times \text{单位产品加工费用定额成本}$$

$$= \text{月末在产品约当产量} \times \text{单位产品工时定额} \times \text{加工费用分配率}$$

[例 7－6]某公司生产甲产品，原材料为生产开始时一次全部投入，20××年 6 月份月初在产品成本和本月生产费用合计为 67 000 元，其中直接材料成本 52 000 元，直接人工 5 720 元，制造费用 9 280 元；该月完工甲产品 400 件；月末在产品 100 件，加工程度为 60%；甲产品单位定额成本为 132 元，其中直接材料 100 元，直接人工 12 元，制造费用 20 元。则月末在产品定额成本与完工产品成本计算如下：

(1)直接材料：

月末在产品定额成本 = 100 × 100% × 100 = 10 000(元)

完工产品成本 = 52 000 － 10 000 = 42 000(元)

(2)直接人工：

月末在产品定额成本 = 100 × 60% × 12 = 720(元)

完工产品成本 = 5 720 － 720 = 5 000(元)

(3)制造费用：

月末在产品定额成本 = 100 × 60% × 20 = 1 200(元)

完工产品成本 = 9 280 － 1 200 = 8 080(元)

上述完工产品与月末在产品成本计算可在产品成本计算单或基本生产成本明细账上进行，甲产品基本生产成本明细账如表 7－7 所示。

表 7－7　　基本生产成本明细账

产品名称：甲产品　　20××年 6 月

成本项目	生产费用合计	月末在产品定额成本	完工产品成本	完工产品单位成本
直接材料	52 000	10 000	42 000	105
直接人工	5 720	720	5 000	12.5
制造费用	9 280	1 200	8 080	20.2
合　计	67 000	11 920	55 080	137.7

在产品按定额成本计价的方法，适用于定额管理基础较好，各项定额指标比较准确、稳定，而且各月末在产品数量变化不大的产品。因为对于这种产品来说，不仅月初和月末单位在产品实际费用脱离定额的差异不会大，而且月初在产品实际费用脱离定额差异总额与月末在产品费用脱离定额总额相差也不会大，二者基本上可以互相抵消，对完工产品成本影响不大。但是采用这一方法，在消耗定额修订时，月末在产品按新定额计价所发生的差额，也要包括在完工产品成本中，这会给考核和分析产品成本带来一定的困难。因此，采用这一方法，消耗定额不仅要比较准确，而且要比较稳定。在符合上述这些条件的情况下采用这一方法，能够既较正确又较简便地解决完工产品和在产品之间分配费用的问题。

在采用定额成本法计算月末在产品成本时，如果产品成本中直接材料费用所占比重较大，为了进一步简化成本计算工作，月末在产品成本也可以只按定额直接材料费用计算。就是说，月末在产品的这一项实际费用脱离定额的差异，以及其他各项实际费用都可以计入完工产品成本。这是将在产品按所耗原材料费用计价法和按定额成本计价法两者结合应用的一种分配方法。

六、月末在产品成本按原材料费用计价法

月末在产品成本按原材料费用计价法是指月末在产品成本只计算并负担直接材料成本。在这种方法下，完工产品与月末在产品成本分配只需分配计算直接材料费用，而将发生的加工费全部计入本期完工产品成本。这种方法一般适用于月末在产品数量较少，且原材料费用在产品成本中占很大比重的情况。因为在月末在产品数量较少且原材料费用在产品成本中占很大比重时，即使按一定的方法计算出月末在产品应负担的加工费用，其数额也很小，所以，月末在产品成本不计算加工费用对完工产品成本计算影响不大，为简化核算手续，可采用此法进行完工产品与月末在产品的成本计算。

[例7－7]某公司生产乙产品，原材料为生产开始时一次全部投入，20××年2月份月初在产品成本和本月生产费用合计为60 700元，其中直接材料成本60 000元，直接人工300元，制造费用400元；本月完工乙产品1 000件；月末在产品200件，加工程度为20%。则月末在产品应负担直接材料成本计算如下：

$$直接材料费用分配率=\frac{60\ 000}{1\ 000+200\times100\%}=50(元/件)$$

月末在产品直接材料成本＝200×100%×50＝10 000(元)

完工产品直接材料成本＝1 000×50＝50 000(元)

上述成本计算可在产品成本计算单或基本生产成本明细账上进行。乙产品基本生产成本明细账如表7－8所示。

表7－8　　基本生产成本明细账

产品名称：乙产　　20××年2月

成本项目	生产费用合计	月末在产品定额成本	完工产品成本	完工产品单位成本
直接材料	60 000	10 000	50 000	50
直接人工	300		300	0.3
制造费用	400		400	0.4
合　计	60 700	10 000	50 700	50.7

七、定额比例法

定额比例法是指按完工产品与月末在产品定额成本(或定额耗用量)的比例，分配完工产品与月末在产品成本的一种方法。在这种方法下，由于直接材料和直接人工、制造费用各成本项目的完工产品与月末在产品定额成本(或定额耗用量)的比例往往会不一致，所以必须分项目进行成本计算。在分配直接材料费用时，如产品生产耗用两种或两种以上的材料，应按完工产品与月末在产品直接材料定额成本比例进行分配；如产品生产只耗用一种材料，可按完工产品与月末在产品直接材料定额消耗量的比例进行分配。对于直接人工和制造费用，可按完工产品与月末在产品耗用的定额工时比例分配，也可按完工产品与月末在产品定额成本的比例进行分配。

采用定额比例法时，如果各项费用按定额消耗量比例进行分配，则其分配计算公式为：

$$\text{消耗量分配率}=\frac{\text{月初在产品实际消耗量}+\text{本月实际消耗量}}{\text{完工产品定额消耗量}+\text{月末在产品定额消耗量}}$$

$$\text{完工产品实际消耗量}=\text{完工产品定额消耗量}\times\text{消耗量分配率}$$

$$\text{完工产品成本}=\text{完工产品实际消耗量}\times\text{原材料单价(或单位工时的工资、费用)}$$

$$\text{月末在产品实际消耗量}=\text{月末在产品定额消耗量}\times\text{消耗量分配率}$$

$$\text{月末在产品成本}=\text{月末在产品实际消耗量}\times\text{原材料单价(或单位工时的工资、费用)}$$

按照上述公式分配，不仅可以提供完工产品和在产品的实际费用资料，而且可以提供它们的实际消耗量资料，便于考核和分析各项消耗定额的执行情况；但是这样分配的核算工作量较大，这在所消耗原材料的品种较多的情况下更是如此。为了简化核算工作，也可以按照下列公式分配：

$$\text{直接材料费用分配率}=\frac{\text{月初在产品直接材料实际成本}+\text{本月实际耗用直接材料成本}}{\text{完工产品直接材料定额成本}+\text{月末在产品直接材料定额成本}}$$

$$\text{完工产品直接材料实际成本}=\text{完工产品直接材料定额成本(消耗量)}\times\text{直接材料费用分配率}$$

$$\text{月末在产品直接材料实际成本}=\text{月末在产品直接材料定额成本消耗量}\times\text{直接材料费用分配率}$$

$$\text{直接人工(制造费用)分配率}=\frac{\text{月初在产品直接人工(制造费用)实际成本}+\text{本月实际耗用直接人工(制造费用)}}{\text{完工产品定额工时}+\text{月末在产品定额工时}}$$

$$\text{完工产品直接人工(制造费用)实际成本}=\text{完工产品定额工时}\times\text{直接人工(制造费用)分配率}$$

$$\text{月末在产品直接人工(制造费用)实际成本}=\text{月末在产品定额工时}\times\text{直接人工(制造费用)分配率}$$

[例7－8]某公司生产丙产品，单件产品直接材料定额成本为200元，单件产品定额工时为15工时；20××年8月份完工丙产品800件；月末在产品200件，加工程度为60%，投料程度为90%；月初在产品成本计17 780元，其中：直接材料12 080元，直接人工2 500元，制造费用3 200元；本月份生产费用计264 000元，其中：直接材料180 000元，直接人工32 000元，制造费用52 000元。

完工产品成本与月末在产品成本计算如下：

(1)直接材料：

完工产品定额成本＝800×200＝160 000(元)

月末在产品定额成本 = 200 × 90% × 200 = 36 000(元)

$$直接材料费用分配率 = \frac{12\ 080 + 180\ 000}{160\ 000 + 36\ 000} = 0.98$$

完工产品直接材料成本 = 160 000 × 0.98 = 156 800(元)

月末在产品直接材料成本 = 36 000 × 0.98 = 35 280(元)

(2)直接人工：

完工产品定额工时 = 800 × 15 = 12 000(工时)

月末在产品定额工时 = 200 × 60% × 15 = 1 800(工时)

$$直接人工费用分配率 = \frac{2\ 500 + 32\ 000}{12\ 000 + 1\ 800} = 2.5(元/工时)$$

完工产品直接人工成本 = 12 000 × 2.5 = 30 000(元)

月末在产品直接人工成本 = 1 800 × 2.5 = 4 500(元)

(3)制造费用：

$$制造费用分配率 = \frac{3\ 200 + 52\ 000}{12\ 000 + 1\ 800} = 4(元/工时)$$

完工产品制造费用 = 12 000 × 4 = 48 000(元)

月末在产品制造费用 = 1 800 × 4 = 7 200(元)

上述完工产品与月末在产品的成本计算可在基本生产成本明细账或产品成本计算单上进行。丙产品基本生产成本明细账如表 7 - 9 所示。

表 7 - 9　　**基本生产成本明细账**

产品名称：丙产品　　**20 × × 年 8 月**

摘　要	直接材料	直接人工	制造费用	合　计
月初在产品成本	12 080	2 500	3 200	17 780
本月生产费用	180 000	32 000	52 000	264 000
合　计	192 080	34 500	55 200	281 780
完工产品定额	160 000	12 000	12 000	
月末在产品定额	36 000	1 800	1 800	
小　计	196 000	13 800	13 800	
费用分配率	0.98	2.5	4	
完工产品成本	156 800	30 000	48 000	234 800
单位成本	196	37.5	60	293.5
月末在产品成本	35 280	4 500	7 200	46 980

由此可见，按照上述公式分配费用，必须取得完工产品和月末在产品的定额消耗量或定额费用资料。完工产品的直接材料、工时定额消耗量可以根据完工产品数量乘以单件直接材料、工时消耗定额计算求得；月末在产品的直接材料、工时定额消耗量可以根据月末在产品盘存表或账面所列在产品结存数量乘以单件直接材料、工时消耗定额计算求得。完工产品和月末在产品的定额成本，可以根据完工产品和月末在产品的直接材料、工时定额消耗量，乘以原材料计划单价或单位工时计划工资、制造费用求得。采用这种分配方法，如果在产品的种

类和生产工序繁多，核算工作量就很繁重。因此，有的企业月末在产品定额资料不根据月末在产品数量具体计算，而是采用简化的方法计算。其计算公式如下：

$$\text{月末在产品定额消耗量}=\text{月初在产品定额消耗量}+\text{本月投入的定额消耗量}-\text{本月完工产品定额消耗量}$$

在上述计算公式中，除本月完工产品定额消耗量按前述方法计算外，月初在产品定额消耗量，可以根据上月成本计算资料取得；本月投入的定额消耗量，其中直接材料定额消耗量，可以根据限额领料凭证所列原材料定额消耗量计算求得，工时定额消耗量可以根据有关定额工时的原始记录计算求得。根据上述公式计算月末在产品定额消耗量，虽然可以简化核算工作，但在发生在产品盘盈、盘亏的情况下，据以计算求得的成本资料就不能如实反映产品成本水平。为了保证在产品账实相符，计算在产品盘亏对产品成本的影响，提高成本计算的正确性，必须每隔一定时期，对在产品进行一次盘点，根据在产品实存数计算一次定额消耗量。

在具备了月初、月末在产品定额消耗量（定额费用）、本月投入生产的定额消耗量（定额费用），以及本月完工产品的定额消耗量（定额费用）资料的情况下，既可按前列分配费用的公式分配费用，也可按下列公式分配费用：

$$\text{费用分配率}=\frac{\text{月初在产品实际费用}+\text{本月实际费用}}{\text{月初在产品定额消耗量（定额费用）}+\text{本月投入的定额消耗量（定额费用）}}$$

完工产品和月末在产品成本的计算公式同前。

［例7－9］某企业生产的甲产品，月初在产品定额直接材料费用1 600元，定额工时1 320小时；本月投入生产的定额直接材料费用8 400元，定额工时3 680小时。月初在产品实际费用为：直接材料1 500元，直接人工600元，制造费用150元。本月发生实际费用为：直接材料8 000元，直接人工2 400元，制造费用850元。本月完工产品定额直接材料成本9 000元，定额工时4 200小时。

采用定额比例法，甲产品的费用分配及成本计算如表7－10所示。

表7－10　　甲产品费用分配计算表

成本项目		直接材料	直接人工	制造费用	合计
月初在产品费用	定额	1 600	1 320	1 320	
	实际	1 500	600	150	2 250
本月生产费用	定额	8 400	3 680	3 680	
	实际	8 000	2 400	850	11 250
生产费用合计	定额	10 000	5 000	5 000	
	实际	9 500	3 000	1 000	13 500
费用分配率		0.95	0.6	0.2	
完工产品成本	定额	9 000	4 200	4 200	
	实际	8 550	2 520	840	11 910
月末在产品成本	定额	1 000	800	800	
	实际	950	480	160	1 590

①本例中月末在产品的定额直接材料费用和定额工时均为倒挤求得；

②表中“直接人工”和“制造费用”栏的“定额”行登记定额工时数。

采用定额比例法分配费用，分配结果比较合理，而且还便于将实际费用与定额费用相比较，分析和考核定额的执行情况。在采用上述第二个公式分配的情况下，由于公式中分子和分母都是月初在产品和本月发生的费用，分子是实际数，分母是定额数，便于相互比较，因而这一优点体现得更为明显。

但是采用定额比例法，在月初消耗定额或费用定额降低时，如果月末在产品定额费用是按前述倒挤的简化方法计算的，那么月初在产品定额费用应按新的定额重新计算，否则，由于本月定额费用和本月完工产品定额费用已按降低后的定额计算，月初在产品应降低而未降低的定额费用，全部挤入月末在产品定额费用中，使月末在产品定额费用虚增，影响完工产品与月末在产品之间费用分配的合理性。如果月末在产品定额费用是根据在产品数量和降低后的消耗定额、费用定额具体计算的，在采用第二个公式计算费用分配率的情况下，月初在产品定额费用也应按新的定额重新计算，否则月初在产品应降低而未降低的定额费用，会使分母数虚增，从而使费用分配率偏低，使实际费用分配不完。在月初消耗定额或费用定额不是降低而是提高时，则会发生相反的结果。而按新的定额重新计算月初在产品定额费用，则增加核算工作。因此，采用这一方法，必须具备各项消耗定额或费用定额既较准确又较稳定的条件。

第三节　完工产品成本的结转

企业发生的生产费用经过在各种产品之间以及在同种产品的完工产品和月末在产品之间分配以后，就可计算出各种完工产品的实际成本，据以反映和监督各种产品的成本计划完成情况。

企业的完工产品，包括产成品、自制材料、自制工具和模具等。完工产品成本计算出后，会计部门应根据产品成本计算单或基本生产成本明细账，按照产品的类、品种、规格进行汇总，编制“完工产品成本汇总表”，并将完工产品成本从“基本生产成本”账户转入“库存商品”账户。月末结转后，“基本生产成本”账户的月末余额，就是基本生产的在产品成本，也就是占用在基本生产过程的生产资金，应与所属各种基本生产成本明细账中月末在产品成本之和核对相符。企业的“完工产品成本汇总表”格式及内容如表 7－17 所示。

表 7－17　　完工产品成本汇总表

产品名称	直接材料	直接人工	制造费用	成本合计
甲产品	24 000	16 000	12 000	52 000
乙产品	13 500	6 000	7 500	31 500
丙产品	200 000	250 000	120 000	570 000
丁产品	5 600	6 400	8 800	20 800
合计	243 100	278 400	148 300	674 300

根据“完工产品成本汇总表”，结转完工产品总成本，作会计分录如下：

借：库存商品——甲产品　　52 000
　　　　　　——乙产品　　31 500
　　　　　　——丙产品　　570 000
　　　　　　——丁产品　　20 800
　贷：基本生产成本——甲产品　　52 000
　　　　　　　　　——乙产品　　31 500
　　　　　　　　　——丙产品　　570 000
　　　　　　　　　——丁产品　　20 800

如完工的是自制半成品时，则应借记“自制半成品”账户，贷记“基本生产成本”账户；如完工的是自制材料，则借记“原材料（计划成本）”账户、“材料成本差异（实际成本大于计划成本的差异）”账户，贷记“基本生产成本”或“辅助生产成本”账户、“材料成本差异（实际成本小于计划成本）”账户；如完工的是自制工具，则借记“低值易耗品（计划成本）”账户、“材料成本差异（实际成本大于计划成本的差异）”账户，贷记“基本生产成本”或“辅助生产成本”账户、“材料成本差异（实际成本小于计划成本）”账户。

☆★本章关键概念

约当产量法　定额成本法　定额比例法　完工产品成本结转

☆★复习思考题

1. 何为广义和狭义的在产品？

2. 生产费用在完工产品与月末在产品之间进行分配时应考虑哪些因素，存在着哪些分配方法？

3. 在约当产量法下，月末在产品的约当产量如何计算？

4. 什么是定额比例法？采用这种方法应具备哪些前提条件？

第八章 期间费用的核算

【引言】

同生产费用类似，期间费用是成本核算对象之一。期间费用是指企业本期发生的、应计入本期损益的各项费用，包括销售费用、管理费用和财务费用。本章主要介绍企业各项期间费用归集与结转的核算。

第一节 销售费用

一、销售费用的归集

销售费用是指企业在产品销售过程中发生的费用，以及为销售本企业产品而专设的销售机构的经常费用。销售费用不计入产品成本，而是按照期间（月份、季度或年度）核算，作为期间费用直接计入当月损益。因此，这种费用应按年、季、月和费用项目编制费用计划加以控制和考核。通过这种费用的归集和结转，反映和监督其费用计划的执行情况，并将其正确、及时地计入当月损益。

销售费用的项目，有的按费用的经济用途设立，有的按费用的经济内容设立。一般包括运输费、装卸费、包装费、保险费、展览费、广告费、租赁（不含融资租赁）费、销售服务费和委托代销手续费等。在专设销售机构的企业中，还包括销售机构的人员薪酬、折旧费、修理费、物料消耗、低值易耗品摊销、差旅费和办公费等经常费用。

销售费用是通过“销售费用”账户进行归集和结转的，该账户所属明细账应按费用项目设立专户或专栏，分别反映各项销售费用的支出情况；如果专设的销售机构规模较大，应另设明细账，按费用项目反映该销售机构的销售费用支出情况。

“销售费用”账户的借方用来归集产品的销售费用，应根据有关的付款凭证、转账凭证和前述各种有关的费用分配表登记：借记“销售费用”账户，贷记“库存现金”、“银行存款”、“应付职工薪酬”、“累计折旧”等账户。月末，根据该账户和所属明细账借方归集的各项费用，分析和考核销售费用计划的执行情况。

销售费用按费用项目设立专栏的格式及内容如表 8－1 所示。

表 8－1

销售费用明细账

××企业

月	日	摘要	运输费	包装费	保险费	广告费	职工薪酬	折旧费	修理费	物料消耗	差旅费	办公费	其他	合计	转出	余额
8		本月计划	1 200	1 300	2 000	2 500	3 600	1 100	1 000	900	2 500	850	400	17 350		
8		付款凭证	1 230	890		2 480					2 620	880	430	8 530		
8	31	材料费用分配表		480						870				1 350		
8	31	工资费用分配表					3 170							3 170		
8	31	福利费用分配表					440							440		
8	31	付款凭证			1 910									1 910		
8	31	付款凭证							930					930		
8	31	折旧费用分配表						1 120						1 120		17 450
8	31	转出													17 450	0
8	31	本月实际合计	1 230	1 370	1 910	2 480	3 610	1 120	930	870	2 620	880	430	17 450	17 450	0
8	31	本月费用差异	+30	+70	−90	−20	+10	+20	−70	−30	+120	+30	+30	+100		
8	31	本月末实际累计	9 810	10 950	15 384	19 170	28 700	8 980	7 510	6 950	20 800	7 080	3 360	138 694		

在上列销售费用明细账中，本月计划数可以登记，也可以不登记；如果登记，应根据销售费用的年度分月计划登记。登记本月计划数，可以据以控制当月费用的实际支出，并可在月末与本月实际费用合计数相比较，分析和考核费用计划的执行情况。账中各项费用的实际数，应根据付款凭证和各种费用分配表逐日或于月末汇总登记。账中的本月末实际累计数，应根据本月实际合计数加上该账的上月末实际累计数计算登记。登记月末实际累计数，可以作为编制成本报表中销售费用明细表的依据。

二、销售费用的结转

由于销售费用是随着时间推移而发生的与当期产品销售直接相关，而与产品产量、产品制造过程无直接关系，因而不能计入产品成本，而作为期间费用直接计入当期损益。因此，月末应根据销售费用明细账所归集的销售费用，编制转账凭证，直接计入本月损益：借记“本年利润”账户，贷记“销售费用”账户。月末结转后，“销售费用”总账与所属明细账户无余额。

第二节 管理费用

一、管理费用的归集

管理费用是指企业行政管理部门为组织和管理生产经营活动而发生的各项费用。所谓行政管理部门，在一般制造业企业中是指工厂厂部各职能管理部门；在按总厂和分厂组织的企业中，是指总厂各职能管理部门；在按公司形式组织的企业中，还包括公司的各职能管理部门。

管理费用也不计入产品成本，而作为期间费用直接计入当月损益。因此，这种费用也应按年、季、月和费用项目（或既按部门又按费用项目）编制费用计划加以控制和考核。通过这种费用的归集和结转，反映和监督其费用计划的执行情况，并将其正确、及时地计入当月损益。

管理费用的费用项目一般包括：

1. 公司经费，包括行政管理部门职工薪酬、差旅费、办公费、折旧费、修理费、物料消耗、低值易耗品摊销以及其他公司经费。

2. 工会经费，是指按职工工资总额的一定比例计提并拨交给工会的经费。

3. 职工教育经费，是指企业为职工学习先进技术和提高文化水平而支付的费用，一般是按职工工资总额的一定比例计提。

4. 劳动保险费，是指企业支付离退休职工的离退休金（包括按规定交纳的离退休统筹金）、价格补贴、医药费（包括企业支付离退休人员参加医疗保险的费用）、职工退职金、6 个月以上病假人员工资、职工死亡丧葬补助费、抚恤费、按规定支付给离退休人员的各项经费。

5. 董事会费，是指企业最高权力机构（董事会）及其成员为执行职能而发生的各项费用，包括董事会成员津贴、会议费、差旅费等。

6. 咨询费，是指企业向有关咨询机构进行科学技术、经营管理咨询所支付的费用，包括聘请经济技术顾问、法律顾问等支付的费用。

7. 聘请中介机构费，是指企业聘请注册会计师进行查账验资以及进行资产评估等发生的各项费用。

8. 诉讼费，是指企业因起诉或应诉而发生的各项费用。

9. 业务招待费，是指企业为业务经营的合理需要而支付的费用，在规定限额内据实列入管理费用：全年销售净额在 1 500 万元（不含 1 500 万元）以下的，不超过全年销售净额 5‰；超过 1 500 万元（含 1 500 万元）但不足 5 000 万元的，不超过该部分的 3‰；超过 5 000 万元（含 5 000 万元）但不足 1 亿元的，不超过该部分的 2‰；超过 1 亿元（含 1 亿元）的，不超过该部分的 1‰。

10. 税金，是指企业按规定缴纳的房产税、车船使用税、土地使用税和印花税。

11. 排污费，是指企业按照规定交纳的排污费用。

12. 绿化费，是指企业对厂区、矿区进行绿化而发生的零星绿化费用。

13. 矿产资源补偿费，是指从事矿产资源开发利用的企业按照规定缴纳的费用。

14. 研究开发费，是指企业为研究开发新产品、新技术、新工艺所发生的新产品设计费、工艺规程制定费、设备调试费、原材料和半成品试验费、技术图书资料费、未纳入国家计划的中间试验费、研究人员的工资、研究设备的折旧费、与新产品试制和技术研究有关的其他经费、委托其他单位进行科研试制的费用以及试制失败损失等。

15. 无形资产摊销，是指专利权、商标权、著作权、土地使用权、非专利技术等无形资产的摊销。

16. 计提的资产减值准备，包括企业期末对应收账款计提的坏账准备，期末按存货的可变现净值低于成本的差额计提的存货跌价准备等。

企业可以根据各项费用比重的大小和管理要求，对上列费用项目进行合并或进一步细分，例如将其中税金项目细分为房产税、车船使用税、土地使用税和印花税；也可以另行规定费用项目。但是为了使各期费用资料可比，费用项目一经确定，不应任意变更。

管理费用的归集和结转，是通过“管理费用”账户和所属明细账进行的。管理费用明细账应按费用项目设立专栏或专户，或者按管理部门分设专户，其中再按费用项目设立专栏，用来反映各项费用或各部门、各项费用的支出情况。该账户的借方用来归集企业的全部管理费用，应根据付款凭证、转账凭证和前述各种费用分配表，借记“管理费用”账户，贷记“库存现金”、“银行存款”、“应付职工薪酬”、“累计折旧”、“应交税费”等账户。

企业在发生管理费用冲减业务时，一方面应记入“管理费用”总账账户贷方，另一方面应记入管理费用明细账贷方。但在多栏式明细账中，由于只按费用项目分设借方专栏，因而在实际登记时应在借方专栏用红字登记，不仅可以节省账页篇幅（不必为贷方再分设专栏），还便于计算这一项目的净额。因此，在这种情况下，总账与所属明细账之间，只能进行余额的核对，不能进行发生额的核对。

管理费用按费用项目设立专栏的格式及内容如表 8－2 所示。

表 8－2

管理费用明细账

××企业

月	日	摘要	职工薪酬	物料消耗	折旧费	修理费	办公费	水电费	差旅费	保险费	税金	业务招待费	工会经费	其他	合计	转出	余额
8		本月计划	17 100	3 900	7 000	6 500	7 900	3 100	4 000	8 600	5 200	3 800	5 000	4 600	76 700		
8		付款凭证				310	7 850	3 190	4 140		5 370	3 870	5 160	4 130	34 020		
8	31	材料费用分配表		4 120										200	4 320		
8	31	工资费用分配表	14 900												14 900		
8	31	福利费用分配表	2 086												2 086		
8	31	付款凭证								8 764					8 764		
8	31	付款凭证				6 430									6 430		
8	31	折旧费用分配表			6 870										6 870		77 390
8	31	转出														77 390	0
8	31	本月实际合计	16 986	4 120	6 870	6 740	7 850	3 190	4 140	8 764	5 370	3 870	5 160	4 330	77 390	77 390	0
8	31	本月费用差异	－114	+220	－130	+240	－50	+90	+140	+164	+170	+70	+160	－270	+690		
8	31	本月末实际累计	135 100	31 900	54 900	51 800	62 120	24 910	32 720	69 833	41 880	30 910	39 790	34 570	610 433		

二、管理费用的结转

管理费用是随着时间推移而发生的与当期企业管理直接相关，而与产品产量、产品制造过程无直接关系，即容易确定其发生期间而难以判断其所应归属的产品，因而不能列入产品成本，而是作为期间费用直接从当期损益中扣除。月末应根据管理费用明细账所归集的管理费用，编制转账凭证，直接转入本月损益：借记“本年利润”账户，贷记“管理费用”账户。月末结转后，“管理费用”总账与其所属明细账应无余额。

第三节 财务费用

一、财务费用的归集

财务费用是指企业为筹集生产经营所需资金等而发生的费用，财务费用的内容一般包括：

1. 利息支出，是指企业短期借款利息、长期借款利息、应付票据利息、票据贴现利息、应付债券利息、长期应付引进国外设备款利息等利息支出（除资本化利息外）减去银行存款等的利息收入的净额。

2. 汇兑损失，是指企业因向银行结售或购入外汇而产生的银行买入、卖出价与记账所采用的汇率之间的差额，以及月度（季度、年度）终了，各种外币账户的期末余额按照期末规定汇率折合的记账人民币金额与原账面人民币金额之间的差额。

3. 手续费，是指发行债券所需支付的手续费（需资本化的手续费除外）、开出汇票的银行手续费、调剂外汇手续费等，但不包括发行股票所支付的手续费。

4. 其他财务费用。

财务费用的归集和结转，是通过“财务费用”账户和所属明细账进行的。财务费用的明细账应按费用项目设立专栏或专户，用来反映各项财务费用的支出情况。该账户借方归集企业发生的财务费用，应根据有关付款凭证和前述有关费用分配表等，借记“财务费用”账户，贷记“银行存款”等账户；在发生利息收入和汇兑收益时，应根据有关的收款凭证等，借记“银行存款”等账户，贷记“财务费用”账户。这些抵减财务费用的金额，既应记入“财务费用”总账账户的贷方，又应记入其明细账的贷方；但在多栏式费用明细账中，由于只按费用项目分设借方专栏，因而在实际登记时应在财务费用多栏式明细账借方“利息费用”和“汇兑损失”专栏中用红字登记，以示冲减。

财务费用按费用项目设立专栏的格式及内容如表 8-3 所示。

表 8－3

财务费用明细账

××企业

月	日	摘要	利息费用	汇兑损失	手续费	其他	合计	转出	余额
		本月计划	2 700	400	3 100	200	6 400		
8		付款凭证			3 250		3 250		
8		转账凭证	1 310			1 310			
8		收款凭证	1 870				1 870		
8		收款凭证		970			970		
8		付款凭证	2 930				2 930		4 650
8	31	转出						4 650	0
8	31	本月实际合计	1 060	340	3 250		4 650	4 650	0
8	31	本月费用差异	－1 640	－60	＋150	－200	－1 750		
8	31	本月末实际累计	23 100	2 800	23 400	1 510	50 810		

二、财务费用的结转

月末财务费用也应作为期间费用，直接计入当月损益。根据“财务费用”账户归集的费用，编制转账凭证，借记“本年利润”账户，贷记“财务费用”账户。月末结转后，财务费用与其所属明细账应无余额。

☆★本章关键概念

销售费用　管理费用　财务费用

☆★复习思考题

1. 销售费用、管理费用和财务费用的主要费用项目有哪些？
2. 销售费用、管理费用和财务费用如何进行归集和结转？

第九章　成本计算的基本方法

【引言】

产品成本的计算方法，必须根据企业的生产特点和成本管理的具体要求来确定。正确理解企业生产特点、成本管理要求与成本计算方法之间的关系，对于合理确定成本计算方法，正确计算产品成本具有十分重要的意义。按照所选成本计算对象的不同，成本计算的基本方法可分为品种法、分批法和分步法。本章主要介绍这三种基本的成本计算方法。

第一节　成本计算方法概述

一、工业企业的生产类型及其特点

工业企业的生产类型及不同生产类型的特点，对企业选择成本计算方法有着重要的影响。通常，可按照生产工艺流程的特点和生产组织的特点对工业企业的生产类型进行划分。

(一)按工艺流程的特点划分

工业企业的生产按工艺流程特点划分，可以分为简单生产和复杂生产两种类型。

1. 简单生产

简单生产是指生产工艺流程不能间断，不能分散在不同工作地点进行的生产。属于简单生产的企业，其产品的生产周期一般比较短，通常没有自制半成品或其他中间产品。而且由于工艺流程的特点决定了产品只能由一个部门或企业独立完成，而不能由几个部门或企业协作进行生产。因此，这种类型的生产，一般也称为单步骤生产。发电、采掘等企业，就是简单生产的典型企业。

2. 复杂生产

复杂生产是指生产工艺流程可由能间断的若干生产步骤所组成的生产，也称为多步骤生产。属于复杂生产的企业，其产品的生产周期一般较长，通常会有半成品或中间产品。而且由于工艺流程的特点决定了其产品既可以在一个企业或部门内独立进行，也可以由几个企业或车间在不同的工作地点协作进行生产。

复杂生产按其产品加工方式的不同，又可以分为连续式复杂生产和装配式复杂生产两类。

(1)连续式复杂生产，是指从原材料投入生产以后，需经过许多相互联系的加工步骤才能最后生产出产成品，前一个加工步骤生产出来的半成品，是后一个加工步骤的加工对象，直到最后加工步骤才能生产出产成品。属于这种连续式复杂生产的典型企业有钢铁、纺织企业等。

(2)装配式复杂生产，是指在前面各个步骤分别投入原材料进行平行加工，制造成产成品所需的各种零件和部件，最后，再由装配步骤将各生产步骤的零部件组装成为产成品。属于这种装配式复杂生产的典型企业有机床、汽车企业等。

(二)按生产组织的特点划分

工业企业的生产按生产组织的特点划分，可分为大量生产、成批生产和单件生产等三种类型。

1. 大量生产

大量生产是指不断地重复生产一种或几种产品的生产。这种类型生产的主要特点是企业生产的产品品种较少而且比较稳定，各种产品的产量较大，一般是采用专业设备重复进行生产，生产专业化水平较高。例如，纺织、采掘、冶金等企业，就是大量生产的典型企业。

2. 成批生产

成批生产是指按照预先确定的产品批别和数量，轮番进行若干种产品的生产。成批生产按照批量的大小，又可进一步划分为大批生产和小批生产。大批生产类似于大量生产，小批生产类似于单件生产。服装加工、机床制造等企业，就是成批生产的典型企业。

3. 单件生产

单件生产是根据各订货单位的要求，生产某种特定规格、型号、性能的产品。这种类型生产的主要特点是品种多，每一订单产品数量少，一般不重复生产或不定期重复生产，通常采用通用设备进行，加工专业化程度不高。例如，造船、重型机械等企业，就是单件生产的典型企业。

一般来说，简单或连续式复杂生产在生产类型上通常都是大量或大批生产，而装配式复杂生产则可能是大量或大批生产，也可能是单件或小批生产。

二、生产类型的特点及成本管理的要求对成本计算方法的影响

(一)生产类型的特点对产品成本计算方法的影响

生产类型的特点对产品成本计算方法的影响，主要表现在三个方面：影响成本计算对象的确定、成本计算期的确定、生产费用在完工产品和在产品之间的分配问题。这三个方面的有机结合，决定了某一特定成本计算方法的主要特点。

1. 成本计算对象

成本计算对象是指企业为了计算产品成本而确定的归集和分配生产费用的各个对象，即成本的承担者。企业在进行成本计算时，首先应确定成本计算对象，按照确定的成本计算对象设置“基本生产成本明细账”(或称“产品成本计算单”)，据以归集和分配每一成本计算对象所发生的生产费用。

成本计算对象应根据生产的特点来合理确定。在大量大批简单生产的企业中，产品种类

稳定，一般产量较大，生产过程不能间断，所以它是以产品品种作为成本计算对象的，即计算每一种产品的成本。在大量大批复杂生产的企业中，由于其生产过程是可以间断的，因而，不仅可以计算出每种产品的成本，而且还可以计算出每种每个步骤产品的成本。所以，它的成本计算对象就是每种产品和它所经过的各个生产步骤；在单件小批生产的企业里，它一般是按客户的订单或批别来组织生产的，在进行成本计算时，要求计算每一订单产品或每批产品的成本。上面我们所说的按每种产品、产品生产经过的生产步骤、每一订单或每批产品，就是归集生产费用计算产品成本的承担者，也就是成本计算对象。与上述每一成本计算对象相对应，采用的产品成本计算方法分别是品种法、分步法、分批法。

2. 成本计算期

成本计算期是指每次计算产品成本的时间周期。计算产品成本的期间并不完全与产品的生产周期或会计报告期一致。有时，产品成本计算期与会计报告期相一致，有时并不一致，而与产品的生产周期一致。影响成本计算期的主要因素是生产类型的特点。在大量大批生产的企业中，由于产品的生产周期较短，在每月内一般都有大量的完工产品，而且随时会产出完工产品，因此不能在产品完工的当时，就计算它的成本，而是定期地在每月月末进行计算。这时，产品的成本计算期与会计报告期一致，而与产品的生产周期不一致。在单件小批生产的企业中，当每一订单产品或每批产品未完工前，全部是在产品，只有产品全部完工的月份，才能计算完工产品的成本，故其成本计算期是不固定的，与产品的生产周期一致，但与会计报告期不一致。需要指出的是成本计算期与会计报告期并不完全一致，尽管在单件小批生产的企业里要在产品完工时才计算完工产品的成本，但企业与成本计算有关的经济业务，如费用的归集与分配都应按月进行，并按月结账，据以考核企业内部各生产部门产品成本的发生情况。同时，也可以积累核算资料，待产品完工时，便于及时进行成本计算。

3. 在产品的成本计算

企业生产产品过程中发生的全部生产费用，经过本月各类费用的归集和分配后，最终都汇集在“基本生产成本明细账”或者各种“产品成本计算单”当中。此时所要分配的费用，是成本明细账内或计算单内记录的月初在产品成本加上本月发生费用之和，需要将其在完工产品和在产品之间进行分配。若该种产品月末在产品数量很少或没有在产品，则归集在成本明细账中的所有生产费用，就是完工产品的总成本，用总成本除以产量，就得到单位产品成本。如果该种产品月末在产品数量很多，成本也较大，这时归集在成本明细账中的所有生产费用需采用一定的方法在完工产品和在产品之间进行分配。

（二）成本管理要求对产品成本计算方法的影响

企业究竟采用哪种方法来计算产品的成本，除了受生产类型的特点影响之外，还受企业成本管理的具体要求所制约。企业必须根据其成本管理的特定要求，来选择适合于本企业的成本计算方法。例如，在大量大批复杂生产的企业里，一般以每种产品及其所经历的加工步骤作为成本计算对象，采用分步法来计算产品成本。但是，如果企业的规模较小，成本管理上不要求计算产品的各个加工步骤的成本，只要求计算各种产品成本的，也可以采用品种法来简化核算。因此，企业选择成本计算方法，除了要考虑生产类型的特点外，还有考虑成本管理的要求。

三、产品成本计算方法的选择

结合工业企业的生产类型及特点，按照其成本管理对成本计算对象、成本计算期以及是否需要计算在产品成本等三个方面的问题加以确定后，就可以对产品的成本计算方法做出选择。

（一）大量大批简单生产的企业

在简单生产的企业里，由于其生产工艺流程的不可间断，没有必要或不可能分生产步骤来计算产品成本，只能按每种产品的品种作为成本计算对象，计算每种产品的成本。简单生产的企业，从其生产组织的特点来看，一般大多属于大量生产，不需作批别的划分，经常有大量的完工产品出现，因此，不需要在完工产品出现时就计算它的成本，而是以会计报告期作为成本计算期，定期在月末结算产品成本。可见，简单生产的企业，其产品的生产周期与成本计算期不一定完全一致。简单生产的企业月末一般没有在产品或者在产品数量很少，占用的在产品成本较小也较为稳定，一般不需要将生产费用在完工产品和在产品之间进行分配，本月发生的费用就是完工产品的成本，这种以产品的品种作为成本计算对象的成本计算方法，称为"品种法"。

品种法应用于一些简单生产企业时，由于不需要计算月末在产品成本，使得产品成本计算的方法非常简单，所以又可以简称为"简单品种法"。但是，这并不意味着采用品种法的企业一律都不计算在产品成本，这个问题需要根据企业成本管理的需要以及月末在产品的数量多少来确定。当企业生产的产品，月末在产品数量较多而且变化较大时，就需要将生产费用在完工产品和在产品之间进行分配，在这些类型的企业采用的品种法，又可以称为"典型品种法"。

（二）大量大批复杂生产的企业

在大量大批复杂生产的企业，由于其生产工艺流程是由若干可以间断的、分散在不同地点进行的生产步骤所组成，因此，按照成本管理的要求不仅需要计算出最终产成品的成本，还要计算产品所经历的各个加工步骤的成本。在大量大批多步骤生产的企业里，经常有大量的完工产品和在产品，完工产品和在产品占用的成本份额都很大，这样就不能等到产品全部完工时再来计算其产品成本，只能定期地在月末计算当期完工产品和月末在产品的成本。这类企业的成本计算期与会计报告期相一致，却与产品的生产周期不一致。一般在会计期末，企业采用适当的成本计算方法，将生产费用在完工产品和在产品之间进行合理的分配。这种以产品品种和其所经历的生产步骤作为成本计算对象的成本计算方法，称为"分步法"。

（三）单件小批复杂生产的企业

在单件小批复杂生产的企业里，产品生产是按照订单或者批别来组织，这一特点就要求企业以产品的批别作为成本计算对象，计算每一份订单或每一批产品的成本。在单件小批复杂生产的企业里，一批（或单件）产品往往是同时投产又同时完工，在该批产品完工时，即可以计算它的完工产品成本；若产品未完工，则归集的费用全部为在产品成本。这类产品的成本计算期是不定期的，与产品的生产周期一致，而与会计报告期不一定一致，所以，这类企业一般不需要将生产费用在完工产品和在产品之间进行分配。这种以产品的批别作为成本计算对象的成本计算方法，称为"分批法"。

四、成本计算方法的实际应用

在实际工作中，成本计算方法的选择是个复杂的系统性工作，需视具体情况作出合理选择。

(一)一种产品采用多种成本计算方法

有些情况下，同一种产品的生产过程复杂，而各个生产步骤产品生产工艺以及各种半成品成本结转的方式不同，其生产类型与管理要求也不同，即使在同一种产品生产过程中，也有可能同时采用几种不同的成本计算方法来计算这种产品成本。如先采用品种法计算零件成本，再采用分步法计算最终产成品成本。

(二)不同产品采用不同成本计算方法

由于企业内生产的产品种类繁多，生产车间设置也很复杂，而对每种产品提出的成本管理要求也不尽相同，此时可能会需要在计算不同产品成本时同时使用几种不同成本计算方法的情况。例如，在重型机械工厂，各种部件一般采用分批法计算产品成本，但如果有传统的主流产品已经定型，属于大量投入产出的成熟品种，也可以采用品种法或分步法计算产品成本。

(三)不同车间采用不同成本计算方法

企业生产的各种产品特点不同、所安排的生产工艺和生产步骤不同、所设置的生产部门不同时，也可以在一个车间同时结合使用几种成本计算方法。例如在小型机械厂，一般应采用分批法计算产品的成本，但由于企业设置有不同的生产车间，如铸造、加工、装配等，各采用了不同的成本计算方法。铸造车间采用品种法计算铸铁配件的成本，加工车间、装配车间使用分批法计算成本，而铸造车间将铸铁配件转入加工和装配车间时，会采用分步法进行核算。由此可见，这个企业结合使用了品种法、分批法和分步法等三种成本计算方法。

(四)基本生产与辅助生产的成本计算方法的选择

大中型工业企业一般都设有基本生产车间和辅助生产车间，基本生产车间和辅助生产车间生产类型的特点和管理的要求是不一样的，应采用不同的成本计算方法进行计算。例如，在钢铁企业里，基本生产车间是炼铁、铸钢和轧钢，属于大量大批复杂生产，根据其生产组织的特点和管理的要求，可采用分步法计算产品成本。但企业内部的供电、修理、供气、供热等辅助生产车间，则属于大量大批简单生产类型的生产，根据其生产组织特点及其成本费用管理的特殊要求，应采用品种法计算成本。

企业究竟应采用什么方法计算产品成本，应根据企业生产类型的特点和成本管理的要求来确定，应灵活掌握，不能生搬硬套。在确定成本计算方法时，应注意成本计算方法与成本计划方法的口径一致；应注意与同行业其他企业的成本计算方法相一致，保持相对稳定，以便正确计算产品的总成本和单位成本，形成可比一贯的成本信息，方便企业进行有效的成本分析和成本考核，实现成本降低效益提高的经营目标。

第二节　品种法

一、品种法概述

（一）品种法的涵义

产品成本计算的品种法，是指企业以产品的品种作为成本计算对象，归集生产费用，按月计算产品成本的一种方法。采用这种方法，既不要求按照产品批别计算成本，也不要求按照产品生产步骤计算成本，只要求按照产品品种计算成本。

任何工业企业都应根据产品本身的生产类型、成本管理要求来确定恰当的成本计算对象，从而确定所采用的成本计算方法。但是无论是什么类型的工业企业，无论是什么类型的产品生产，也无论企业怎样设置成本管理要求，最终都必须按照产品的品种来计算和披露产品成本信息。因此，按照产品品种计算成本，是成本计算的最一般、最起码的要求。也因此，品种法是最基本的成本计算方法，也是其他成本计算方法的基础。

（二）品种法的特点

1. 以产品品种作为成本计算对象。

品种法的成本计算对象是每种产品，在进行成本计算时，需要为每一种产品设置一张基本生产成本明细账（或产品成本计算单）。

如果企业只生产一种产品，成本计算对象就是该种产品，仅需为该种产品设置一张基本生产成本明细账，账中分别按成本项目设置专栏，生产过程中所发生的生产费用都是直接费用，可以直接根据有关凭证和费用分配表，区分成本项目全部列入该种产品的成本明细账中。如果企业生产多种产品，成本计算对象则是每种产品，需要为每种产品分别设置基本生产成本明细账，生产过程中发生的生产费用，要区分为直接费用和间接费用。凡是能够确定由某种产品负担的直接费用，应直接列入该种产品的基本生产成本明细账中。而由几种产品共同消耗但又不能简单划分各种产品负担多少份额的间接费用，应采用适当的分配方法，在各种产品之间分配计入各种产品的产品成本，也可以先归集汇总于制造费用之中，在经过制造费用的分配列入各产品基本生产成本明细账中的相关成本项目之中。

2. 按月定期计算产品成本。

采用品种法计算产品成本的生产企业，从其生产过程看，有的是单步骤生产，有的是多步骤生产，但从生产组织方式看，大多是大量大批生产，且生产工艺体现为连续不断的重复生产一种或几种产品，存在着大量的完工产品，不能等到产品全部制造完工时再计算产品成本，因此，只能定期在月末计算产品成本。

3. 分情况进行月末在产品的计算。

月末计算在产品成本时，如果没有在产品，或者在产品数量很少，占用的生产费用份额不大，按照重要性原则，就不需要计算在产品成本，各产品基本生产成本明细账中所归集的全部生产费用即为该种产品的完工产品总成本，总成本除以完工产品数量，即可求出该种完工产品的单位成本。如果月末在产品数量较多，占用的生产费用份额较大，就需要将该产品基本生产成本明细账上所归集的生产费用，采用适当的分配方法在完工产品和月末在产品之间进行分配，以便计算出完工产品成本和月末在产品成本。

不计算在产品成本的品种法被称为“简单品种法”，而需要计算月末在产品成本的品种法叫做“典型品种法”。大量大批单步骤生产类型企业，由于产品品种单一，通常没有或很少有在产品存在，不需要计算在产品成本，所发生的生产费用可以直接记入完工产品成本，成本计算程序相对来说比较简单，采用的就是简单品种法。一些企业内部设置的辅助生产车间的成本计算，如供水、供电、供暖等单步骤大量生产的劳务成本的计算也可以采用简单品种法。不要求按照生产步骤计算成本的某些小型多步骤生产企业，其成本计算要复杂一些，由于存在一定数量的完工产品和月末在产品，成本管理要求按照不同产品品种设置产品生产成本明细账，还需计算每种产品的完工产品和月末在产品成本，采用的就是典型品种法。

(三)品种法的成本计算程序

成本计算程序是指对产品生产过程中所发生的各项费用，按照财务会计制度的规定，进行审核、归集和分配，计算完工产品成本和月末在产品成本的过程。采用典型品种法计算产品成本时，其成本计算的一般程序如下：

1.按照产品品种设置基本生产成本明细账(或产品成本计算单)，账内按照确定的成本项目开设专栏或专行。

基本生产成本明细账是归集成本计算对象所发生的生产费用，计算其产品成本的基础明细账，账中依据成本项目设置专栏或专行，归集各项该种产品在生产过程中所发生的各项费用。成本项目一般包括“直接材料”、“直接人工”、“制造费用”等，企业也可以按照自身的实际情况合并或增设一些成本项目。

2.登记各种产品基本生产成本明细账中的月初在产品成本，月初在产品成本数额来自于上月末尚未制造完成的在产品成本数额。

3.将本月发生的各项费用在各种产品之间分配。

首先，根据有关审核过的原始凭证和明细账资料，编制各种费用分配表或汇总表，据以登记“基本生产成本明细账”、“辅助生产成本明细账”、“制造费用明细账”等账簿。对于生产中发生的为产品生产而直接耗用的直接费用，可以根据原始凭证和各项费用分配表等有关资料直接计入按成本计算对象开设的“基本生产成本明细账”的相关成本项目之中；对于为几种产品共同耗用的主要间接费用，应按一定标准在各种产品之间合理分配后，再分别计入有关“基本生产成本明细账”的相关成本项目中；发生的其他间接费用，应先按其发生地点进行归集，例如车间一般耗用的间接费用可以计入该车间的“制造费用明细账”中。

接着，汇集“辅助生产成本明细账”中的全部费用，按照各种产品和各个单位所消耗的辅助生产劳务的数量，编制“辅助生产费用分配表”，分配辅助生产费用，并将分配数额登记到受益产品的“基本生产成本明细账”和受益单位的费用明细账中。

最后，将基本生产车间“制造费用明细账”归集的费用进行汇总，采用一定的方法，在生产的各种产品之间进行分配，编制“制造费用分配表”，据以登记“基本生产成本明细账”。

4. 月末，分别汇总各种产品成本明细账中归集的费用，采用适当方法将费用在本月完工产品与月末在产品之间进行分配，计算并结转完工产品成本。

如果月初和月末均没有在产品，则本月发生的全部生产费用即为本月完工产品成本，即简单品种法；如果月末有在产品且数量较大，则应该将“基本生产成本明细账”中归集的生产费用，按照一定的方法在完工产品和月末在产品之间分配，即典型品种法。计算得出完工产品成本和月末在产品成本之后，从各种产品成本明细账结转完工产品成本。

（四）品种法的适用范围

1. 品种法适用于大量大批单步骤生产的企业或车间，例如发电、采掘、供水等生产。在这种类型的生产中，不可能或者不需要对产品的生产过程进行再划分以计算中间产品成本，也没有必要对投产的大量大批同种产品再划分批别以计算其批别产品成本。

2. 品种法适用于管理上不要求分步骤计算产品成本的大量大批多步骤生产的企业或车间，例如小型水泥厂、小型造纸厂、砖瓦厂、糖果厂、饼干厂等。在这类企业中，虽然生产过程可以间断，但其生产规模较小或者车间为封闭式的（即从原材料投入到产品产出的全过程，都可在一个车间完成），或者生产是按流水线组织的，各步骤的半成品没有独立的经济意义，因而在管理上不要求按照生产步骤计算产品成本。

二、简单品种法举例

[例9-1]某企业有一发电厂A厂，主要生产程序是以煤作为燃料，对锅炉里的水进行加热，使之变成高温高压蒸汽，推动汽轮机快速运转，借以带动发电机发电。该厂设有燃料车间、锅炉车间、气轮机车间和电机车间等基本生产车间，另设有机修辅助生产车间和企业管理部门。该企业设置“基本生产成本明细账”，并分别设立燃料及动力、原材料、直接人工、制造费用、修理费用和其他费用等成本项目进行成本核算。

此类发电厂没有在产品，不需要计算在产品的成本，因此可以采用简单品种法进行成本核算，以得出电力的成本，且生产过程中所发生的费用都可直接计入本期的产品成本中。按成本项目归集的生产费用总额，即为当月电力的总成本，除以当月发电总量，即为单位成本。

A发电厂201×年2月成本计算过程如下：

1. 为A厂设立基本生产成本明细账。

2. 根据本月发生的有关经济业务的原始凭证，编制各种费用分配表，分配各项要素费用。

（1）根据本月车间领用的燃料编制“燃料耗用汇总表”如表9-1所示。并编制相应的会计分录：

表 9－1

燃料耗用汇总表

201×年 2 月

单位:元

燃料名称	单价(元/吨)	数量	实际成本
煤屑	200	2 000	400 000
煤块	400	1 000	400 000
合　计			800 000

借:基本生产成本——燃料及动力　　800 000
　贷:燃料　　800 000

(2)该厂生产过程中，冷水用于生产高温高压蒸汽和管道冷却，本月应付自来水公司水费 50 000 元，编制分录如下：

借:基本生产成本——原材料　　50 000
　贷:应付账款　　50 000

(3)根据领料凭证，本月辅助生产领用原材料 30 000 元，零星发生修理费用 8 500 元，已用支票支付相关费用，归集和分配辅助生产费用，编制分录如下：

借:辅助生产成本——机修　　38 500
　贷:原材料　　30 000
　　银行存款　　8 500

借:基本生产成本——修理费用　　38 500
　贷:辅助生产成本——机修　　38 500

(4)根据各车间、部门的工资结算汇总表，本月支付职工薪酬共 91 200 元，编制分录如下：

借:基本生产成本——直接人工　　91 200
　贷:应付职工薪酬　　91 200

(5)根据车间、部门使用的固定资产折旧汇总表，计提固定资产折旧 75 000 元，编制分录如下：

借:基本生产成本——制造费用　　75 000
　贷:累计折旧　　75 000

(6)本月摊销的机器设备大修理费用 30 000 元，编制分录如下：

借:基本生产成本——修理费　　30 000
　贷:长期待摊费用　　30 000

(7)月末根据付款凭证汇总计算，本月发生办公费 1 500 元，差旅费 2 000 元，运输费 23 000 元，其他零星支出 4 300 元，合计 30 800 元。假定都以支票付讫，编制分录如下：

借:基本生产成本——其他费用　　30 800
　贷:银行存款　　30 800

3. 根据上述费用分配表和相关凭证，登记“基本生产成本明细账”。本月电力产量为 10 000 千度。

基本生产成本明细账见表 9－2 所示。

表 9－2

基本生产成本明细账

201×年 2 月

单位:元

凭证号	摘要	燃料动力	原材料	直接人工	制造费用	修理费	其他费用	合计
1	耗用燃料	800 000						
2	耗用水费		50 000					
3	机修服务					38 500		
4	职工薪酬			91 200				
5	固定资产折旧				75 000			
6	长期待摊费用					30 000		
7	支付办公费等						30 800	
合　计		800 000	50 000	91 200	75 000	68 500	30 800	1 115 500

4. 根据基本生产成本明细账，核算本月的产品总成本及单位成本。据记录本月生产电力 10 000 千度，成本计算单如表 9－3 所示。

表 9－3

A 厂产品成本计算单

产量:10 000 千度

201×年 2 月

单位:元

成本项目	燃料动力	原材料	直接人工	制造费用	修理费	其他费用	合计
总成本	800 000	50 000	91 200	75 000	68 500	30 800	1 115 500
单位成本	80	5	9.12	7.5	6.85	3.08	111.55

三、典型品种法举例

[例 9－2]B 企业是单步骤大量生产的企业，采用品种法计算产品成本。该企业设置一个基本生产车间，生产甲、乙两种产品，另设有一个机修车间为基本生产车间和行政管理部门提供机修劳务。该企业实行一级成本核算制度，采用约当产量法计算在产品成本，原材料在开工时一次投放。该企业机修车间单独设置制造费用明细账，以加强成本项目的控制和管理。该企业 3 月份各种产品实际产量和工时记录如表 9－4 所示。

表 9－4

产品实际产量和工时记录表

201×年 3 月

单位:元

产品名称	完工产品产量(件)	月末在产品产量(件)	实用工时	在产品完工率
甲产品	600	200	3 600	50%
乙产品	450	100	1 400	50%
合计			5 000	

该企业 3 月份产品成本计算过程如下:

1. 为甲、乙两种产品设立基本生产成本明细账，并根据 2 月末在产品成本数登记甲、乙产品基本生产成本明细中的月初在产品成本数。

2. 根据各项费用支出的原始凭证及其他有关资料，编制各种费用分配表或汇总表，分配各项要素费用。

(1) 根据本月领料凭证及其他资料，按用途编制材料费用分配表，如表 9－5 所示。

表 9－5

材料费用分配表(1)

201×年 3 月

单位:元

应借账户		原材料			低值易耗品			合计
		计划成本	差异(1%)	实际成本	计划成本	差异(－1%)	实际成本	
基本生产成本	甲产品	18 000	180	18 180				
	乙产品	9 900	99	9 999				
	小计	27 900	279	28 179				
辅助生产成本	机修车间	2 000	20	2 020				
制造费用	基本生产	800	8	808	400	－4	396	
	机修车间	600	6	606	200	－2	198	
	小计	1 400	14	1 414	600	－6	594	
管理费用		1 000	10	1 010				
合　计		32 300	323	32 623	600	－6	594	

根据材料费用分配表编制会计分录如下:

借:基本生产成本——甲产品　　18 180

　　　　　　　　——乙产品　　9 999

　辅助生产成本——机修车间　　2 202

　制造费用——基本生产车间　　808

　　　　　——机修车间　　606

　管理费用　　1 010

　贷:原材料　　32 300

　　材料成本差异——原材料成本差异　　323

借:制造费用——基本生产车间　　396

　　　　　——机修车间　　198

贷：低值易耗品　　600

材料成本差异——低值易耗品成本差异　　6

（2）根据电表记录本月份各部门实际耗电量及应付电费（单位电费0.5元）资料，编制外购动力费用分配表，如表9－6所示。

应付外购动力费用在生产车间、部门之间按实际耗用千瓦时数分配（0.5元/千瓦时）；在各种产品之间按实际耗用生产工时分配（0.7元/工时）。

表9－6

外购动力费用分配表（2）

201×年3月

单位：元

应借账户		电力耗用量（千瓦时）	实用工时	分配率	金额
基本生产成本	甲产品		3 600		2 520
	乙产品		1 400		980
	小计	7 000	5 000	0.7	3 500
辅助生产成本	机修车间	3 000		0.5	1 500
制造费用	基本生产	800		0.5	400
	机修车间	1 200		0.5	600
	小计	2 000			1 000
管理费用		2 200			1 100
合　计		14 200			7 100

根据外购动力费用分配表编制会计分录如下：

借：基本生产成本——甲产品　　2 520

——乙产品　　980

辅助生产成本——机修车间　　1 500

制造费用——基本生产车间　　400

——机修车间　　600

管理费用　　1 100

贷：应付账款　　7 100

（3）根据固定资产使用部门及有关资料，编制折旧费用分配表，如表9－7所示。

表9－7

折旧费用分配表（3）

201×年3月

单位：元

应借账户		金　额
制造费用	基本生产车间	1 656
	机修车间	876
管理费用		1 060
合　计		3 592

根据折旧费用分配表编制会计分录如下：

借:制造费用——基本生产车间　　1 656
　　　　　——机修车间　　876
　管理费用　　1 060
　贷:累计折旧　　　　3 592

(4)根据本月工资结算汇总表，编制直接人工分配表，如表9-8所示。

表9-8　　直接人工分配表(4)

201×年3月　　单位:元

应借账户 \ 应贷账户		应付职工薪酬				合计
		实用工时	分配率	金额	计提福利费(14%)	
基本生产成本	甲产品	3 600		7 560	1 058.4	8 618.4
	乙产品	1 400		2 940	411.6	3 351.6
	小计	5 000	2.1	10 500	1 470	11 970
辅助生产成本	机修车间			2 000	280	2 280
制造费用	基本生产			3 000	420	3 420
	机修车间			1 000	140	1 140
	小计			4 000	560	4 560
管理费用				5 000	700	5 700
合　计				21 500	3 010	24 510

根据直接人工分配表，编制会计分录如下:

借:基本生产成本——甲产品　　8 618.4
　　　　　　　——乙产品　　3 351.6
　辅助生产成本——机修车间　　2 280
　制造费用——基本生产车间　　3 420
　　　　　——机修车间　　1 140
　管理费用　　5 700
　贷:应付职工薪酬　　　　24 510

(5)根据有关资料编制长期待摊费用分配表，如表9-9所示。

表9-9　　长期待摊费用分配表(5)

201×年3月　　单位:元

应借账户		固定资产改良支出摊销额
制造费用	基本生产	640
	机修车间	740
	小计	1 380
管理费用		500
合　计		1 880

根据长期待摊费用分配表，编制会计分录如下:

借:制造费用——基本生产车间　　　　640

　　　　　——机修车间　　　　740

　管理费用　　　　500

　贷:长期待摊费用　　　　1 880

(6)根据付款凭证汇总的本月份银行存款支付情况(假定本月货币性支出均已用银行存款支付),编制其他费用汇总表如表 9－10 所示。

表 9－10

其他费用汇总(6)

201×年 3 月

单位:元

应借账户		办公费	差旅费	劳保用品费	其他	合　计
制造费用	基本生产	120	100	80	32	332
	机修车间	120	300	130	70	620
	小计	240	400	210	102	952
管理费用		500	1 000		400	1 900
合　计		740	1 400	210	502	2 852

根据其他费用汇总表编制会计分录如下:

借:制造费用——基本生产车间　　　　332

　　　　　——机修车间　　　　620

　管理费用　　　　1 900

　贷:银行存款　　　　2 852

3. 根据各要素费用分配表或汇总表资料归集并分配辅助生产费用。由于机修车间单独核算制造费用,所以分为以下几步骤进行核算。

(1)根据要素费用分配表或汇总表,登记机修车间制造费用明细账,并结转制造费用。机修车间制造费用明细账如表 9－11 所示。

表 9－11

制造费用明细账

车间:机修车间

201×年 3 月

单位:元

摘要	其他人工	折旧费	机物料	办公费	修理费	水电费	差旅费	低值易耗品摊销	其他	合计	转出	余额
根据分配表(1)			606						198		804	
根据分配表(2)						600				600		
根据分配表(3)		876								876		
根据分配表(4)		1 140									1 140	
根据分配表(5)					200				540	740		
根据分配表(6)				120			300		200	620		

续表

待分配费用小计	1 140	876	606	120	200	600	300	198	740	4 780		4 780
分配转出											4 780	
本月合计	1 000	140	876	606	120	200	600	300	198	4 780	4 780	0

根据本月机修车间制造费用明细账记录，结转该车间的制造费用，编制会计分录如下：

借：辅助生产成本——机修车间　　　　4 780

　贷：制造费用——机修车间　　　　4 780

（2）根据有关资料，登记辅助生产成本明细账（机修车间），如表 9－12 所示。

表 9－12　　辅助生产成本明细账

车间：机修车间　　201×年 3 月　　单位：元

摘要	直接材料	动力费用	直接人工	其他直接支出	制造费用	转出	余额
根据分配表（1）	2 020						
根据分配表（2）		1 500					
根据分配表（4）			2 000	280			
分配制造费用					4 780		
转　出						10 580	
合　计	2 020	1 500	2 000	280	4 780	10 580	0

（3）根据本月辅助生产成本（机修车间）明细账记录和本月机修车间所提供的劳务量，编制机修费用分配表，如表 9－13 所示。本月机修车间共提供修理劳务 2 000 工时，其中为基本生产车间提供 1 200 工时，为行政管理部门提供 800 工时。

表 9－13　　辅助生产费用明细账（7）

车间：机修车间　　201×年 3 月　　单位：元

收益单位	修理工时	分配率	分配金额
基本生产车间	1 200		6 348
行政管理部门	800		4 232
合　计	2 000	5.29	10 580

根据机修费用分配表编制会计分录如下：

借：制造费用——基本生产车间　　　　6 348

　管理费用　　　　4 232

　贷：辅助生产成本——机修车间　　　　10 580

4. 归集并分配结转基本生产车间制造费用。

（1）根据各项费用分配表或汇总表，登记基本生产车间制造费用明细账，如表 9－14 所示。

表 9－14

制造费用明细账

车间：基本生产车间

201×年 3 月

单位：元

摘要	其他人工	折旧费	机物料	办公费	修理费	水电费	差旅费	低值易耗品摊销	其他	合计	转出	余额
根据分配表(1)			808					396		1204		
根据分配表(2)						400				400		
根据分配表(3)		1 656								1 656		
根据分配表(4)	3 420									3 420		
根据分配表(5)					400				240	640		
根据分配表(6)				120			100		112	332		
根据分配表(7)					6 348					6 348		
待分配费用小计	3 420	1 656	808	120	6 748	400	100	396	352	14 000		
分配转出											14 000	
本月合计	3 420	1 656	808	120	6 748	400	100	396	352	14 000	14 000	0

(2)根据本月基本生产车间制造费用明细账记录及工时记录，编制基本生产车间制造费用分配表如表 9－15 所示。

表 9－15

制造费用分配表(8)

车间：基本生产车间

201×年 3 月

单位：元

产品名称	使用工时	分配率	分配金额
甲产品	3 600		10 080
乙产品	1 400		3 920
合　计	5 000	2.8	14 000

根据制造费用分配表，编制会计分录如下：

借：基本生产成本——甲产品　　10 080

　　　　　　　　——乙产品　　3 920

　贷：制造费用——基本生产车间　　14 000

5. 根据各项费用分配表登记基本生产成本明细账，计算并结转完工产品成本，如表 9－16、9－17 所示。

表 9－16

基本生产成本明细账

完工产量：600 件

产品名称：甲产品

201×年 3 月

单位：元

成本项目	直接材料	动力费用	直接人工	其他直接支出	制造费用	合计
月初在产品成本	5 260	700	1 820	210	2 660	10 650
本月发生费用	18 180	2 520	7 560	1 058.4	10 080	39 398.4

续表

费用合计		23 440	3 220	9 380	1 268.4	12 740	50 048.4
完工产品	总成本	17 580	2 760	8 040	1 087.2	10 920	40 387.2
	单位成本	29.3	4.6	13.4	1.812	18.2	67.312
月末在产品成本		5 860	460	1 340	181.2	1 820	9 661.2

表 9－17　　基本生产成本明细账　　完工产量:450 件

产品名称:乙产品　　201×年 3 月　　单位:元

成本项目		直接材料	动力费用	直接人工	其他直接支出	制造费用	合计
月初在产品成本		1 650	250	740	103.6	990	3 733.6
本月发生费用		9 999	980	2 940	411.6	3 920	18 250.6
费用合计		11 649	1 230	3 680	515.2	4 910	21 984.2
完工产品	总成本	9 531	1 107	3 312	463.68	4 419	18 832.68
	单位成本	21.18	2.46	7.36	1.0304	9.82	41.85
月末在产品成本		2 118	123	368	51.52	491	3 151.52

月末可直接根据基本生产成本明细账及完工产品入库单，编制会计分录结转完工产品成本。在产品品种较多时应先编制产成品成本汇总表，然后据以编制会计分录结转完工产品成本。根据上列计算结果编制会计分录如下：

借:库存商品——甲产品　　40 387.20
　　　　　——乙产品　　18 832.68
　贷:基本生产成本——甲产品　　40 387.20
　　　　　　　　——乙产品　　18 832.68

第三节　分批法

一、分批法概述

(一)分批法的涵义

产品成本计算的分批法，是指企业以产品的批别或订单作为成本计算对象，归集生产费用，计算产品成本的一种方法。在单件小批生产的企业里，生产往往是按照客户的订单来组织完成的，由于各个订单对产品的品种、规格、数量、质量、交货日期均有不同的要求，且客户订单确定的产品所用的原材料及制造方法一般也不相同，为了保质保量的按期交货，企业必须根据订单要求，分批组织生产，并按产品“批别”核算产品成本，且产品批别往往与产品订单一致，所以分批法也称为订单法。

根据客户订单组织生产的企业，虽然产品的生产品种、批量和完工时间在订单中已有明确约定，但企业也要考虑自身生产负荷的能力及订单的具体情况来组织生产，所以，批量与批次需要合理规划和分配。如果一张订单中要求生产多种产品，为了考核和分析各种产品成本计划的执行情况，便于加强生产管理，企业应将这一订单按照产品品种加以划分，设置多个批别的成本计算对象，分多批进行生产和成本核算。如果一张订单中要求生产一种产品，但数量较多，超过企业生产负荷能力，不便于集中一次投产或投料，或者企业难以满足客户分批交货的要求，就可以将一张订单划分为多个批别，分别组织生产及成本核算。如果同一时期内，接到的几张订单要求生产同一种产品，为了经济合理地组织生产，也可以将几张订单合为一批进行生产。对于大型复杂产品的生产，例如巨轮的制造，由于其价值大、生产周期长，也可以按其零部件构成分批来组织生产，核算产品成本。由此可见，分批法是依据内部订单（或“生产任务通知单”）来组织生产的，由于在不同批别之间可能存在着生产同一种产品的情况，其领用的材料和加工的工艺相同，因此在领料、产品结转、工时登记过程中，尤其应防止“串批”现象发生，以确保各批产品成本计算的准确性。

分批法可以分为典型分批法和简化分批法。典型分批法是指使用分批法进行成本核算时，归集的间接费用要按月在各批产品之间进行分配，即无论当月各批产品或订单是否完工，都要进行当月间接费用的分配和结转，也叫做“当月分配的分批法”。但是，当企业投产批次繁多，且月末多数批次未完工时，按月计算和结转未完工批次产品的间接费用意义不大，而且工作繁琐耗时耗力，在这种情况下，企业就应当考虑简化核算，采用简化分批法。简化分批法是指使用分批法进行成本核算时，归集的间接费用只在完工月份对当月各批次的完工产品进行分配，不对当月未完工的在产品分配费用的分批法。简化分批法下，由于产品未完工的月份不需要进行间接费用的分配，因此全部各批产品消耗的间接费用会在相关会计账簿中进行累计，待到完工月份，再一次性计算间接费用的累计分配率，按照这一费率向完工批次分配间接费用，因此这一方法也被称为“累计分配的分批法”。

（二）分批法的特点

1. 以产品的批别（或订单）作为成本计算对象。

企业产品批别的划分和组织是由生产计划部门负责的，生产计划部门依据用户订单签发一式多份的“生产任务通知单”，供应部门据以准备原材料，生产部门据以安排分批生产，财会部门据以设置基本生产成本明细账。对于不能按批别划分的间接费用，则应按费用发生的地点先加以归集，月末再在各受益对象之间进行分配。

2. 成本计算期不同于会计报告期，而与产品的生产周期一致。

采用分批法计算产品成本的企业，各批产品的基本生产成本明细账虽然仍按月归集费用，但只有该批次或订单产品全部完工时，才能计算其实际成本。当某一批次产品完工后，各基本生产车间应及时进行产品的清理盘点，盘点出来的该批次的在产品及剩余材料应办理退库手续并相应冲减该批次产品成本。如果某批次产品尚未完工，则不计算其成本。因此，分批法的产品成本计算是不定期的，成本计算期与某批次或订单产品的生产周期一致。

3. 除特殊情况外，通常不存在完工产品与月末在产品之间分配生产费用问题。

分批法一般不存在生产费用在完工产品与在产品之间分配的问题。由于分批法的成本计算期与产品的生产周期一致，企业按批别或订单归集产品费用，所以生产周期结束时，某批完工产品基本生产成本明细账上归集的生产费用，即为完工产品的成本，应全部转出。而在该批次产品尚未完工的情况下，所归集的生产费用全部为在产品的成本，保留在该批产品的基本生产成本明细账中。因此，在通常情况下，生产费用不需要在完工产品和在产品之间进行分配。

但是，也有特殊情况。如果产品批量较大，出现产品跨月陆续完工和分次交货的情况，则应当采取适当的分配方法计算完工产品与月末在产品成本。如果是大批大量投产，批内陆续完工数量不多，可以采用按计划成本、定额成本或近期同种产品实际成本计算完工产品成本的方法，从基本生产成本明细账中转出批内完工产品成本，剩余生产费用即为在产品成本；待该批产品全部完工时，再合并计算期实际总成本和单位成本，对前期陆续完工并已作转账处理的完工产品成本不需要再作账面调整。如果是大批投产，批内跨月完工数量较多，则应当采用适当的分配方法，如约当产量法、定额比例法等，在完工产品与月末在产品之间进行生产费用的分配。

(三)分批法的成本计算程序

采用分批法计算批别或订单的产品成本时，其成本计算的一般程序为：

1. 按照批别或订单开设“基本生产成本明细账”(产品成本计算单)，账内按照确定的成本项目设置专栏或专行。

2. 登记各批产品基本生产成本明细账中的月初在产品成本，月初在产品成本数额来自于上月末尚未制造完成的在产品成本数额。

3. 将本月发生的各项费用在各批产品之间分配。

根据各项要素费用发生的原始凭证等资料，编制各项费用分配表，各批产品发生的直接计入费用分别按成本项目直接计入各产品基本生产成本明细账内，发生的间接计入费用采用恰当的方法在各批产品之间进行分配，计入有关各批产品的成本明细账的对应成本项目内。

将汇集的辅助生产车间发生的费用总额，按受益产品或单位所消耗的劳务数量，在各批别或订单产品、基本生产车间的制造费用以及其他受益对象之间进行分配。对于辅助生产车间生产的产品，应计算完工产品成本，从“辅助生产成本明细账”中转出。

将基本生产车间发生的制造费用在“制造费用明细账”中汇总，根据投产的批别或订单的完成情况，选择“当月分配法”或“累计分配法”进行分配在各批产品之间进行分配。

4. 月末，分别汇总各批产品成本明细账中归集的费用，采用适当方法将费用在本月完工产品与月末在产品之间进行分配，计算并结转完工产品成本。

如果一批产品同月完工，该批产品成本明细账中归集的费用，就是该批完工产品成本。

当一批产品批量较大，又存在跨月陆续完工或分次交货情况时，应在批内计算完工产品成本和月末在产品成本。在计划成本或定额成本制定比较准确的企业里，可根据计划成本或定额成本计算完工产品成本。如果没有准确的计划或定额资料，可根据近期同种产品的实际成本，在综合分析各项成本影响因素之后，使用约当产量法或定额比例法等方法以确定完工产品成本。

(四)分批法的适用范围

分批法适用于成本管理上不要求分步骤计算成本的单件小批多步骤生产的企业，或管理上要求分批计算成本的单件小批单步骤生产的企业。有些企业主要根据客户的需求，生产特殊规格、规定数量的产品，例如飞机、船舶、大型锅炉、重型机器等；有些企业的生产必须根据市场的需要，不断改变所生产产品的品种、性能、数量，一般不能按产品设置固定的流水线进行大量大批的生产。例如小五金、小塑料制品、高档时装等；另外分批法还适用于承揽修理业务的企业或车间，以及新产品试制、来料加工和工具模具制造等产品成本的核算。以上这些企业或车间生产的共同特点通常是不重复生产，即使重复也是不定期的。

二、典型分批法举例

典型分批法的特点是在分配间接费用(主要是制造费用)时，不论各批次或各订单产品是否完工，都要按当月实际发生的制造费用，计算费用分配率分配各批次产品应负担的制造费用，即制造费用按月分配。

［例9－3］C企业为机械生产企业，根据订货单位的要求组织生产，采用分批法计算产品成本。该企业设有机修车间提供辅助劳务，机修车间不单独设立“制造费用”账户。成本核算程序如下：

1. 各批产品生产记录：

201×年10月份，有关生产记录资料为表9－18所示。

表9－18

产品生产记录

201×年10月

批号	产品名称	批量	投产日期	完工日期	月末在产品数量
1001	甲产品	30台	10月2日	本月未完工	30
1002	乙产品	10台	9月10日	本月完工	0
1003	丙产品	20台	10月3日投产	本月完工5台	15
1004	丁产品	50台	8月12日	本月完工30台	20

其中，丙产品完工数量少，完工产品成本暂时按定额单位成本计价，丁产品完工产品成本要求采用实际成本计算。丁产品原材料是生产开始时一次投入的，材料费用按生产数量比例分配，其他费用使用约当产量法分配。丁产品完工情况如表9－19所示。

表9－19

丁产品月末在产品约当产量计算表

201×年10月

工序	完工率(%)	盘存数量(台)	约当产量(台)
1	20%	5	1
2	40%	5	2
3	70%	10	7
合计		20	10

2. 各批产品成本资料：

各批产品月初在产品成本如表9－20所示。

表 9-20　　各批产品月初在产品成本

201×年 10 月　　单位:元

批号	产品名称	原材料	燃料及动力	直接人工	制造费用	合计
1001	甲产品					
1002	乙产品	6 000	500	2 800	2 000	11 300
1003	丙产品					
1004	丁产品	80 000	3 600	79 007 200	98 700	

根据本月发生的生产费用，编制了要素费用分配表(分录略)，如表 9-21 所示。

表 9-21　　要素费用分配表

201×年 10 月

应借账户		原材料			外购动力	工资	折旧费	其他支出	合计
		原料	辅助材料	小计					
基本生产成本	甲产品	15 000		15 000	1 200	6 400			22 600
	乙产品	3 500	1 500	5 000	800	3 600			9 400
	丙产品	14 000	3 000	17 000	1 400	4 000			22 400
	丁产品				2 400	10 500			12 900
小计		32 500	4 500	37 000	5 800	24 500			67 300
辅助生产成本			450	450	1 100	2 900	1 500	260	6 210
制造费用			680	680	600	2 800	6 000	2 170	12 250
合计		32 500	5 630	38 130	7 500	30 200	7 500	2 430	85 760

3. 根据要素费用明细账，登记辅助生产费用明细账，辅助生产成本共 6210 元，按提供机修劳务的工时进行分配，其中为生产车间提供修理 1250 工时，为管理部门提供修理 100 工时。编制辅助生产费用分配表如表 9-22 所示。

表 9-22　　辅助生产费用分配表

201×年 10 月　　单位:元

应借账户	修理工时	分配率	分配金额
制造费用	1 250	5 750	
管理费用	100		460
合计	1 350	4.6	6 210

借:制造费用　　5 750

　　管理费用　　460

　　贷:辅助生产成本——机修　　6 210

4. 登记制造费用明细账如表 9-23 所示，根据制造费用明细账汇总数据及工时记录表 9-24，以生产工时比例法分配制造费用，编制制造费用分配表如表 9-25 所示。

表 9－23

制造费用明细账

201×年 10 月

单位：元

项目	修理费用	辅助材料	外购动力	工资	折旧	其他支出	合计
本月费用	5 750	680	600	2 800	6 000	2 170	18 000
结转本月费用	5 750	680	600	2 800	6 000	2 170	18 000

表 9－24

工时记录

201×年 10 月

批号	产品名称	耗用工时
1001	甲产品	1 000
1002	乙产品	700
1003	丙产品	800
1004	丁产品	2 000
合计		4 500

表 9－25

制造费用分配表

201×年 10 月

单位：元

应借账户		生产工时	分配率	分配金额
基本生产成本	甲产品	1 000		4 000
	乙产品	700		2 800
	丙产品	800		3 200
	丁产品	2 000		8 000
合计		4 500	4.00	18 000

借：基本生产成本——1001　　4 000

——1002　　2 800

——1003　　3 200

——1004　　8 000

贷：制造费用　　18 000

5. 根据月初在产品成本、要素费用分配表和辅助生产费用分配表、制造费用分配表，登记基本生产成本明细账，并计算完工产品与在产品成本。具体如表 9－26、9－27、9－28、9－29 所示。

表 9－26

基本生产成本明细账

批量：30 台

产品批号：1001

201×年 10 月

单位：元

成本项目	直接材料	动力费用	直接人工	制造费用	合计
本月发生费用	15 000	1 200	6 400	4 000	26 600
月末在产品成本	15 000	1 200	6 400	4 000	26 600

表 9－27　　基本生产成本明细账　　批量:10 台

产品批号:1002　　201×年 10 月　　单位:元

成本项目		直接材料	动力费用	直接人工	制造费用	合计
月初在产品成本		6 000	500	2 800	2 000	11 300
本月发生费用		5 000	800	3 600	2 800	12 200
费用合计		11 000	1 300	6 400	4 800	23 500
完工产品(10 台)	总成本	11 000	1 300	6 400	4 800	23 500
	单位成本	1 100	130	640	480	2 350

表 9－28　　基本生产成本明细账　　批量:20 台

产品批号:1003　　201×年 10 月　　单位:元

成本项目		直接材料	动力费用	直接人工	制造费用	合计
本月发生费用		17 000	1 400	4 000	3 200	25 600
完工产品(5 台)	单位定额成本	1 100	150	500	400	2 150
	总成本	5 500	750	2 500	2 000	10 750
月末在产品成本		11 500	650	1 500	1 200	14 850

表 9－29　　基本生产成本明细账　　批量:50 台

产品批号:1004　　201×年 10 月　　单位:元

成本项目		直接材料	动力费用	直接人工	制造费用	合计
月初在产品成本		80 000	3 600	7 900	7 200	98 700
本月发生费用		2 400	10 500	8 000	20 900	
费用合计		80 000	6 000	18 400	15 200	119 600
完工产品(30 台)	总成本	48 000	4 500	13 800	11 400	77 700
	单位成本	1 600	150	460	380	2 590
月末在产品成本		32 000	1 500	4 600	3 800	41 900

借:库存商品——乙产品　　23 500

　　　　　　——丙产品　　10 750

　　　　　　——丁产品　　77 700

　贷:基本生产成本——1002　　23 500

　　　　　　　　——1003　　10 750

　　　　　　　　——1004　　77 700

三、简化分批法举例

简化分批法的特点是分配间接费用时，只对当月完工的批次或订单按累计分配率进行分配，按其累计工时计算应负担的间接费用，在各批产品基本生产成本明细账中要按月登记发生的工时，以便计算各月的累计分配率。也就是说，在各批产品完工之前，各批产品基本生产成本明细账只需按月登记直接材料、直接人工等直接费用和生产工时，而不必按月分配制造费用等间接费用；只有在出现完工产品的月份，才需进行间接费用的分配和登记。

累计分配率的计算公式如下：

$$\text{全部产品累计工资或其他费用分配率}=\frac{\text{全部产品累计工资或其他费用}}{\text{全部产品累计生产工时}}$$

$$\text{某批完工产品应负担的工资或其他费用}=\text{该批完工产品累计生产工时}\times\text{全部产品累计工资或其他费用分配率}$$

累计分配法适用于单件小批生产，且在同一月份内投产的产品批数较多而完工产品的批数较少的企业或车间，可简化核算单位的工作量。但是当各月费用水平悬殊很大的情况下，采用这种方法会影响各月产品成本的正确性。

[例9－4]D企业小批量生产多种产品，产品批数较多。该企业采用累计分配分批法计算成本，对人工费用和制造费用都计算累计费用分配率进行分配。该企业7月份生产5批产品，其具体情况及核算过程如下：

1. 生产情况，如表9－30所示。

表9－30

产品生产记录

201×年7月

批号	产品名称	批量	投产日期	完工日期
20131	甲产品	20件	6月5日	7月26日
20132	乙产品	10件	6月10日	7月31日完工6件
20133	甲产品	18件	6月26日	尚未完工
20134	丙产品	16件	7月8日	尚未完工
20135	丁产品	8件	7月12日	尚未完工

2. 成本及生产工时资料

该企业7月份的月初在产品成本和本月发生的生产费用及实际工时已经根据有关资料（各种费用分配表或汇总表等）归集在基本生产成本二级账和各批产品基本生产成本明细账中。如表9－31所示。

表9－31

基本生产成本二级账（全部各批产品）

201×年7月

单位：元

月	日	摘要	直接材料	生产工时	人工费用	制造费用	成本合计
6	30	月末在产品	57 900	19 000	42 750	36 000	155 650
7	31	本月发生	24 450	32 300	34 200	25 560	116 510
7	31	累计	82 350	51 300	76 950	61 560	272 160
7	31	累计分配率			1.5	1.2	
7	31	本月完工转出	43 800	26 120	39 180	31 344	140 444
7	31	月末在产品	38 550	25 180	37 770	30 216	131 716

3. 计算产品成本

该企业7月份生产的5批产品中，20131批甲产品已全部完工，20132批乙产品部分完工。根据基本生产成本二级账资料，计算累计分配率，将直接人工和其他费用分配给完工产品。编制各批产品基本生产成本明细账如9－32至9－36所示。

表9－32

基本生产成本明细账

产品批号:20131　　**投产日期:6月5日**　　**完工日期:7月26日**

产品名称:甲产品　　**批量:20件**　　**201×年7月**　　**单位:元**

月	日	摘要	直接材料	生产工时	人工费用	制造费用	成本合计
6	30	月末在产品	24 600	8 500			
7	31	本月发生	5 400	8 800			
7	31	累计数及累计分配率	30 000	17 300	1.5	1.2	
7	31	本月完工转出	30 000	17 300	25 950	20 760	76 710
7	31	完工产品单位成本	1 500	1 297.5	1 038	3 835.5	

表9－33

基本生产成本明细账

产品批号:20132　　**投产日期:6月5日**　　**完工日期:7月26日**

产品名称:乙产品　　**批量:10件**　　**201×年7月**　　**单位:元**

月	日	摘要	直接材料	生产工时	人工费用	制造费用	成本合计
6	30	月末在产品	23 000	6 700			
7	31	本月发生		8 000			
7	31	累计及累计分配率	23 000	14 700	1.5	1.2	
7	31	完工单位成本	2 300		2 205	1 764	6 269
7	31	本月完工(6件)转出	13 800	8 820	13 230	10 584	37 614
7	31	月末在产品	9 200	5 880			

表9－34

基本生产成本明细账

产品批号:20133　　**投产日期:6月26日**　　**完工日期:**

产品名称:甲产品　　**批量:18件**　　**201×年7月**　　**单位:元**

月	日	摘要	直接材料	生产工时	人工费用	制造费用	成本合计
6	30	月末在产品	10 300	3 800			
7	31	本月发生	4 860	5 500			

表9－35

基本生产成本明细账

产品批号:20134　　**投产日期:7月8日**　　**完工日期:**

产品名称:丙产品　　**批量:16件**　　**201×年7月**　　**单位:元**

月	日	摘要	直接材料	生产工时	人工费用	制造费用	成本合计
7	31	本月发生	8 610	6 400			

表 9-36

基本生产成本明细账

产品批号:20135　　投产日期:7月12日　　完工日期:

产品名称:丁产品　　批量:8件　　201×年7月　　单位:元

月	日	摘要	直接材料	生产工时	人工费用	制造费用	成本合计
7	31	本月发生	5 580	3 600			

第四节 分步法

一、分步法概述

(一)分步法的涵义及适用范围

产品成本计算的分步法，是指企业以产品的生产步骤和产品品种作为成本计算对象，归集生产费用，按月计算产品成本的一种方法。

它适用于大量大批多步骤生产，并且管理上要求分步骤计算产品成本的企业。例如纺织、冶金、机械制造、汽车、造纸等企业。这些企业从原材料投入到产成品产出，要经过若干生产步骤，除最后生产步骤生产的完工产品之外，其余各生产步骤生产的都是加工程度不一的半成品。这些半成品不仅由本企业进一步加工，而且可对外销售；或者该类半成品虽不直接对外销售，但其生产关系国计民生、在国民经济中占重要地位，信息使用者非常关注其成本信息并要求对其成本进行定期考核，例如纺织企业的棉纱、钢铁企业的生铁、钢锭等。总之，这些企业的半成品往往都是有独立的经济意义，需要采用分步法计算各生产步骤的半成品成本和完工产品的成本。

(二)分步法的特点

1. 以各种产品及其所经过各个步骤作为成本计算对象。

分步法以各种产品及其所经过各个步骤作为成本计算对象，基本生产成本明细账(或产品成本计算单)应按照产品品种并区分生产步骤设立。

需要说明的是，运用分步法计算产品成本时，其成本计算的分步与实际的生产步骤并不一定完全一致。为了简化计算工作，企业并不完全按照产品实际的生产步骤分别设置基本生产成本明细账，而应依据管理上是否有必要分步计算其成本而灵活确定。也就是说企业只需对管理上有必要分步计算成本的生产步骤单独设立基本生产成本明细账，单独计算成本；管理上不要求单独计算成本的生产步骤，则可与其他生产步骤合并设立基本生产成本明细账，合并计算成本，例如，棉纺厂的清花、梳棉、并条等纺前准备步骤，为了简化成本计算工作，可将其并入纺纱步骤一起计算成本。另外，在按生产步骤设立车间的企业中，通常分步计算成本也就是分车间计算成本。但是，如果企业生产规模较小，管理上不要求分车间计算成本，也可以把几个车间合并为一个步骤，相反，如果企业生产规模较大，车间内还可以分成几个生产步骤，管理上又要求分步计算成本，也可以按车间内的生产步骤作为成本计算步骤分步计算成本。可见，分步计算成本和分车间计算成本，也并非完全一致。

2. 以会计报告期作为成本计算期。

分步法下产品的成本计算期与会计报告期一致，与产品生产周期不一致，一般以日历月份作为成本计算期，定期进行成本计算。

3. 分步骤计算各步骤完工产品与在产品的成本。

(1) 生产费用需要按各生产步骤分别产品品种进行归集。

(2) 由于大量大批多步骤生产产品往往产品跨月陆续完工，因此，采用分步法计算产品成本时，归集于各步骤各产品基本生产成本明细账中的生产费用，大多需要采用适当的分配方法在完工产品与月末在产品之间进行分配，计算各步骤各该产品的完工产品和在产品成本，并采用一定方法在各步骤之间结转半成品成本，或将各步骤的生产费用汇集于产成品成本之中，从而计算每种产品的产成品成本。

(三) 分步法的种类

计算产品成本的分步法，其主要特点集中表现在分步骤计算和结转各种产品成本，但是分步骤计算成本并不等同于分步计算各步骤半成品的成本。因而按照是否计算各步骤半成品成本，可将分步法分为逐步结转分步法和平行结转分步法。

二、逐步结转分步法

(一) 逐步结转分步法的涵义

逐步结转分步法是指按照产品生产步骤的先后顺序，逐步计算各步骤各产品的半成品成本，并伴随半成品实物的转移而结转计入到下一步骤各该产品成本之中，直至最后步骤累积计算出完工产品成本的方法。这种方法亦称顺序结转分步法，或称计列半成品成本分步法。

(二) 逐步结转分步法的特点

1. 按步骤和产品品种开设基本生产成本明细账，分别成本项目计算各步骤半成品的成本和最后步骤完工产成品的成本。

2. 各步骤都计算半成品成本，半成品成本的结转与半成品实物的转移一致，即半成品实物转移到哪一生产步骤，半成品成本也随着结转入哪一生产步骤的基本生产成本明细账中。

3. 各步骤半成品的成本中，既包括上一步骤转入的半成品成本，也包括本步骤所发生的加工费用。

4. 各步骤基本生产成本明细账中的在产品成本是“狭义”在产品的成本，反映了实存于各步骤的月末在产品实际占用的资金。

5. 完工产成品的成本是按生产步骤的排列顺序依次计算、结转而来，产成品的成本计算依赖于以前各步骤的加工过程及费用分配结果。

(三) 逐步结转分步法的适用范围

采用逐步结转分步法能随时为企业提供各个步骤的半成品成本资料。所以，逐步结转分步法适用于大量大批多步骤生产、且在成本管理上要求提供半成品成本资料的企业，尤其是各步骤所生产的半成品可以作为商品直接对外销售的企业。例如纺织、钢铁等企业。

（四）逐步结转分步法的成本计算程序

逐步结转分步法实际上是品种法的连续应用，其成本计算的基本程序如下：

1. 按照各种产品的各个步骤开设“基本生产成本明细账”，账内按照确定的成本项目设置专栏或专行。

逐步结转分步法下生产费用的归集是按产品品种和生产步骤进行的，各步骤的“基本生产成本明细账”内按规定的成本项目设置专栏或专行；对于除第一步骤之外的其他各生产步骤，还应登记本步骤所领用消耗的上一步骤生产的半成品的成本，这一项可以记入“直接材料”成本项目，也可以记入单独设立的“半成品”成本项目。

各步骤生产的半成品完工后，如果不直接转入下一步骤继续加工生产，可以转入自制半成品库储备管理；下一步骤进行领用加工时，再从自制半成品库领出，同时转出其半成品成本进入下一步骤的“基本生产成本明细账”。自制半成品仓库应分别按照生产步骤的特点设置相应的“自制半成品明细账”（下一步骤直接领用上一步骤完工的自制半成品的可以不设置此明细账），用以核算自制半成品收发结存及其成本管理情况。

2. 根据上月各种各步骤产品基本生产成本明细账的月末余额，登记各基本生产明细账的月初数额。

3. 将本月发生的各种费用，在各种各步骤产品之间进行分配，并登记各种各步骤产品生产成本明细账。

根据有关原始凭证及有关费用明细账资料，在各种各步骤产品之间进行分配，并编制本月各种费用分配表或汇总表，据以编制记账凭证，分别成本项目将其计入各步骤的基本生产成本明细账中。某一步骤产品发生的直接计入费用，直接计入该步骤产品成本明细账，几个步骤产品发生的间接计入费用，先采用适当的方法在这几步骤产品之间进行分配，再分别计入各步骤产品成本明细账。

4. 月末，按生产步骤的先后顺序依次计算各步骤产品成本，并结转本步骤完工产品成本。也就是从一步骤开始，从将本步骤所耗用的各项生产费用在完工半成品与月末在产品之间，采用适当的方法进行分配，计算出完工半成品的成本并将其结转至二步骤生产成本明细账中，按照这样的做法逐步计算、结转，直至最后步骤，计算结转出完工产成品的成本。

逐步结转分步法的核算程序如图9－1所示。

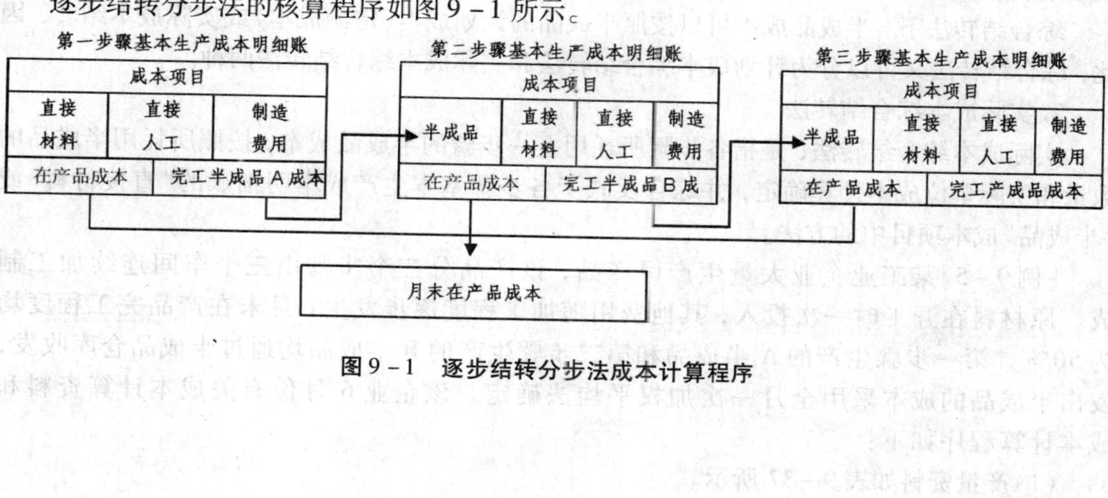

图9－1　逐步结转分步法成本计算程序

（四）逐步结转分步法的分类

逐步结转分步法计算产品成本时，按照半成品成本结转方式的不同，又可以分为综合结转分步法和分项结转分步法。

综合结转分步法与分项结转分步法的特点分别为：

1. 综合结转分步法的特点

（1）各步骤所耗用的上一步骤半成品的成本，综合反映于"直接材料"或专设的"半成品"成本项目中。

（2）除第一步骤之外，其后各步骤完工的半成品成本结构有别于原始成本项目"直接材料"、"直接人工"、"制造费用"的简单形式，包括了本步骤所消耗的上一步骤"半成品"成本部分。

（3）完工产成品的成本结构包括"半成品"（或"直接材料"）、"直接人工"、"制造费用"等内容，有别于原始成本结构，需要进行成本还原，以便分解为原始结构进行可比的成本分析和成本管理。

2. 分项结转分步法的特点

（1）各步骤所耗用的上一步骤半成品的成本，分成本项目结转于本步骤的基本成本明细账中，即结转的半成品成本以"直接材料"、"直接人工"、"制造费用"分项目反映。

（2）所有生产步骤的产品成本结构都是原始的成本结构，不包括本步骤所消耗的上一步骤"半成品"这一综合成本项目。

（3）完工产成品的成本结构为原始成本结构，不需要进行成本还原，可直接开展可比的成本分析和成本管理。

（五）综合结转分步法

1. 综合结转分步法的涵义

综合结转分步法，简称综合结转法，是指前一步骤所产半成品，在被后一步骤领用时，按照半成品的总成本进行结转的逐步结转分步法。

为了在产品生产成本明细账中专门反映所耗前一步骤的半成品成本，通常将其列示在"直接材料"成本项目或专设的"半成品"成本项目下。

综合结转法下，半成品成本可以按照半成品的计划成本（定额成本）或实际成本结转，因此，综合结转法又可以分为计划成本综合结转法和实际成本综合结转法两种。

2. 实际成本综合结转法

实际成本综合结转法，是指各步骤所耗用上一步骤的半成品成本，按照所耗用半成品的数量和实际单位成本计算确定，并综合反映于各步骤基本生产成本明细账的"直接材料"或"半成品"成本项目中的方法。

[例9－5]某工业企业大量生产甲产品，该产品分三个步骤由三个车间连续加工制成。原材料在开工时一次投入，其他费用随加工程度逐步发生，月末在产品完工程度均为50%。第一步骤生产的A半成品和第二步骤生产的B半成品均通过半成品仓库收发，发出半成品的成本采用全月一次加权平均法确定。该企业6月份有关成本计算资料和成本计算程序如下：

（1）产量资料如表9－37所示。

表 9－37

产量记录

单位：件

项目	月初在产品	本月投入（或领用）	本月完工	月末在产品
第一步骤	75	450	360	165
第二步骤	45	375	300	120
第三步骤	120	280	370	30

（2）月初在产品成本资料，如表 9－38 所示。

表 9－38

月初在产品成本

201×年 6 月

单位：元

项目	直接材料	半成品	直接人工	制造费用	合计
第一步骤	5 250		1 035	2 100	8 385
第二步骤		6 285	645	2 070	9 000
第三步骤		26 330	10 650	5 925	42 905
合　计	5 250	32 615	12 330	10 095	60 290

A 半成品月初结存 90 件，实际成本 13 050 元；B 半成品月初结存 100 件，实际成本 24 800 元。

（3）本月发生生产费用如表 9－39 所示。

表 9－39

本月生产费用

201×年 6 月

单位：元

项目	直接材料	直接人工	制造费用	合计
第一步骤	42 000	8 700	14 715	65 415
第二步骤		16 275	15 930	32 205
第三步骤		32 085	29 110	61 195
合　计	42 000	57 060	59 755	158 815

（4）第一步骤产品成本计算如表 9－40 所示。

表 9－40

基本生产成本明细账

第一步骤：A 半成品

201×年 6 月

单位：元

成本项目		产量（件）	直接材料	直接人工	制造费用	合计
月初在产品成本		75	5 250	1 035	2 100	8 385
本月发生费用		450	42 000	8 700	14 715	65 415
费用合计		525	47 250	9 735	16 815	73 800
完工半成品	总成本	360	32 400	7 920	13 680	54 000
	单位成本		90	22	38	150
月末在产品成本		165	14 850	1 815	3 135	19 800

表 9－40 基本生产成本明细账中，完工半成品和月末在产品之间费用分配计算如下：

直接材料费分配率 $=\dfrac{47\ 250}{360+165}=90$

完工半成品直接材料费 $=360\times90=32\ 400$(元)

月末在产品直接材料费 $=165\times90=14\ 850$(元)

直接人工费分配率 $=\dfrac{9\ 735}{360+165\times50\%}=22$

完工半成品直接人工费 $=360\times22=7\ 920$(元)

月末在产品直接人工费 $=165\times50\%\times22=1\ 815$(元)

制造费用分配率 $=\dfrac{16\ 815}{360+165\times50\%}=38$

完工半成品制造费用 $=360\times38=13\ 680$(元)

月末在产品制造费用 $=165\times50\%\times38=3\ 135$(元)

根据第一步骤完工半成品缴库单，编制下列会计分录:

借:自制半成品——A 半成品　　54 000

　贷:基本生产成本——第一步骤　　54 000

(5)根据第一步骤完工半成品缴库单和第二步骤领用半成品领用单，登记自制半成品明细账如表 9-41 所示。

表 9-41　自制半成品明细账

半成品名称:A　　**单位:元**

摘要	收入			发出			结存		
	数量(件)	单价	金额	数量(件)	单件	金额	数量(件)	单价	金额
月初余额							90	145	13 050
第一步骤交库	360	150	54 000				450		67 050
第二步骤领用				375	149	55 875	75	149	11 175

其中 A 半成品加权平均单位成本 $=\dfrac{13\ 050+54\ 000}{90+360}=149$(元)

第二步骤领用 A 半成品成本 $=375\times149=55\ 875$(元)

根据第二步骤领用单，编制会计分录如下:

借:基本生产成本——第二步骤 55 875

　贷:自制半成品——A 半成品 55 875

(6)第二步骤产品成本计算如表 9-42 所示。

表 9-42　基本生产成本明细账

201×年 6 月

第一步骤:B 半成品　　**单位:元**

成本项目		产量(件)	半成品	直接人工	制造费用	合计
月初在产品成本		45	6 285	645	2 070	9 000
本月发生费用		375	55 875	16 275	15 930	88 080
费用合计		420	62 160	16 920	18 000	97 080
完工半成品	总成本	300	44 400	14 100	15 000	73 500
	单位成本		148	47	50	245
月末在产品成本		120	17 760	2 820	3 000	23 580

表 9-42 中基本生产成本明细账中完工半成品和月末在产品之间费用分配计算如下:

$$半成品成本分配率=\frac{62\ 160}{300+120}=148$$

B 半成品应负担的 A 半成品成本 = 300 × 148 = 444 000(元)

月末在产品应负担的 A 半成品成本 = 120 × 148 = 17 760(元)

$$直接人工分配率=\frac{16\ 920}{300+120\times50\%}=47$$

B 半成品应负担的直接人工费 = 300 × 47 = 14 100(元)

月末在产品应负担的直接人工费 = 120 × 50% × 47 = 2 820(元)

$$制造费用分配率=\frac{18\ 000}{300+120\times50\%}=50$$

B 半成品应负担的制造费用 = 300 × 50 = 15 000(元)

月末在产品应负担的直接人工费 = 120 × 50% × 50 = 3 000(元)

根据第二步骤完工半成品缴库单，编制会计分录如下：

借：自制半成品——B 半成品　　73 500

　贷：基本生产成本——第二步骤　　73 500

(7)根据第二步骤完工半成品缴库单和第三步骤半成品领用单登记自制半成品明细账如表 9 - 43 所示。

表 9 - 43

自制半成品明细账

半成品名称：B

单位：元

摘要	收入			发出			结存		
	数量(件)	单价	金额	数量(件)	单件	金额	数量(件)	单价	金额
							100	248	24 800
第二步骤交库	300	245	73 500				400		98 300
第三步骤领用				280	245.75	688 810	120	245.75	29 490

根据 B 自制半成品领用单，编制会计分录如下：

借：基本生产成本——第三步骤　　68 810

　贷：自制半成品——B 半成品　　68 810

(8)第三步骤产品成本计算如表 9 - 44 所示。

表 9 - 44

基本生产成本明细账

第一步骤：甲产品

201 × 年 6 月

单位：元

成本项目		产量(件)	半成品	直接人工	制造费用	合计
月初在产品成本		120	26 330	10 650	5 925	42 905
本月发生费用		280	68 810	32 085	29 110	130 005
费用合计		400	95 140	42 735	35 035	172 910
完工半成品	总成本	370	88 004.5	41 070	33 670	162 744.5
	单位成本		237.85	111	91	439.85
月末在产品成本		30	7 135.5	1 665	1 365	10 165.5

表9－44中基本生产成本明细账中完工半成品和月末在产品之间费用分配计算如下：

$$半成品成本分配率=\frac{95\ 140}{370+30}=237.85$$

产成品应负担的B半成品成本＝370×237.85＝88 004.5（元）

月末在产品应负担的B半成品成本＝30×237.85＝7 135.5（元）

$$直接人工分配率=\frac{42\ 735}{370+30\times 50\%}=111$$

产成品应负担的直接人工费＝370×111＝41 070（元）

月末在产品应负担的直接人工费＝30×50%×111＝1 665（元）

$$制造费用分配率=\frac{35\ 035}{370+30\times 50\%}=91$$

产半成品应负担的制造费用＝370×91＝33 670（元）

月末在产品应负担的直接人工费＝30×50%×91＝1 365（元）

根据第三步骤完工产品缴库单，编制会计分录如下：

借：库存商品——甲产品　　　　162 744.5

　贷：基本生产成本——第三步骤　　　　162 744.5

2. 计划成本综合结转法

计划成本综合结转法是指每个步骤所生产半成品的日常收发均按计划成本核算；在半成品的实际成本确定后，再计算各种半成品的成本差异额和差异率，并据以将各步骤领用半成品的计划成本调整为实际成本的方法。

按计划成本综合结转半成品成本所使用账表的特点在于：第一，自制半成品明细账不仅要反映半成品收发结存的数量和实际成本，而且要反映半成品收发结存的计划成本、成本差异额和成本差异率。第二，在基本生产成本明细账中，对于所耗半成品，可以按照调整成本差异后的实际成本登记；为了便于分析上一步骤半成品成本差异对本步骤成本的影响，也可以按照所耗半成品的计划成本和成本差异分别登记。在采用后一种方法下，基本生产成本明细账中的"直接材料"或"半成品"成本项目，要分别设"计划成本"、"成本差异"和"实际成本"三个栏次。

［例9－6］仍使用［例9－5］的数据资料，列示采用半成品按计划成本综合结转法的成本计算程序。

（1）第一步骤产品成本（A半成品）的成本计算与上例完全相同，如表9－45所示。

表9－45　　基本生产成本明细账

第一步骤：A半成品　　201×年6月　　**单位：元**

成本项目		产量（件）	直接材料	直接人工	制造费用	合计
月初在产品成本		75	5 250	1 035	2 100	8 385
本月发生费用		450	42 000	8 700	14 715	65 415
费用合计		525	47 250	9 735	16 815	73 800
完工半成品	总成本	360	32 400	7 920	13 680	54 000
	单位成本		90	22	38	150
月末在产品成本		165	14 850	1 815	3 135	19 800

（2）根据第一步骤完工半成品缴库单和第二步骤领用半成品时的出库单，登记自制半成品明细账如表 9－46 所示。

表 9－46

自制半成品明细账

半成品名称：A　　　　计划单位成本：145　　　　单位：元

月份	月初余额			本月增加			累计					本月减少		
	数量（件）	计划成本	实际成本	数量（件）	计划成本	实际成本	数量（件）	计划成本	实际成本	成本差异	差异率	数量（件）	计划成本	实际成本
	（1）	（2）	（3）	（4）	（5）	（6）	（7）＝（1）＋（4）	（8）＝（2）＋（5）	（9）＝（3）＋（6）	（10）＝（9）－（8）	（11）＝（10）÷（8）	（12）	（13）	（14）＝（13）＋（13）×（11）
6	90	13 050	13 050	360	52 200	54 000	450	65 250	67 050	1 800	2.7586%	375	54 375	55 875
7	75	10 875	11 175											

（3）第二步骤产品成本计算如表 9－47 所示。

表 9－47

基本生产成本明细账

第二步骤：B 半成品　　　　201×年 6 月　　　　单位：元

成本项目		产量（件）	半成品			直接人工	制造费用	合计
			计划成本	成本差异	实际成本			
月初在产品成本		45	6 525	－240	6 285	645	2 070	9 000
本月发生费用		375	54 375	1 500	55 875	16 275	15 930	88 080
费用合计		420	60 900	1 260	62 160	16 920	18 000	97 080
完工半成品	总成本	300	43 500	900	44 400	14 100	15 000	73 500
	单位成本		145		148	47	50	245
月末在产品成本		120	17 400	360	17 760	2 820	3 000	23 580

（4）根据第二步骤完工半成品缴库单和第三步骤领用半成品时的出库单，登记自制半成品明细账，如表 9－48 所示。

表 9－48

自制半成品明细账

半成品名称：B　　　　计划单位成本：250　　　　单位：元

月份	月初余额			本月增加			累计					本月减少		
	数量（件）	计划成本	实际成本	数量（件）	计划成本	实际成本	数量（件）	计划成本	实际成本	成本差异	差异率	数量（件）	计划成本	实际成本
	（1）	（2）	（3）	（4）	（5）	（6）	（7）＝（1）＋（4）	（8）＝（2）＋（5）	（9）＝（3）＋（6）	（10）＝（9）－（8）	（11）＝（10）÷（8）	（12）	（13）	（14）＝（13）＋（13）×（11）
6	100	25 000	24 800	300	75 000	73 500	400	100 000	98 300	－1 700	－1.7%	280	70 000	68 810
7	120	30 000	29 490											

(5)第三步骤产品成本计算如表9－49所示。

表9－49　　基本生产成本明细账

第三步骤:甲产品　　201×年6月　　单位:元

成本项目		产量(件)	半成品			直接人工	制造费用	合　计
			计划成本	成本差异	实际成本			
月初在产品成本		120	30 000	－3 670	26 330	10 650	5 925	42 905
本月发生费用		280	70 000	－1 190	68 810	32 085	29 110	130 005
费用合计		400	100 000	－4 860	95 140	42 735	35 035	172 910
完工半成品	总成本	370	92 500	－4 495.5	88 004.5	41 070	33 670	62 744.5
	单位成本		250		237.85	111	91	439.85
月末在产品成本		30	7 500	－364.5	7 135.5	1 665	1 365	10 165.5

计划成本综合结转法和实际成本综合结转法相比，其优点主要表现在:第一，可以简化、加速成本核算工作。按计划成本结转半成品成本，可以简化和加速半成品收发凭证计价和记账工作。在半成品品种种类较多时，可以按类别计算半成品成本差异率，调整各步骤所耗半成品成本差异时，可以省去按品种、规格设立明细账而逐一计算调整半成品成本差异的大量计算工作。如果各月份半成品成本水平出入不大，或月初半成品结存量较大，本月耗用的半成品大部分甚至全部是以前月份生产的，这时，本月所耗半成品成本差异可以根据上月半成品成本差异率调整，这样各步骤可以同时计算成本，从而加速成本计算工作，也减缓了逐步结转分步法中前步骤对后步骤成本计算在时间上的牵制。第二，便于进行成本的考核和分析。按计划成本结转半成品成本，可以在各步骤的基本生产成本明细账中分别反映所耗用半成品的计划成本和成本差异，因而在考核和分析各步骤产品成本时，可以剔除上一步骤半成品成本节约或超支的影响，便于成本考核和分析工作的进行。如果各步骤所耗半成品的成本差异，不是调整计入各步骤产品成本，而是直接调整计入最后的产成品成本，即采用“计划成本逐步综合结转及成本差异平行汇总法”，不仅可以进一步简化和加速各步骤的成本计算工作，而且更加便于成本考核和分析工作的进行。

4. 综合结转法的成本还原

(1)成本还原的原因

采用综合结转法，各步骤所耗前一步骤所产半成品的成本是以“直接材料”或“半成品”成本项目在各个基本生产成本明细账中综合反映的。这样，在最后一个步骤计算出的产成品成本中，必然有一部分成本列示在“直接材料”或“半成品”成本项目下，这部分成本是以前各个步骤为生产产成品而发生的各项费用的总和，且在产成品成本中占相当大的比例，属于重要的成本。为了详细了解这部分成本的来源、构成项目和各项目金额，往往要对其进行成本还原，即根据它的结转过程，追溯它的发生步骤、初始成本项目以及相应的金额。这样就可以得出产成品成本的真实结构，有利于进行成本分析、考核和检查，也提高了同类产品成本信息的可比性，满足了成本管理的要求。

(2)成本还原的涵义

成本还原是指在综合结转分步法下，将产成品所耗用半成品的综合成本，按照各步骤生产各该半成品的成本结构，逐步分解还原为各步骤所耗的直接材料、直接人工、制造费用等原始成本项目，以恢复产成品成本真实结构。其具体方法是从最后一个步骤起，将其所耗用上一步骤半成品的综合成本，按照上一步骤完工半成品成本的结构进行分解还原，逐步自后向前分解还原为原始成本项目的费用。然后再将各步骤相同成本项目的数额加以汇总，即可计算出按原始成本项目反映的产成本成本。

(3)成本还原的方法

成本还原的方法有两种：

①比例法：即各步骤所耗用半成品成本按上一步骤所产半成品成本中各成本项目的比例进行还原，计算公式如下：

$$\text{上一步骤半成品成本中某成本项目比重}=\frac{\text{上一步骤半成品成本中该成本项目的数额}}{\text{上一步骤本月所产该半成品成本}}$$

$$\text{本步骤半成品成本还原为上一步骤某成本项目的数额}=\text{本步骤产品成本中的“半成品”综合成本数额}\times\text{上一步骤半成品成本中改成本项目的比重}$$

[例9－7]使用[例9－5]半成品综合结转法的资料，按照比例法进行成本还原，编制成本还原计算表如表9－50所示。

表9－50　　甲产品成本还原计算表(比例法)　　单位：元

项目		产量(件)	半成品	直接材料	直接人工	制造费用	合计
还原前产成品成本		370	88 004.5		41 070	33 670	162 744.5
本月所生产B半成品成本	金额		44 400		14 100	15 000	73 500
	占%		60.41%		19.18%	20.41%	100%
第一次成本还原(第三步至第二步)			53 163.52(88 004.5×60.41%)		16 879.26(88 004.5×19.18%)	17 961.72(88 004.5×20.41%)	88 004.5
本月所生产A半成品成本	金额			32 400	7 920	13 680	54 000
	占%			60%	14.67%	25.33%	100%
第二次成本还原(第二步至第一步)				31 898.11(53 163.52×60%)	7 799.09(53 163.52×14.67%)	13 466.32(53 163.52×25.33%)	53 163.52
还原后产成品总成本				31 898.11	65 748.35	65 098.04	162 744.5
还原后产成品单位成本				86.21	177.70	175.94	439.85

②系数法：各步骤所耗半成品综合成本按所耗半成品占上一步骤该种完工半成品成本的系数(即还原率)进行成本还原，计算公式如下：

$$\text{某步骤成本还原率}=\frac{\text{本步骤产品成本中“半成品”综合成本数额}}{\text{上一步骤本月所产该半成品成本}}$$

$$\text{本步骤半成品成本还原为上一步骤某成本项目的数额}=\text{上一步骤半成品成本中该成本项目的数额}\times\text{该步骤成本还原率}$$

[例9－8]使用[例9－5]半成品综合结转法的资料，按照比例法进行成本还原，编制成

本还原计算表如表 9－51 所示。

表 9－51　　甲产品成本还原计算表（系数法）　　单位：元

项目	产量（件）	还原率	半成品	直接材料	直接人工	制造费用	合　计
还原前产成品成本	370		88 004.5		41 070	33 670	162 744.5
本月所生产 B 半成品成本			44 400		14 100	15 000	73 500
第一次成本还原（第三步至第二步）		$\frac{88\ 004.5}{73\ 500}=1.19743$	53 161.9		16 882.49	17 960.11	88 004.5
本月所生产 A 半成品成本				32 400	7 920	13 680	54 000
第二次成本还原（第二步至第一步）		$\frac{53\ 161.9}{54\ 000}=0.98448$		31 897.15	7 797.08	13 467.67	53 161.9
还原后产成品总成本				31 897.15	65 749.57	65 097.78	162 744.5
还原后产成品单位成本				86.21	177.70	175.94	439.85

5. 综合结转法的评价

采用综合结转法，可以在各步骤的基本生产成本明细账中反映各该步骤完工产品所耗上步骤半成品费用的水平和本步骤所发生加工费用的水平，有利于加强各步骤的成本管理和占用资金的管理。综合结转法的缺点是：为了从整个企业角度反映产成品成本的构成，必须进行成本还原，从而增加了成本核算的工作量，并增加了信息解读的难度。

所以，这种方法适用于半成品具有独立的经济意义、管理上要求计算每个步骤完工半成品成本的情况下使用。

（六）分项结转分步法

1. 分项结转分步法的涵义

分项结转分步法，简称分项结转法，是指前一步骤所产半成品，在被后一步骤领用时，分别原始成本项目结转半成品成本的逐步结转分步法。

分项结转法下，如果半成品通过半成品仓库收发，在自制半成品明细账中登记半成品成本时，需要按照成本项目分别登记。在分项目结转半成品成本时，可以按照半成品的实际成本结转，也可以按照半成品的计划成本结转。按照半成品的计划成本结转，还需要按照成本项目分项调整成本差异，其核算工作量较大。因而在实际工作中，一般采用按照实际成本分项结转的方法。

2. 分项结转分步法举例

［例 9－9］假定 F 企业大量生产丁产品，该产品分为两个步骤连续加工制成，原材

料在开工时一次投入，第一步骤生产的C半成品交半成品仓库验收，第二步骤按所需数量向半成品仓库领用，半成品成本按全月一次加权平均法计算。该企业丁产品成本采用逐步分项结转法计算，各步骤月末在产品按定额成本计算。丁产品9月份有关成本资料及成本计算过程如下：

（1）丁产品成本费用资料如表9－52所示。

表9－52　　丁产品成本资料　　单位：元

项目		直接材料	直接人工	制造费用	合计
第一步骤	月初在产品定额成本	12 000	6 000	7 500	25 500
	本月费用	48 000	20 250	28 500	96 750
	月末在产品定额成本	7 500	3 750	6 000	17 250
第二步骤	月初在产品定额成本	6 375	3 300	5 550	15 225
	本月费用		22 800	23 850	46 650
	月末在产品定额成本	27 375	18 000	27 000	72 375

（2）根据有关成本费用资料，登记第一步骤基本生产成本明细账，如表9－53所示。

表9－53　　基本生产成本明细账

第一步骤：C半成品　　201×年9月　　单位：元

摘要		产量（件）	直接材料	直接人工	制造费用	合计
月初在产品成本（定额成本）			12 000	6 000	7 500	25 500
本月发生费用			48 000	20 250	28 500	96 750
费用合计			60 000	26 250	36 000	122 250
完工半成品	总成本	500	52 500	22 500	30 000	105 000
	单位成本		105	45	60	210
月末在产品成本（定额成本）			7 500	3 750	6 000	17 250

根据第一步骤半成品缴库凭证编制会计分录如下：

借：自制半成品——C半成品　　105 000

　　贷：基本生产成本——第一步骤　　105 000

（3）根据第一步骤C半成品缴库凭证和第二步骤领用C半成品凭证，登记自制半成品明细账，如表9－54所示。

表 9－54

自制半成品明细账

名称:C 半成品　　201×年 9 月　　单位:元

摘　要	产量(件)	直接材料	直接人工	制造费用	合计
月初余额	200	23 100	10 050	14 100	47 250
第一步骤交库	500	52 500	22 500	30 000	105 000
合计	700	75 600	32 550	44 100	152 250
单位成本		108	46.5	63	217.5
第二步骤领用	600	64 800	27 900	37 800	130 500
月末余额	100	10 800	4 650	6 300	21 750

根据第二步骤领料凭证，编制会计分录如下：

借:基本生产成本——第二步骤　　130 500

　贷:自制半成品——C 半成品　　130 500

(4)根据有关成本费用资料及生产情况，登记第二步骤基本生产成本明细账，如表 9－55 所示。

表 9－55

基本生产成本明细账

第二步骤:丁产品　　201×年 9 月　　单位:元

摘　要		产量(件)	直接材料	直接人工	制造费用	合计
月初在产品成本(定额成本)			6 375	3 300	5 550	15 225
本月本步发生费用				22 800	23 850	46 650
本月耗用半成品费用			64 800	27 900	37 800	130 500
费用合计			71 175	54 000	67 200	192 375
完工半成品	总成本	400	43 800	36 000	40 200	120 000
	单位成本		109.5	90	100.5	300
月末在产品成本(定额成本)			27 375	18 000	27 000	72 375

根据第二步骤产成品缴库凭证编制会计分录如下：

借:库存商品——丁产品　　120 000

　贷:基本生产成本——第二步骤　　120 000

3. 分项结转分步法的评价

采用分项结转法，可以直接提供按原始成本项目反映的产品成本资料，便于从整个企业角度考核和分析产品成本计划的执行情况，不需要进行成本还原。但是，采用这种方法的成本结转工作比较复杂，而且在各步骤完工产品成本中反映不出所耗上一步骤半成品的成本和本步骤加工费用的水平，不便于各步骤完工产品成本的分析。

因此，这种结转方法一般适用于在管理上不要求分别提供各步骤完工产品所消耗上步骤半成品成本和本步骤加工费用资料，而要求按原始成本项目反映产品成本的企业。

（七）逐步结转分步法的优缺点

逐步结转分步法的优点可概括如下：

1. 逐步结转分步法的成本计算步骤符合产品价值形成的资金耗费的客观过程，其原理容易理解和掌握。

2. 逐步结转分步法能够提供各个步骤半成品的成本资料，便于分析和考核企业产品成本计划和各个步骤半成品成本计划的执行情况。

3. 逐步结转分步法下半成品成本是随其实物的转移而结转的，本步骤产品基本生产成本明细账中的月末在产品成本，反映着留存于各步骤在产品的成本，因而有利于在产品的实物管理和生产资金的日常管理。

4. 逐步结转分步法能够全面地反映各步骤所耗用上一步骤半成品费用和本步骤发生的加工费用水平，因而有利于加强各步骤的成本管理。

但是，逐步结转分步法各步骤的半成品成本需要逐步结转，其成本计算必须等待上一步骤成本计算的结果，往往影响成本计算的及时性，且核算工作比较复杂。在采用综合结转分步法结转半成品成本的情况下，产成品成本不能反映原始成本项目，往往需要进行成本还原；在采用分项结转分步法结转半成品成本的情况下，各步骤成本结转工作量较大。因此，应用这种方法时，必须从实际出发，根据管理要求，权衡利弊，做到既能满足成本管理需要，提供所需的各种成本资料和信息，又能简化核算工作，减轻工作量。

三、平行结转分步法

（一）平行结转分步法的涵义

平行结转分步法是指各步骤不计算、也不逐步结转半成品成本，只归集各步骤本身所发生的各项生产费用，并计算确定这些费用中应计入产成品成本的“份额”，在平行结转和汇总相同产品各步骤份额的基础上，计算出产成品成本的一种方法。由于这种方法不需要计算各步骤完工半成品的综合成本，所以也称为不计列半成品成本分步法。

平行结转分步法的成本计算对象是每种产成品成本及所经过的各生产步骤应计入产成品成本的份额。在计算产品成本时，各生产步骤只归集本步骤所发生的费用，上一步骤的半成品转入下一步骤继续加工时，虽实物转入，但半成品成本并不予以结转；月末，各步骤将本步骤发生的费用分成应计入产成品成本的份额和月末在产品成本；将各步骤应计入产成品成本的份额平行加以汇总，即可计算出产成品的成本。

（二）平行结转分步法的特点

1. 按步骤和产品品种开设基本生产成本明细账，分别成本项目汇集各步骤所发生的生产费用。

2. 按照产品品种开设产品成本汇总表，分别成本项目平行汇总各步骤应计入完工产品成本的费用“份额 ”，并计算确定完工产品成本。

3. 各步骤都不计算半成品成本，只计算各步骤本身所发生的生产费用。此处的“生产费用”不包括本步骤领用的上一步骤半成品的成本。

4. 各步骤半成品成本不随实物转移而结转。不论半成品实物是在各步骤之间直接转移，还是通过自制半成品仓库收发结存管理，都不进行总分类核算。也就是说，各步骤半成品成本与半成品实物不是同步转移，而是相互分离的。当某步骤完工半成品实物已转到以后步骤(或半成品仓库)时，其成本仍在产出步骤的基本生产成本明细账中。

5. 各步骤的生产费用(不含所耗用的以前步骤半成品成本)需要采用适当的方法在完工产品与月末在产品之间进行分配。但这种方法下的"完工产品"，是指企业最终完工的产成品，不包括各步骤完工的半成品；各步骤完工产品的费用，是指从该步骤基本生产成本明细账中转出的各该步骤生产费用中应由最终完工产品成本负担的费用"份额"。

6. 平行结转分步法下的"在产品" 是指已经投入生产但尚未完工形成最终产成品的"广义"在产品，包括：①尚在各步骤加工中的狭义在产品；②各步骤已完工转入半成品库的半成品；③已从半成品库或各步骤已完工转移到以后各步骤进行进一步加工、尚未形成最终产品的在产品。

(三)平行结转分步法的适用范围

平行结转分步法主要适用于不需要计算各步骤半成品成本的大量大批多步骤生产企业，尤其是大量大批装配式多步骤生产企业，例如某些机械制造企业。这些企业各步骤生产的半成品种类众多，但半成品外售的情况却很少，在管理上不要求计算半成品成本，因而为了简化和加速成本计算工作，在计算产品成本时，可以采用不计算各步骤所生产的半成品成本，也不计算各步骤所耗以前各步骤半成品成本，而只计算各步骤本身所发生的各项生产费用以及这些费用中应计入产成品成本"份额 "的平行结转分步法。

(四)平行结转分步法的成本计算程序

平行结转分步法成本计算的基本程序如下：

1. 按照各种产品的各个步骤开设"基本生产成本明细账 "，在账内按照确定的成本项目开设专栏或专行，并按产品品种设置产品成本汇总表，并分别成本项目设置专栏或专行，以便平行汇总各步骤应计入产成品成本的费用"份额"。

2. 根据上月各种各步骤产品基本生产成本明细账的月末余额，登记各基本生产明细账的月初数额。

3. 将本月发生的各种费用，在各种各步骤产品之间进行分配，并登记各种各步骤产品生产成本明细账。

根据有关原始凭证及有关费用明细账资料，在各种各步骤产品之间进行分配，并编制本月各种费用分配表或汇总表，据以编制记账凭证，分别成本项目将其计入各步骤的基本生产成本明细账中。某一步骤产品发生的直接计入费用，直接计入该步骤产品成本明细账，几个步骤产品发生的间接计入费用，先采用适当的方法在这几步骤产品之间进行分配，再分别计入各步骤产品成本明细账。

4. 月末，将各种各步骤产品成本明细账归集的生产费用，在完工产成品与月末广义在产品之间进行分配，计算各步骤费用应计入产成品成本的"份额 "，最后，将各步骤费用中应计入产成品成本的份额按成本项目平行地结转出，并在产品成本汇总表中汇总计算产成品的成本。

平行结转分步发核算程序如图 9－2 所示：

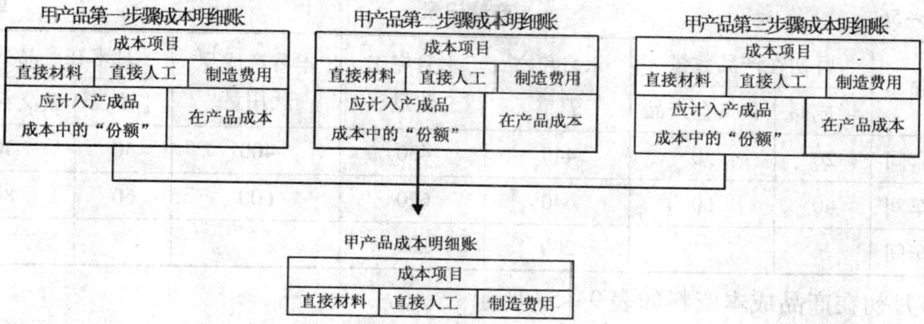

图9－2　平行结转分步法成本计算程序

(五)应计入产成品成本费用“份额”的计算

在平行结转分步法下，合理确定各步骤计入完工产成品成本中的费用“份额”，是这种方法的关键。在这种方法下，各步骤在产品成本不再与各该步骤的在产品实物保持对应关系，各步骤发生的费用要在完工产成品与广义在产品之间进行分配，从而确定各步骤应计入完工产成品成本的费用“份额”。具体分配方法有间接分配法和直接分配法两种。

1. 间接分配法

间接分配法，是指先采用适当的方法(如约当产量法、定额比例法等)求得各步骤半成品的单位成本(费用)，然后根据产成品耗用半成品的数量，计算各步骤应计入产成品成本的费用“份额”，进而计算月末产成品成本与广义在产品成本的方法。这种方法更适用于装配式生产的工业企业。

以约当产量法为例，这种分配法的计算公式如下：

$$\text{某步骤某种半成品费用}=\frac{\text{该步骤该半成品月初在产品成本}+\text{该步骤该半成品本期生产费用}}{\text{该步骤该半成品完工数量}+\text{该步骤该半成品期末狭义在产品约当产量}}$$

$$\text{某步骤应计入产成品成本的费用份额}=\text{完工产成品产量}\times\text{单位产成品所耗该步骤半成品数量}\times\text{该步骤半成品单位费用}$$

$$\text{某步骤月末广义在产品成本}=\text{该步骤月初广义在产品成本}+\text{该步骤本月生产费用}-\text{该步骤计入产成品成本的费用份额}$$

[例9－10]假设M企业设有三个基本生产车间，第一基本生产车间生产甲半成品，第二基本生产车间生产乙半成品，第三基本生产车间将甲、乙两种半成品装配成子产品，每件子产品耗用甲半成品2件、乙半成品3件。原材料于开工时一次投入，各车间在产品完工程度均为50%。该企业10月份产量记录、成本资料及成本计算如下：

(1)产量记录如表9－56所示。

表 9－56　　产量记录　　单位:件

车间	月初在产品数量		本月投产数量	本月完工数量	本月产成品耗用量	月末在产品数量	
	半成品	狭义在产品				半成品	狭义在产品
第一车间	20	30	440	430	400	50	40
第二车间	40	60	640	620	600	60	80
第三车间			200	200			

(2)月初在产品成本资料如表 9－57 所示。

表 9－57　　月初在产品成本资料　　单位:元

成本项目		直接材料	直接人工	制造费用	合　计
第一车间	半成品	600	190	250	1 040
	狭义在产品	900	124	175	1 199
第二车间	半成品	1 960	280	560	2 800
	狭义在产品	2 940	210	420	3 570
合　计		6 400	804	1 405	8 609

(3)本月生产费用发生额见表 9－58 所示。

表 9－58　　生产费用发生额　　单位:元

成本项目 车间	直接材料	直接人工	制造费用	合　计
第一车间	14 425	3 540	5 920	23 885
第二车间	31 989	4 340	8 680	45 009
第三车间		3 000	5 000	8 000
合　计	46 414	10 880	19 600	76 894

(4)根据有关成本费用资料及生产情况，登记第一车间成本明细账，并进行成本计算，如表 9－59 所示。

表 9－59　　基本生产成本明细账

车间:第一车间　　产品名称:甲半成品　　单位:元

摘　要	产量(件)	直接材料	直接人工	制造费用	合　计
月初在产品	20	600	190	250	1 040
月初狭义在产品	30	900	124	175	1 199
本月生产费用		14 425	3 540	5 920	23 885
合计		15 925	3 854	6 345	26 124
单位半成品费用		32.5	8.2	13.5	
计入产成品成本份额	400	13 000	3 280	5 400	21 680
月末半成品	50	1 625	410	675	2 710
月末狭义在产品	40	1 300	164	270	1 734

其中：

$$第一车间单位半成品材料费用=\frac{15\ 925}{20+430+40}=32.5(元)$$

$$第一车间单位半成品直接人工费=\frac{3\ 854}{20+430+40\times50\%}=8.2\ (元)$$

$$第一车间单位半成品制造费用=\frac{6\ 345}{20+430+40\times50\%}=13.5(元)$$

(5)根据有关成本费用资料及生产情况，登记第二车间基本生产成本明细账，并进行成本计算，如表9－60所示。

表9－60

基本生产成本明细账

车间:第二车间

产品名称:乙半成品

单位:元

摘　要	产量(件)	直接材料	直接人工	制造费用	合　计
月初在产品	40	1 950	280	560	2 800
月初狭义在产品	60	2 940	210	420	3 570
本月生产费用		31 989	4 340	8 680	45 009
合计		36 889	4 830	9 660	51 379
单位半成品费用		49.85	6.9	13.8	
计入产成品成本份额	600	29 910	4 140	8 280	42 330
月末半成品	60	2 991	414	828	4 233
月末狭义在产品	80	3 988	276	552	4 816

其中：

$$第二车间单位半成品材料费用=\frac{36\ 889}{40+620+80}=49.85(元)$$

$$第二车间单位半成品直接人工费=\frac{4\ 830}{40+620+80\times50\%}=6.9\ (元)$$

$$第二车间单位半成品制造费用=\frac{9\ 660}{40+620+80\times50\%}=13.8\ (元)$$

(6)根据有关成本费用资料及生产情况，登记第三车间基本生产成本明细账，并进行成本计算，如表9－61所示。

表9－61

基本生产成本明细账

车间:第三车间

产品名称:子产品

单位:元

摘　要	产量(件)	直接材料	直接人工	制造费用	合　计
本月生产费用			3 000	5 000	8 000
计入产成品成本份额	200		3 000	5 000	8 000

(7)根据各车间产品成本明细账平行汇总产成品成本，如表9－62所示。

表 9 - 62　　　　　　　　　　　产品成本汇总表

产品名称:子产品　　　　　　　　　产量:200 件　　　　　　　　　　　单位:元

成本项目 / 车间	直接材料	直接人工	制造费用	合　计
第一车间	13 000	3 280	5 400	21 680
第二车间	29 910	4 140	8 280	42 330
第三车间		3 000	5 000	8 000
总成本	42 910	10 420	18 680	72 010
单位成本	214.55	52.1	93.4	360.05

2. 直接分配法

直接分配法是指采用适当的方法(如约当产量法、定额比例法)将各步骤的生产费用直接在产成品和广义在产品之间进行分配，计算各步骤应计入产成品成本的费用份额和广义在产品费用份额的方法。

以约当产量法为例，这种分配法的计算公式如下:

$$\text{某步骤应计入产成品成本的费用分配率}=\frac{\text{该步骤月初广义在产品成本}+\text{该步骤本期生产费用}}{\text{完工产成品数量}+\text{该步骤期末广义在产品约当产量}}$$

$$\text{某步骤月末广义在产品约当产量}=\text{经该步骤加工留存于以后各步骤半成品的月末半成品数量}+\text{经该步骤加工留存于以后各步骤加工中月末在产品数量}+\text{该步骤月末狭义在产品数量}\times\text{该步骤月末狭义在产品完工程度}$$

$$\text{某步骤应计入产成品成本的费用份额}=\text{完工产成品产量}\times\text{该步骤应计入产成品成本的费用分配率}$$

$$\text{某步骤月末广义在产品成本}=\text{该步骤月初广义在产品成本}+\text{该步骤本月生产费用}-\text{该步骤计入产成品成本的费用份额}$$

[例 9 - 11]假设 N 企业生产丑产品，企业设有三个基本生产车间三步骤顺序生产，原材料于生产开工时一次投入，其他费用随加工进度逐步发生，各步骤月末在产品完工程度均为50%。第一步骤生产甲半成品直接转入第二步骤继续加工，第二步骤生产乙半成品直接转入第三步骤继续加工。该企业采用约当产量法计算各步骤应计入产成品成本的费用份额。该企业 10 月份产量记录、成本资料及成本计算如下:

(1)产量记录如表 9 - 63 所示。

表 9 - 63　　　　　　　　　　　产量记录　　　　　　　　　　　单位:件

车　间	月初在产品数量	本月投产数量	本月完工数量	月末在产品(狭义)数量
第一车间	6	150	132	24
第二车间	18	132	120	30
第三车间	30	120	123	27

(2)根据产量记录和生产费用资料计算各步骤的成本费用，并将月初在产品成本及本月发生的生产费用归集于各步骤的基本生产成本明细账中，如表 9 - 64、表 9 - 65、表 9 - 66 所示。

表 9－64

车间:第一车间

基本生产成本明细账

产品名称:甲半成品

单位:元

摘 要	直接材料	直接人工	制造费用	合 计
月初在产品	6 750	1 194	1 158	9 102
本月生产费用	16 098	4 086	3 354	23 538
合 计	22 848	5 280	4 512	32 640
费用分配率	112	27.5	23.5	
计入产成品成本份额	13 776	3 382.5	2 890.5	20 049
月末广义在产品	9 072	1 897.5	1 621.5	12 591

3 其中：

$$第一车间材料费用分配率=\frac{22\ 848}{123+24+30+27}=112(元)$$

$$第一车间直接人工分配率=\frac{5\ 280}{123+24\times 50\%+30+27}=27.5(元)$$

$$第一车间制造费用分配率=\frac{4\ 512}{123+24\times 50\%+30+27}=23.5\ (元)3$$

表 9－65

车间:第二车间

基本生产成本明细账

产品名称:乙半成品

单位:元

摘 要	直接材料	直接人工	制造费用	合 计
月初在产品		1 470	1 330	2 800
本月生产费用		3 480	3 026	6 506
合 计		4 950	4 356	9 306
费用分配率		30	26.4	
计入产成品成本份额		3 690	3 247.2	6 937.2
月末广义在产品		1 260	1 108.8	2 368.8

其中：

$$第二车间直接人工分配率=\frac{4\ 950}{123+30\times 50\%+27}=30(元)$$

$$第二车间制造费用分配率=\frac{4\ 356}{123+30\times 50\%+27}=26.4(元)$$

表 9－66

车间:第三车间

基本生产成本明细账

产品名称:丑产品

单位:元

摘 要	直接材料	直接人工	制造费用	合 计
月初在产品		636	750	1 386
本月生产费用		3 186	2 799	5 985
合 计		3 822	3 549	7 371
费用分配率		28	26	
计入产成品成本份额		3 444	3 198	6 642
月末广义在产品		378	351	729

其中：

$$第三车间直接人工分配率=\frac{3\ 822}{123+27\times50\%}=28$$

$$第三车间制造费用分配率=\frac{3\ 549}{123+27\times50\%}=26$$

(3)根据各步骤生产成本明细账平行汇总产成品成本，如表9－67。

表9－67 产品成本汇总表

产品名称：丑产品　　产量：123件　　单位：元

成本项目 车间	直接材料	直接人工	制造费用	合　计
第一车间	13 776	3 382.5	2 890.5	20 049
第二车间		3 690	3 247.2	6 937.2
第三车间		3 444	3 198	6 642
总成本	13 776	10 516.5	9 335.7	33 628.2
单位成本	112	85.5	75.9	273.4

(六)平行结转分步法的优缺点

平行结转分步法是采用分步法计算产品成本的一种简化方法，其优点可以概括如下：

(1)各步骤可以同时计算成本，平行汇总后计算得出产成品成本，不必等待上一步骤的成本计算结果，能够加速成本计算工作。

(2)各步骤分别成本项目将各项费用平行汇总计入产品成本中，能够直接提供按原始成本项目反映的产品成本资料，不必进行成本还原。

但是，由于各步骤不计算和结转半成品成本，该方法也有缺点：

(1)不能提供各步骤半成品成本资料，不易分清各步骤的经济责任。

(2)在各步骤基本生产成本明细账中反映的在产品成本是广义在产品成本，使得各步骤在产品成本信息反映不出在产品实际占用的资金，不利于在产品的实物管理和资金管理。

(3)各步骤的成本不能全面反映各该步骤生产耗费上一步骤半成品的水平，因而不能更好地满足各步骤成本管理的要求。

☆★本章关键概念

品种法　分批法　简化分批法　逐步结转分步法　平行结转分步法　综合结转法　分项结转法　成本还原　成本还原对象

☆★复习思考题

1. 品种法的特点有哪些？
2. 分批法的特点有哪些？
3. 简化分批法与典型分批法有何不同？
4. 逐步结转分步法与平行结转分步法的区别是什么？
5. 逐步结转分步法与平行结转分步法各自的优缺点是什么？
6. 为什么进行成本还原，成本还原的方法、对象是什么？
7. 分项结转法与综合结转法的区别是什么？
8. 企业应如何选择成本计算方法？

第十章　成本计算的辅助方法

【引言】

企业产品成本计算的方法除前述的品种法、分批法、分步法等基本方法之外，还有分类法、定额法等辅助方法。将这些方法与基本方法结合使用，能够简化成本计算工作、有效控制和降低成本。本章主要介绍分类法和定额法的基本原理及应用。

第一节　分类法

一、分类法的特点

产品成本计算的分类法，是以产品的类别为成本计算对象，归集生产费用，计算出各类产品的综合成本后，再按一定的方法在同类内各种产品之间进行分配，以计算各种(或各种规格)产品成本的一种方法。它主要适用于产品品种、规格、型号繁多，但又可以按一定的标准(如产品的结构、所用直接材料和生产工艺过程是否相同等)划分为若干类别的企业或车间。在这些企业或车间里，如果要做到按每一产品品种、规格归集生产费用，计算产品成本，核算工作将必然极为繁重。为简化产品成本核算工作，可采用产品成本计算的分类法。

分类法与生产类型没有直接关系，因而可以在各种类型的生产中使用。例如，钢铁企业生产的各种规格和型号的钢锭和钢材；无线电元件企业生产的不同类别和规格的无线电元件；服装企业生产的不同种类和规格的服装，食品企业生产的各种面包和饼干等等，它们的生产类型虽有所不同，但都可以采用分类法计算成本。需要注意的是，分类法必须与各该类型生产中采用的品种法、分批法、分步法结合起来运用，因此，它不是一种独立的成本计算方法。

采用分类法计算产品成本，不仅能够简化成本计算工作，而且能够在产品品种、规格繁多的情况下，分类掌握产品成本的水平。但是，由于类内各种产品的成本都是按照一定比例分配计算的，计算结果就具有一定的假定性。因此，产品的分类和分类标准的选定是否适当，是采用分类法时能否做到既简化计算工作，又使成本计算相对正确的关键。在产品分类上，应以所耗直接材料和工艺技术过程是否相近为标准。这是因为，所耗直接材料和工艺技术过程相近的各种产品，成本水平也往往相近。在进行产品分类时，类距既不能定得过小，使计算工作复杂；也不能定得过大，造成成本计算的“大锅烩”。在分配标准的选定上，要选择与成本水平高低有密切关系的分配标准分配费用。当产品结构、所用直接材料或工艺技术过程发生较大变动时，应及时修订分配系数或考虑另选分配标准，以保证成本计算的正确性。

二、分类法的计算程序

（一）划分产品类别，按类归集生产费用，采用相应的基本方法（品种法、分批法、分步法等）计算每类产品的综合成本

采用分类法计算产品成本，应先以产品结构、耗用直接材料以及工艺过程是否相同或相近为标志，将产品合理地划分为几类，基本生产成本明细账按类别开立，生产费用按类归集，以计算各类产品的综合成本。

（二）选择一定的分配方法，计算类内各种或各种规格产品的成本

各类产品的综合成本，要选择一定的方法予以分配，以计算类内各种或各种规格产品的成本，常用的方法有扣除分配法和比例分配法。采用比例分配法时，可以与产品成本高低成正比或大体成正比的定额消耗量、定额成本、售价以及产品的重量、体积和长度等作为分配标准。通常类内各种或各种规格产品之间生产费用的分配是分别按成本项目进行的，为使分配结果尽可能接近实际，不同项目视其性质分别采用不同的分配标准，如直接材料费用可按材料定额消耗量或定额成本比例分配，人工和其他费用可按定额工时比例分配。为了简化分配工作，各成本项目也可采用一个相同的分配标准分配。

实际工作中，也常将分配标准折合成相对固定的系数，采用标准产量法计算分配同一类别内各种或各种规格产品的成本，故分类法又称“系数法”。采用该种方法，先在每类产品中确定一种产品（一般选择产量较大，或生产稳定，或序列第一，或规格折中的产品）为标准产品，将标准产品的系数定为“1”。然后以其他各种产品与标准产品相比，按原始分配标准计算求得其他各种产品的系数。

由于计算依据不同，系数可分为单项系数和综合系数。单项系数只能从某一方面来反映各种产品的对比情况，它的计算依据一般是材料消耗定额、工时消耗定额、产品的长度、体积、重量等；综合系数可以全面地反映各种产品的对比情况，它的计算依据一般是定额成本、售价等。采用单项系数分配，比较准确，但要计算几种系数；采用综合系数分配，只需计算一种系数就可以用来分配各项费用，但分配结果不够准确。

三、分类法举例

（一）采用系数法分配类内成本

［例 10－1］假设某企业生产 A、B 两大类别产品。该两类产品规格、型号繁多，而且每类内各种规格、型号的产品，在性能、结构、工艺过程和所用直接材料方面都基本相同，所以该企业采用分类法计算产品成本。其中，A 类产品的成本按确定的系数分配，B 类产品成本按定额比例法计算（定额比例法及其例解见后）。

A 类产品有甲、乙、丙三种规格，其中以甲产品为标准产品，基本生产成本明细账按产品类别设置，成本项目分为直接材料、直接人工和制造费用。A 类产品生产费用的归集同品种

法，这里从略。某月份该类产品基本生产成本明细账归集的生产费用如表 10－1 所示。

表 10－1

基本生产成本明细账

项目	直接材料	直接人工	制造费用	成本合计
月初在产品成本	35 000	4 520	870	40 390
本月生产费用	656 280	72 600	29 950	758 830
生产费用合计	691 280	77 120	30 820	799 220
产成品成本	626 280	69 620	28 320	724 220
月末在产品成本	65 000	7 500	2 500	75 000

该企业规定，A 类产品的材料费用按各种产品的直接材料费用系数进行分配，其他费用按各种产品工时定额系数进行分配。其工时定额分别为：甲产品 50 小时，乙产品 45 小时，丙产品 60 小时。该类产品的直接材料费用系数计算如表 10－2 所示，类内各种产品成本计算如表 10－3 所示。

表 10－2

各种产品材料费用系数计算表

产品名称	单位产品材料费用				材料费用系数
	材料名称或编号	消耗定额	计划单价	费用定额	
甲产品（标准产品）	1011	1 000	0.20	200	
	2032	600	0.30	180	
	3115	300	0.40	120	
	小计			500	1
乙产品	1011	1 300	0.20	260	
	2032	700	0.30	210	
	3115	200	0.40	80	
	小计			550	550/500＝1.1
丙产品	1011	900	0.20	180	
	2032	600	0.30	180	
	3115	200	0.40	80	
	小计			440	440/500＝0.88

表 10－3

类内各种产品成本计算表

产品品种	产量	材料费用系数	材料费用总系数	工时定额系数	工时定额总系数	总成本				单位成本
						直接材料	直接人工	制造费用	合计	
	1	2	3＝1×2	4	5＝1×4	6＝3×率	7＝5×率	8＝5×率	9=6+7+8	12＝11/1
费用分配率						1 072.40	108.78	44.25		
甲产品	100	1	100	1	100	107 240	10 878	4 425	122 543	1 225.43
乙产品	200	1.1	220	0.9	180	235 928	19 580	7 965	263 473	1 317.65
丙产品	300	0.88	264	1.2	360	283 112	39 162	15 930	338 204	1 127.35
合计			584		640	626 280	69 620	28 320	724 220	

在所列“类内各种产品成本计算表”中，有关指标计算如下：

乙产品工时定额系数 $=\frac{45}{50}=0.9$

$$丙产品工时定额系数=\frac{60}{50}=1.2$$

$$直接材料费用分配率=\frac{626\ 280}{584}=1\ 072.40$$

$$直接人工费用分配率=\frac{69\ 620}{640}=108.78$$

$$制造费用分配率=\frac{28\ 320}{640}=44.25$$

以直接材料费用分配率分别乘以各种产成品的直接材料费用总系数，即为各该产成品的直接材料费用；以直接人工费用分配率、制造费用分配率分别乘以各种产成品的工时定额总系数，即为各该产成品的直接人工费用和制造费用。

综上所述，按系数分配费用，实际上是按以产量加权的总系数分配费用。在按消耗定额、费用定额和工时定额计算系数的情况下，按系数分配费用的结果与直接按定额消耗量、定额费用和定额工时比例分配费用的结果相同，因为两者的比例关系是一致的。

(二)采用定额比例法分配类内成本例解

采用分类法计算产品成本，类内总成本也可按照类内各种产品的定额比例进行分配，其分配计算程序如下：

第一，计算类内各种产品的直接材料定额消耗量或定额费用和定额工时指标，计算公式为：

$$\begin{matrix}某种产品定额消耗量\\(定额费用、定额工时)\end{matrix}=\begin{matrix}该产品\\实际产量\end{matrix}\times\begin{matrix}单位产品消耗定额\\(费用定额、工时定额)\end{matrix}$$

第二，分成本项目计算其实际成本与有关定额指标的比率，即费用分配率，计算公式为：

$$\begin{matrix}直接材料\\费用分配率\end{matrix}=\frac{某类产品直接材料实际总成本}{类内各产品直接材料定额费用之和}$$

$$\begin{matrix}加工费\\用分配率\end{matrix}=\frac{某类产品加工费用实际总成本}{类内各产品定额工时之和}$$

第三，将类内各产品分成本项目计算的定额费用或定额工时乘以上述分配率，即可计算出各种产品的实际成本，计算公式为：

$$\begin{matrix}某产品直\\接材料成本\end{matrix}=\begin{matrix}该产品直接\\材料定额费用\end{matrix}\times\begin{matrix}直接材料\\费用分配率\end{matrix}$$

$$\begin{matrix}某产品\\加工成本\end{matrix}=\begin{matrix}该产品\\定额工时\end{matrix}\times\begin{matrix}加工费\\用分配率\end{matrix}$$

[例10－2]假定系数分配成本例解中该企业生产的B类产品中有甲、乙、丙三种规格，根据其生产的特点，采用分类法归集生产费用，结合定额比例法计算成本。B类产品基本生产成本明细账按直接材料、直接人工和制造费用三个成本项目记账。其生产费用的归集同品种法，这里从略。某月份该类产品基本生产明细账归集的生产费用如表10－4所示。

表 10－4

基本生产成本明细账

项目	直接材料	直接人工	制造费用	成本合计
月初在产品成本	35 600	4 690	3 950	44 240
本月生产费用	354 500	24 130	19 480	398 110
生产费用合计	390 100	28 820	23 430	442 350
产成品成本	338 800	21 840	18 760	379 400
月末在产品成本	51 300	6 980	4 670	62 950

本月类内各产品实际产量为：甲产品 1 600 件，乙产品 1 800 件，丙产品 800 件；直接材料费用定额为：甲产品 77 元，乙产品 61.6 元，丙产品 92.4 元；工时定额为：甲产品 4 小时，乙产品 2 小时，丙产品 2 小时。采用定额比例法类内各产品成本计算如表 10－5 所示。

表 10－5

类内各种产品成本计算表

项目	产量	直接材料费用定额	直接材料	工时定额	定额工时	直接人工	制造费用	成本合计
分配率			1.1			1.56	1.34	
甲产品	1 600	77.0	135 520	4	6 400	9 984	8 576	154 080
乙产品	1 800	61.6	121 968	2	3 600	5 616	4 824	132 408
丙产品	800	92.4	81 312	2	4 000	6 240	5 360	92 912
合计			338 800		14 000	21 840	18 760	379 400

四、联产品的成本计算

在某些制造业企业，利用同一种原材料或几种原材料，经过同一生产过程，同时生产出几种使用价值不同的产品；如果这些产品都是企业的主要商品产品，则称为联产品。例如，炼油企业提炼原油，可以同时提炼出汽油、煤油、柴油、润滑油等重要产品，煤气企业在煤气的生产中，可以同时生产煤气、焦碳和煤焦油等。这些产品的性能、用途虽不同，但都是从同一原料在同一生产过程中取得的，有着自然联系的关系，有着同等的重要性。

正是由于联产品是使用同样的原材料，在同一生产过程中生产出来的各种产品，因而无法按每种产品来归集费用，直接计算其成本，而只能将同一生产过程的联产品视为同类产品，采用分类法计算其分离前的实际成本；然后采用一定的分配标准，在联产品中的各种产品之间分配成本。具体存在下列三种情况：

第一，原材料投入后，经过同一生产过程，生产出若干种不同的产品。其成本计算主要是把归集的综合成本（联合成本）选择适当的方法加以分配，以求出各种联产品成本。

第二，原材料投入经同一生产过程后，在某一“点”分离出不同的产品，通常称这个点为“分离点”。某种产品分离出来后，它就只能负担分离前的一部分成本。

第三，某些联产品在“分离点”分离后，还必须经过进一步加工后再行出售。这时，联产品的成本就是它所分摊的分离前成本加上分离后继续加工的成本。

由此可得，联产品的成本计算可分成两个阶段进行：一是分离前联合成本的计算与分配；二是分离后各种联产品的成本计算。分配联合成本可采用适当的比率如按系数或按定额比例法，以计算出各种联产品的成本。分离后必须经过进一步加工的联产品，其成本为部分联合成本和加工成本之和。至于加工成本，则要根据分离后的特点，选择适当的成本计算方法确定。

［例10－3］某企业生产甲、乙、丙三种联产品，本月实际产量为：甲产品200吨，乙产品50吨，丙产品100吨，分离前综合成本为700 000元，其中直接材料385 000元，直接人工210 000元，制造费用105 000元。假定各产品单位计划价格为：甲产品2 500元，乙产品5 000元，丙产品1 250元。同时乙产品分离后还要继续加工，发生的加工费为：直接材料2 400元，直接人工1 300元，制造费用800元。这些联产品成本采用售价作为分配标准。以甲产品为标准产品，则联产品成本分配系数计算如表10－6所示。

表10－6

联产品系数计算表

产品名称	单位计划价格	系数
甲产品	2 500	1
乙产品	5 000	2
丙产品	1 250	0.5

根据上述资料，即可编制联产品成本计算表，如表10－7所示。

表10－7

联产品成本计算表

产品名称	实际产量	换算系数	标准产量	综合成本	平均单位成本	实际成本	单位成本
	1	2	3＝1×2	4	5＝4/3	6＝3×5	7＝6/1
甲产品	200	1	200			400 000	2 000
乙产品	50	2	100			200 000	4 000
丙产品	100	0.5	50			100 000	1 000
合计			350	700 000	2 000	700 000	

上表求得的各种产品实际单位成本，还需按成本项目分离。这时应先求出综合成本中各成本项目的比重，然后乘以产品的单位成本，即可确定单位产品各成本项目的实际成本。现以甲产品为例，其成本计算如表10－8所示。

表10－8

甲产品成本计算表

成本项目	联产品综合成本	各成本项目比重%	甲产品单位成本
直接材料	385 000	55	1 100
直接人工	210 000	30	600
制造费用	105 000	15	300
合计	700 000	100	2 000

因为乙产品分离后尚要继续加工，应根据表10－7中乙产品的总成本和分离后的加工成本，按成本构成作为分配标准，计算乙产品加工后的各成本项目的总成本及其单位成本，计算结果如表10－9所示。

表 10－9

丙产品成本计算表

成本项目	分离前成本		分离后加工成本	总成本	单位成本
	比重%	金额	3	4＝3＋2	5＝4/产量
	1	2＝1×总金额			
直接材料	55	110 000	2 400	112 400	2 248
直接人工	30	60 000	1 300	61 300	1 226
制造费用	15	30 000	800	30 800	616
合计	100	200 000	4 500	204 500	4 090

五、副产品的成本计算

某些制造业企业在重要产品生产过程中，还会附带生产出一些非主要产品，这就是副产品。例如，炼铁生产中产生的高炉煤气，提炼原油过程中产生的渣油、石油焦，洗煤生产中产生的煤泥，制皂生产中产生的甘油等。这些副产品虽然不是企业生产的主要目的，但也可以满足社会需要，具有经济价值，因而应当加强管理与核算。

副产品由于不是主要产品，费用比重不大，为了简化计算工作，可以不单独计算成本，而采用与分类法相似的方法计算成本，即将副产品与主产品合为一类开立基本生产成本明细账，归集费用，计算成本；然后将副产品按照一定的方法计价，从总成本中扣除，以扣除后的成本作为主产品的成本。

副产品的计价方法，可以按照售价减去税金和按正常利润率计算的销售利润后的余额计价；也可以在此基础上确定固定的单价，以固定的单价计价。副产品的计价额，一般从总成本的直接材料项目中扣除。

如果副产品与主产品分离之后还要进行加工，例如在制皂过程中产生的含有甘油的盐水，在与主产品分离之后，还要加入某些辅助材料，经过一定的加工处理才能生产出甘油。这时还应根据副产品加工生产的特点和管理要求，采用适当的方法单独计算副产品的成本。

［例 10－4］假定某企业在甲产品（主产品）的生产过程中，还可生产出制造乙产品（副产品）的原料。这种原料经过若干工序加工处理，即成乙产品。甲产品生产和乙产品的加工处理，都是单步骤的大量生产，在同一车间进行。乙产品的原料按固定的单价（每千克 0.2 元）计价，甲、乙产品的在产品均按直接材料的定额费用计价。甲、乙两种产品的成本计算程序如下：

(1)分配各种生产费用。原料和辅助材料等直接材料费用直接计入各产品成本计算单；直接人工和制造费用按生产工时比例在甲、乙产品之间进行分配，如表 10－10 所示。

表 10－10

直接人工、制造费用分配表

项目	生产工时	直接人工	制造费用
本月发生额	12 000	9 600	3 600
费用分配率		0.8	0.3
甲产品	11 500	9 200	3 450
乙产品	500	400	150
合计	12 000	9 600	3 600

(2)根据有关费用分配表，产品产量月报，以及在产品定额成本资料，登记甲产品基本

生产成本明细账，如表 10－11 所示。

表 10－11　　　　基本生产成本明细账

项目	产量(千克)	直接材料	直接人工	制造费用	成本合计
月初在产品(定额成本)		95 000			95 000
本月费用		895 600	9 200	3 450	908 250
扣减副产品原料 40 000 千克		－8 000			－8 000
合计		982 600	9 200	3 450	995 250
产成品成本	100 000	861 600	9 200	3 450	874 250
单位成本		8.62	0.09	0.03	8.74
月末在产品(定额成本)		121 000			121 000

(3) 根据甲产品的基本生产成本明细账、有关费用分配表、产品产量月报，以及在产品定额成本等资料，登记乙产品基本生产成本明细账，如表 10－12 所示。

表 10－12　　　　基本生产成本明细账

项目	产量(千克)	直接材料	直接人工	制造费用	成本合计
月初在产品(定额成本)		1 000			1 000
本月费用		8 000	40	150	8 190
合计		9 000	40	150	9 190
产成品成本	5 000	8 500	40	150	8 690
单位成本		1.70	0.008	0.03	1.738
月末在产品(定额成本)		500			500

如果副产品加工处理所需时间不长，费用不大，为了简化计算工作，也可按单位计划成本计价，而不计算副产品的实际成本。从主、副产品的生产费用总额中扣除按计划单位成本计算的副产品成本后的余额，即为主产品的成本。

[例 10－5] 假定上例中副产品(乙产品)的计划单位成本为 2 元，其中直接材料 1.71 元，直接人工 0.09 元，制造费用 0.05 元。在乙产品按计划单位成本计价下编制的甲产品基本生产成本明细账如表 10－13 所示。

表 10－13　　　　基本生产成本明细账

项目	产量(千克)	直接材料	直接人工	制造费用	成本合计
月初在产品(定额成本)		95 000			95 000
本月费用		895 600	9 600	3 600	908 800
减:乙产品成本	5 000	－8 550	－450	－250	－9 250
合计		982 050	9 150	3 350	994 550
产成品成本	100 000	861 050	9 150	3 350	873 550
单位成本		8.61	0.09	0.03	8.73
月末在产品(定额成本)		121 000			121 000

在一些制造业企业中，除了生产主要产品外，有的还为其他企业提供少量加工、修理等作业。如果这些作业费用的比重很小，为了简化计算工作，也可以比照副产品的成本计算方

法，与主要产品合为一类归集费用，然后将这些作业按固定价格计价，从总的生产费用中扣除，以其余额作为主要产品成本。

同样道理，制造业企业的基本生产车间（如机械行业的机加工车间），除了生产主要产品外，如果还为本企业的其他车间和部门提供少量的加工和修理作业，这些作业可以按照计划单位成本计价结算，不必计算和调整成本差异。也就是说，这些作业的实际成本与计划成本的差异由基本生产车间的主要产品负担。这样做不仅可以简化计算工作，而且还便于受益车间的成本考核和分析。

六、等级产品的成本计算

等级产品是指使用相同的材料，经过同一生产过程生产出性质相同但品级或质量不同的产品。等级产品的产生，有主观原因，如管理不善、工人操作不慎或技术不熟练；也有客观原因，如材料质量、工艺技术上的要求等。

等级产品与联产品、副产品的共同点在于：经过同一生产过程使用同种材料。所不同的是等级产品是同一品种不同质量的产品，而联产品、副产品则是不同品种的产品。

等级产品的成本原则上不应有区别，即低等级产品应与高等级产品的单位成本相同。等级产品的成本计算方法，应根据不同情况区别对待。如果是由于客观原因造成的，可采用分类法计算各等级产品的成本；如果是由于主观原因造成的，则不同等级的产品应当一起计算成本，即低等级产品成本与高等级产品成本相等。低等级产品的低价格所造成的损失，可反映企业工作不足或过失。

第二节 定额法

一、定额法的特点

在前述各种成本计算方法——品种法、分批法、分步法、分类法中，企业生产费用日常核算，都是按照生产费用的实际发生额进行的；产品的实际成本也是根据实际费用计算的。这样，生产费用和产品成本脱离定额的差异及其发生的原因，只有在月末通过实际资料和定额资料的对比、分析，才能得到反映，而不能在费用发生的当时得到反映。因而不能更好地加强定额管理和成本控制，不利于更有效地发挥成本核算对于节约费用、降低成本的作用。

产品成本计算的定额法，就是为了及时地反映和监督生产费用和产品成本脱离定额的差异，加强定额管理和成本控制而采取的一种成本计算方法。其基本原理是，事前制定产品的消耗定额、费用定额和定额成本作为降低成本的目标；在生产费用发生时，将其划分为定额成本与定额差异分别进行核算，并分析差异产生的原因，反馈到管理部门及时纠正，以便加强对成本差异的日常核算、分析和控制；月末时，以产品定额成本为基础，加减各种成本差异，计算产品实际成本。其计算公式如下：

$$\text{产品实际成本} = \text{产品定额成本} \pm \text{脱离定额差异} \pm \text{材料成本差异} \pm \text{定额变动差异}$$

从上述公式可知，在定额法下，产品实际成本是由定额成本、脱离定额差异、材料成本差异和定额变动差异四个因素组成。

1. 产品定额成本。产品定额成本是根据零部件现行消耗定额和计划单价计算出零部件的定额成本，再汇总得出产品的定额成本。它是产品成本的先进标准，是衡量生产费用支出的尺度，是企业经努力应达到的产品成本水平。

2. 脱离定额差异。脱离定额差异是企业的实际生产费用由于超过或低于制定的定额成本而产生的脱离定额成本的差异。正差异为超支差，负差异为节约差。它标志着发生的各项生产耗费数量的合理程度。

3. 材料成本差异。材料成本差异是企业在产品生产中实际耗用的各种材料物资的实际成本与计划成本的差额。正差异为超支差，负差异为节约差。它反映企业实际材料成本中由于材料成本或价格变动而产生的脱离定额成本差异。

4. 定额变动差异。定额变动差异是指由于重新修订定额而产生月初在产品的定额变动的差异。它是定额本身变动而引起的差异，与生产耗费的节约或浪费无关。定额变动的当月就要按新的定额计算并调整月初在产品的定额数。

综上所述，定额法与产品成本计算的品种法、分批法、分步法、分类法相比较，其成本计算的一般程序为：

第一，根据企业生产特点和管理要求，确定成本计算对象及其成本计算方法。因为定额法是一种成本计算的辅助方法，它离不开上述三种基本方法，而只能在某一基本方法的基础上来进行。

第二，按照各种产品的定额成本，将产品成本项目逐项分解，编制产品定额成本卡。

第三，生产费用发生时，将其划分为定额成本和成本差异两部分，分别编制凭证，予以汇总，并对其中重点差异进行分析，查明原因，反馈给有关管理部门，予以控制。

第四，当产品的消耗定额或者生产耗费的计划价格发生变动时，还应计算定额变动差异，以便对账面的月初在产品定额成本进行相应的调整。

第五，按所确定的成本计算基本方法，汇总结转各种成本差异，并按一定的标准和比例分配于完工产品和月末在产品之中。

第六，将完工产品的定额成本加减其所分配的各种成本差异，即可得到完工产品的实际成本。

由此可得，定额法实际上是在产品成本计算的三种基本方法的基础上，结合成本控制的要求演变而成的，它不仅是一种产品成本计算的方法，更重要的还是一种对产品成本进行直接控制、管理的方法。定额法最早应用在大量大批生产的机械制造企业，但实际上，这种方法与生产类型没有直接关系，只要企业产品生产基本定型，定额管理制度比较稳健，定额管理工作基础较好，各项消耗定额比较准确、稳定的企业都可以采用定额法去核算生产费用，计算产品成本。

二、定额成本的制定

采用定额法计算产品成本，首先应确定各产品的定额成本。产品定额成本的制定过程，也是对产品成本进行事前控制的过程。同时产品定额成本确定以后，既是企业对生产耗费、生产费用进行事中控制的依据，也是月末计算产品实际成本的基础，进行产品成本事后分析和考核的标准。

企业确定产品定额成本，必须首先制定产品的直接材料、动力、工时等消耗定额，并且根据各项消耗定额和直接材料的计划单价、计划小时工资率或计件工资单价，以及制造费用计划等资料，计算产品的各项费用定额或单位产品定额成本。

（一）单位产品定额成本的计算

单位产品定额成本可以分为单位零件定额成本、单位部件定额成本和单位产品定额成本，一般由会计、计划、技术等部门共同制定。在实际工作中，定额成本的计算是通过编制定额成本计算表进行的，它的编制方法应视企业的具体情况来选择。

1. 产品零、部件不多的企业

如果企业产品零、部件不多，一般先计算零件定额成本、编制零件定额卡；然后再汇总计算部件和产成品定额成本、编制部件定额成本计算表和产品定额成本计算表。在这种方法下，计算出来的零部件定额成本可作为在产品和报废零、部件计价的依据。上述零件定额卡、部件定额成本计算表和产品定额成本计算表的格式如表 10－14、表 10－15、表 10－16 所示。

表 10－14

零件定额卡

零件编号:8101　　**零件名称:**×××　　20××年×月

材料编号	材料名称	计量单位	材料消耗定额
46225	×××	千克	6.7

工序	工时定额	累计工时定额
1	1.5	1.5
2	1	2.5
3	2.5	5
4	2	7
5	3	10

表 10－15

部件定额成本计算表

部件编号:8100　　**部件名称:**×××　　20××年×月

<table>
<tr><td rowspan="3">所用零件编号</td><td rowspan="3">所用零件数量</td><td colspan="7">部件材料费用定额</td><td rowspan="3">部件工时定额</td></tr>
<tr><td colspan="3">46225</td><td colspan="3">46306</td><td rowspan="2">金额合计</td></tr>
<tr><td>消耗定额</td><td>计划单价</td><td>金额</td><td>消耗定额</td><td>计划单价</td><td>金额</td></tr>
<tr><td>8101</td><td>2</td><td>13.4</td><td>4.8</td><td>64.32</td><td></td><td></td><td></td><td>64.32</td><td>20</td></tr>
<tr><td>8102</td><td>5</td><td></td><td></td><td></td><td>9.2</td><td>7.3</td><td>67.16</td><td>67.16</td><td>15</td></tr>
<tr><td>装配</td><td></td><td></td><td></td><td></td><td></td><td></td><td></td><td></td><td>3</td></tr>
<tr><td>合计</td><td></td><td></td><td></td><td>64.32</td><td></td><td></td><td>67.16</td><td>131.48</td><td>38</td></tr>
</table>

<table>
<tr><td colspan="5">产品定额成本项目</td><td rowspan="3">产品定额成本合计</td></tr>
<tr><td rowspan="2">直接材料</td><td colspan="2">直接人工</td><td colspan="2">制造费用</td></tr>
<tr><td>小时定额费用</td><td>金额</td><td>小时定额费用</td><td>金额</td></tr>
<tr><td>131.48</td><td>2.1</td><td>79.8</td><td>4.7</td><td>178.6</td><td>389.88</td></tr>
</table>

表 10－16　　　　　　　　　产品定额成本计算表

产品编号:8000　　　　　　　产品名称:×××　　　　　　　20××年×月

所用部件编号名称	所用部件数量	材料费用定额		工时定额	
		部件	产品	部件	产品
8100	3	131.48	399.44	38	114
8200	2	286.22	572.44	27	54
装配					11
合计					179

产品定额成本项目					产品定额成本合计
直接材料	直接人工		制造费用		
	小时定额费用	金额	小时定额费用	金额	
966.88	2.1	375.9	4.7	841.3	2184.08

在部件定额成本计算表中，部件的材料消耗定额和工时定额，按零件定额卡中所列每一零件的材料消耗定额和工时定额，分别乘以部件所用零件的数量计算；部件的直接人工和制造费用定额按部件的工时定额，分别乘以每小时直接人工费用定额和制造费用定额计算。具体计算公式如下：

$$\begin{matrix}\text{单位部件定额}\\\text{直接材料成本}\end{matrix}=\sum\left(\begin{matrix}\text{所耗某}\\\text{零件数量}\end{matrix}\times\begin{matrix}\text{单位零件材}\\\text{料消耗定额}\end{matrix}\times\begin{matrix}\text{材料计}\\\text{划单价}\end{matrix}\right)$$

$$\begin{matrix}\text{单位部件定额}\\\text{直接人工成本}\end{matrix}=\sum\left(\begin{matrix}\text{所耗某}\\\text{零件数量}\end{matrix}\times\begin{matrix}\text{单位零件}\\\text{工时定额}\end{matrix}\right)\times\begin{matrix}\text{小时定额}\\\text{直接人工费用}\end{matrix}$$

$$\begin{matrix}\text{单位部件定额}\\\text{制造费用}\end{matrix}=\sum\left(\begin{matrix}\text{所耗某}\\\text{零件数量}\end{matrix}\times\begin{matrix}\text{单位零件}\\\text{工时定额}\end{matrix}\right)\times\begin{matrix}\text{小时定额}\\\text{制造费用}\end{matrix}$$

在产品定额成本计算表中，产品的材料费用定额和工时定额，按每一部件的材料费用定额和工时定额，乘以产品所用部件数量计算；产品的直接人工和制造费用定额，按产品的工时定额分别乘以每小时直接人工费用定额和制造费用定额。具体计算公式如下：

$$\begin{matrix}\text{单位部件定额}\\\text{直接材料成本}\end{matrix}=\sum\left(\begin{matrix}\text{所耗某}\\\text{部件数量}\end{matrix}\times\begin{matrix}\text{单位部件定额}\\\text{直接材料成本}\end{matrix}\right)$$

$$\begin{matrix}\text{单位产品定额}\\\text{直接人工成本}\end{matrix}=\sum\left(\begin{matrix}\text{所耗某}\\\text{部件数量}\end{matrix}\times\begin{matrix}\text{单位部件}\\\text{工时定额}\end{matrix}\right)\times\begin{matrix}\text{小时定额}\\\text{直接人工费用}\end{matrix}$$

$$\begin{matrix}\text{单位产品定额}\\\text{制造费用}\end{matrix}=\sum\left(\begin{matrix}\text{所耗某}\\\text{部件数量}\end{matrix}\times\begin{matrix}\text{单位部件}\\\text{工时定额}\end{matrix}\right)\times\begin{matrix}\text{小时定额}\\\text{制造费用}\end{matrix}$$

2. 产品零、部件较多的企业

如果企业产品的零部件较多，为了简化成本计算工作，也可以不计算零件定额成本，而根据列有零件材料消耗定额、工序计划和工时消耗定额的零件定额卡，以及材料计划单价、计划工资率和其他费用率，计算部件定额成本，然后汇总计算产成品定额成本；或者根据零、部件定额卡直接计算产成品定额成本。其具体计算公式如下：

$$\text{单位产品定额直接材料成本}=\sum(\text{单位产品某种直接材料消耗定额}\times\text{该种材料计划单价})$$

$$\text{单位产品定额直接人工成本}=\sum(\text{单位产品工时定额}\times\text{计划小时工资率})$$

$$\text{单位产品定额制造费用}=\sum(\text{单位产品工时定额}\times\text{计划小时制造费用率})$$

在不计算零、部件定额成本的情况下，在产品和报废零、部件的计价，就要根据零、部件定额卡和材料计划单价、计划工资率和其他费用率临时计算。

在定额法下，由于定额成本是计算实际成本的基础，因此它所包括的成本项目和计算方法，与实际成本的成本项目和计算方法是一致的，这样才能将实际成本和定额成本进行比较，从而揭示实际成本脱离定额的差异。但是定额成本一般不包括废品损失和停工损失项目，所以实际成本中的废品损失和停工损失都是超过定额成本的差异。

（二）定额成本与计划成本的异同

产品定额成本与计划成本既有不同之处，也有相同之处。

两者相同之处在于：都是以产品生产耗费的消耗定额和计划价格为依据确定的目标成本，其计算公式是相同的。而且定额成本与计划成本的制定过程，都是产品成本进行事前反映和监督，实行事前控制的过程。

两者的不同之处是：计算计划成本的消耗定额（包括材料消耗定额和工时消耗定额）是计划期（一般为一年）内的平均消耗定额，在计划期内通常不变。计算定额成本的消耗定额则是现行定额，随着生产技术的进步和劳动生产率的提高不断修订，各种计划单价也随着生产条件的变化而变动，因此定额成本在计划期内则是变动的。由此可见，制定定额成本，能够使企业的成本控制和考核更加有效，更加符合实际，从而保证成本计划的完成。

（三）全部产品定额成本的计算

单位产品定额成本确定以后，根据在产品数量和单位零件、部件定额成本，可以计算出全部在产品定额成本；根据本期投产产品数量和单位零件、部件定额成本，可以计算出本期投入产品定额成本；根据完工产品数量和单位零件、部件、产成品定额成本，可以计算出完工产品定额成本。完工产品定额成本是计算完工产品实际成本的基础。

三、脱离定额差异的核算

为了加强生产耗费的日常控制，必须进行脱离定额差异的日常核算，及时分析产生差异的原因，明确差异的责任归属，并及时采取措施进行处理：对于实际耗费中发生的浪费或损失，应防止再次发生；如果是定额成本脱离实际，则应调整、修订定额。这样才能将生产耗费控制在既先进又切实可行的定额范围之内，节约生产耗费，降低产品成本。因此，及时、正确地核算和分析生产费用脱离定额的差异，是定额法的重要内容。为此，在发生生产费用时，应将符合定额的费用和脱离定额的差异分别进行核算，在有关费用分配明细账中分别进行登记。

（一）直接材料脱离定额差异的核算

一般说来，直接材料费用（包括自制半成品费用）在产品成本中占有较大比重，而且属于直接计入费用，因而有必要也有可能在费用发生当时就按产品计算定额费用和脱离定额的差异，加强控制。直接材料定额费用和脱离定额差异的核算方法，应与直接材料控制的方法结合，即可以根据不同情况，分别采用限额控制法、材料切割核算控制法和盘存控制法。

1. 限额法

限额法又称差异凭证法，是通过设置和运用特定的领退料凭证，来计算和确定当期材料脱离定额差异的一种方法。在这种方法下，企业应实行限额领料制度，凡属车间在限额之内的领料，应根据限额领料单向仓库领取，超过限额的领料，应填制专设的超额材料领料单等差异凭证。如果领用代用材料，应按规定比例折算为原先确定的材料，仍通过限额领料单领料或填制代用材料领料单。车间月末已领未用的材料，应办理退库手续。如果因增加产量而发生超额领料，应办理追加限额手续，仍用限额领料单领料。月末汇总差异凭证和限额领料单余额，即可求得本月材料脱离定额差异的数额。

在限额法下，超额材料领料单、代用材料领料单等差异凭证的领发材料，必须经过一定的审批手续，同时应填明差异的数量、金额以及发生差异的原因，其中由于采用代用材料、利用废料和材料质量低劣等原因引起的脱离定额差异，通常由技术部门计算、审批。对于材料代用和废料利用，还应在有关的限额领料单中注明，并从原定的限额中扣除。

值得注意的是，在限额法下，上述差异凭证反映的差异往往只是领料差异，不一定是用料差异。例如限额领料单规定的产品数量为 300 件，每件材料消耗定额为 3 千克，则领料限额为 900 千克。假定实际领料为 880 千克，其领料差异为少领 20 千克。如果实际耗用材料的产品数量也是 300 件，而且车间中没有期初和期末余料，或者期初和期末余料数量相等，则少领 20 千克就是用料脱离定额的节约差异。但如果投产的产品数量小于规定的产品数量，为 270 件，车间期初余料为 45 千克，期末余料为 75 千克，则其定额消耗量、实际消耗量和用料脱离定额差异为：

$$\text{直接材料定额消耗量} = \text{产品投产数量} \times \text{直接材料消耗定额} = 270 \times 3 = 810(\text{千克})$$

$$\text{直接材料实际消耗量} = \text{本期领料数量} \times \text{期初余料数量} - \text{期末余料数量} = 880 + 45 - 75 = 850(\text{千克})$$

$$\text{直接材料脱离定额差异} = \text{直接材料实际消耗量} - \text{直接材料定额消耗量} = 850 - 810 = +40(\text{千克})$$

由此可见，只有在产品投产数量等于规定的产品数量，而且车间没有余料或者期初、期末余料相等的情况下，领料差异才是用料脱离定额差异。因此，要控制用料不超支，不仅要控制领料不超过限额，而且还要控制产品的投产数量不少于计划规定的产品数量；此外，还要注意车间有无余料和余料的数量。

2. 切割核算法

对于需要经过切割才能进一步加工的材料，可采用切割核算法，即通过材料切割核算单，核算用料差异，控制用料。这种核算单应按切割材料的批别开立，单中填明发交切割材料的种类、数量、消耗定额和应切割成的毛坯数量；切割完毕，再填写实际切割成的毛坯数量和消耗定额，即可计算求得材料定额消耗量，以此与材料实际消耗量相比较，即可确定用料脱离定额的差异。材料定额消耗量和脱离定额的差异，也应填入材料切割核算单中，并应注明发生差异的原因，由主管人员签证。材料切割核算单的格式如表10－17所示。

表10－17　　　　　　　　材料切核算单

材料编号或名称:18019　　　　材料计量单位:千克　　　　材料计划单价:7.30元

产品名称:B产品　　　　零件编号或名称:9213　　　　图纸号:904

切割工人:陈兴　　　　机床编号:307

发交切割日期:20××年10月5日　　　　完工日期:20××年10月9日

发料数量		退回余料数量		材料实际消耗量		废料实际回收量	
278		6		272		9.6	
单件消耗定额	单件回收废料定额		应割成的毛坯数量	实际割成毛坯数量	材料定额消耗量	废料定额回收量	
7	0.2		38	35	245	7	
材料脱离定额差异		废料脱离定额差异		脱离定额差异原因		责任者	
数量	金额	数量	金额	操作技术不熟练，因而增加了边料，减少了毛坯		陈兴	
+27	+197.10	－2.6①	－1.04②				

①回收废料超过定额的差异可以冲减材料费用，故为负数；相反，低于定额的差异列为正数。

②废料计划单位成本为0.40元，故差异金额为－1.04元。

采用材料切割核算单进行材料切割核算，可以及时反映材料的耗用情况和发生差异的具体原因，加强对材料耗用的监督。如果条件具备，材料切割的核算也可以与车间或班组的经济核算结合起来，由有关的经济核算员进行。

3. 盘存法

在不能按照上述分批核算直接材料脱离定额差异的情况下，则应定期（按班、按天、按周或按旬、间隔期越短越好）通过盘存的方法核算差异。即：先根据产品凭证和在产品盘存（或账面）资料所列示完工产品数量和在产品数量，计算出产品投产数量（产品投产数量等于完工产品数量加上期末在产品数量，减去期初在产品数量），再乘以直接材料消耗定额，计算出直接材料定额消耗量；根据限额领料单、超额材料领料单和退料单等材料凭证以及车间余料的盘存资料，计算出直接材料实际消耗量；然后通过直接材料的实际消耗量与定额消耗量的比较，确定直接材料脱离定额的差异。具体计算公式如下：

$$本期直接材料定额消耗量=本期投产产品数量\times单位产品直接材料定额消耗量$$

$$本期直接材料实际消耗量=本期领用直接材料数量+期初结存直接材料数量-期末结存直接材料数量$$

$$直接材料脱离定额差异=(本期直接材料实际消耗量-本期直接材料定额消耗量)\times直接材料计划单价$$

按照上述公式计算本期直接材料脱离定额差异，必须具备下述条件：直接材料在生产开始时一次投入，期初和期末在产品不再耗用直接材料。如果直接材料随生产进度陆续投入，在产品还要耗用直接材料，那么在计算本期投产产品数量时，期初和期末在产品数量应改为按直接材料消耗定额计算的期初和期末在产品的约当产量。

[例10－6]某企业生产甲产品，本月投产产品数量1 000件，每件产品直接材料消耗定额为5千克，本月限额领料凭证领用直接材料数量4 900千克，差异凭证100千克，车间期初余料10千克，期末余料50千克，材料计划单价4元。则甲产品本期直接材料脱离定额差异计算如下：

本期直接材料定额消耗量 $=1000\times5=5000$（千克）

本期直接材料实际消耗量 $=4900+100+10-50=4960$（千克）

本期直接材料脱离定额差异 $=(4960-5000)\times4=-160$（元）

不论采用限额法，还是其他方法核算直接材料定额消耗量和脱离定额差异，都应根据各种领了凭证和差异凭证，按照产品成本计算对象编制“直接材料定额费用和脱离定额差异汇总表”，表内分别填明该批或该种产品所耗各种直接材料的定额消耗量、定额费用和脱离定额差异，并提示差异形成的原因，然后再据以登记基本生产成本明细账。汇总表格式如表10－18所示。

表10－18 直接材料定额费用和脱离定额差异汇总表

产品名称：甲 20××年10月1—31日

材料类别	材料编号	单位	计划单价	定额费用		实际费用		脱离定额差异		差异原因分析
				数量	金额	数量	金额	数量	金额	
原料主	1101	Kg	2	5 150	10 300	6 500	13 000	1 350	2 700	
要材料	1203	kg	1	4 500	4 500	4 000	4 000	－500	－500	
合计					14 800		17 000		+2 200	

在上列直接材料定额费用和脱离定额差异汇总表中，实际费用是根据实际消耗量和计划单价计算的，脱离定额差异是根据实际费用减去定额费用计算的，因而脱离定额差异额不包括直接材料价格差异，只是直接材料耗用量差异。直接材料脱离定额差异超支额用正数表示；节约额用负数表示。

自制半成品的定额消耗量、定额费用和脱离定额差异的核算方法，与直接材料相同。

（二）直接人工脱离定额差异的核算

在计件工资制度下，直接人工脱离定额差异的核算与直接材料脱离定额差异的核算相类似。按计件单价支付的工资都是定额工资费用，应登记在产量记录中。定额差异，如停工工资或由于变更工作条件支付的补加工资等，经过审批，应登记在工资补付单等差异凭证中，并注明差异形成的原因。

在计时工资制度下，直接人工费用不能在平时按产品计算定额费用和脱离定额差异，只能在月末实际直接人工费用总额确定之后，才能按照产品计算定额工资费用和脱离定额差异。其计算公式如下：

$$\text{计划小时工资率} = \frac{\text{生产车间计划产量的定额工资费用}}{\text{该车间计划产量的定额工时}}$$

$$\text{实际小时工资率} = \frac{\text{生产车间实际直接人工费用}}{\text{该车间实际生产工时}}$$

$$\text{某产品定额直接人工费用} = \text{该产品实际产量的定额工时} \times \text{计划小时工资率}$$

$$\text{某产品实际直接人工费用} = \text{该产品实际工时} \times \text{实际小时工资率}$$

$$\text{某产品直接人工脱离定额差异} = \text{该产品实际直接人工费用} \times \text{该产品定额直接人工费用}$$

[例10－7]某车间5月份全部产品计划产量的定额直接人工费用为8 400元，计划产量的定额工时为5 600小时；甲产品定额工时为4 200小时，甲产品实际工时为4 400小时。根据上述资料，计算甲产品定额直接人工费用和脱离定额差异如下：

$$\text{计划小时工资率} = \frac{8\ 400}{5\ 600} = 1.5$$

$$\text{实际小时工资率} = \frac{8\ 120}{5\ 800} = 1.4$$

甲产品定额直接人工费用 $= 4\ 200 \times 1.5 = 6\ 300$（元）

甲产品实际直接人工费用 $= 4\ 400 \times 1.4 = 6\ 160$（元）

甲产品直接人工脱离定额差异 $= 6\ 160 - 6\ 300 = -140$（元）

上述计算公式表明，直接人工脱离定额差异包括工时差异和工资率差异两部分。在日常核算中，主要核算工时差异，月末实际直接人工费用总额确定后，再核算工资率差异。因此，在定额法下，产品计时工资费用的日常控制，应通过计算生产工时脱离定额差异的方法，监督生产工时的利用情况和工时消耗定额的执行情况，以便促使企业降低单位产品直接人工费用。为此，在日常核算中，要按照产品计算定额工时、实际工时和工时脱离定额的差异，并及时分析发生差异的原因。

不论采用何种工资制度，都应根据上述资料，按产品成本计算对象汇编“直接人工定额费用和脱离定额差异汇总表”，表内汇总登记定额工资、实际工资、工资脱离定额差异及差异原因等资料，据以登记基本生产成本明细账，考核和分析各种产品直接人工定额的执行情况。

（三）制造费用脱离定额差异的核算

制造费用一般都属于间接计入费用，不能在费用发生的当时直接按产品确定脱离定额的差异。因此，在日常核算中，主要通过制造费用预算，并下达给有关部门和车间负责管理，其中能落实到班组的还要落实到班组。然后采用一定的核算形式对开支单位的费用支出进行反映和监督，计算费用脱离预算的差异，查明超支或节约的具体原因，以便采取措施谋求进一步降低费用和支出，各种产品的制造费用脱离定额的差异，只有在月末实际费用分配到各产品以后才能确定。假定按生产工时分配，则计算公式如下：

$$\text{某产品制造费用脱离定额差异} = \text{该产品实际制造费用} - \left(\text{该产品实际产量定额工时} \times \text{计划小时制造费用率}\right)$$

由此可见，要控制产品的制造费用等间接计入费用不超过定额，不仅需要按照上述方法控制这些间接计入费用总额不超过计划，同时也需要与控制计时工资一样，控制生产工时总额不低于计划，控制单位产品的工时不超过定额。

在单独核算废品损失的企业，对于废品损失及其发生的原因，应该采取废品通知单和废品损失计算表单独反映，其中不可修复废品的成本应按定额成本计算。由于产品的定额成本一般不包括废品损失，因而发生的废品损失，通常作为脱离定额的差异处理。

在实际工作中，为了简化成本计算手续，上述各种脱离定额差异可以全部计入完工产品成本（即在产品只计算定额成本）；但如果各月在产品数量变动较大，或者脱离定额差异数额较大时，则脱离定额差异应按完工产品和在产品定额成本的比例进行分配。

四、材料成本差异的分配

在定额法下，为便于进行产品成本的控制、分析和考核，直接材料的日常核算必须按计划成本计价进行。因此，前述直接材料的定额费用和脱离定额差异都是按直接材料的计划成本计算的。其中，直接材料定额费用是直接材料定额消耗量与其计划成本的乘积，直接材料脱离定额差异是直接材料消耗数量差异与计划单位成本的乘积，两者之和就是直接材料实际数量按其计划单位成本计算的费用。为了计算产品的实际直接材料费用，月末还应根据直接材料成本差异率，计算产品应负担的直接材料成本差异，其计算公式如下：

$$\text{某产品应分配的直接材料成本差异} = \left(\text{该产品直接材料定额费用} + \text{直接材料脱离定额差异}\right) \times \text{直接材料成本差异率}$$

在前述直接材料定额费用和脱离定额差异汇总表中，甲产品直接材料定额费用为 14 800 元，直接材料脱离定额差异为超支 2 200 元；假定直接材料成本差异率为节约 2%，则甲产品应分配的直接材料成本差异为：

$$\text{甲产品应分配的直接材料成本差异} = (14\ 800 + 2\ 200) \times -2\% = -340\text{（元）}$$

在实际工作中，直接材料成本差异的分配是在发料凭证汇总表或专设的材料成本差异分配表中进行的。现仍以上列资料为例，编制该企业材料成本差异分配表如表 10－19 所示。

表 10－19　　直接材料成本差异分配表　　20××年 10 月

产品名称	定额费用	脱离定额差异	计划价格费用	材料成本差异率	材料成本差异
甲	14 800	+2 200	17 000	-2%	-340

计入制造费用项目的各种材料费用如果是按照计划成本计价的，也应在月末调整分配材料成本差异。由于这部分材料费用是与其他各项制造费用一起进行分配的，因而在材料成本差异分配之前，应先确定各种产品制造费用中按计划成本计价的材料费用，也就是说要按制造费用在各种产品之间分配的标准，将按计划成本计价的材料费用在各种产品之间进行分配；然后再根据材料成本差异率，计算应计入产品制造费用项目的材料成本差异。这种做法能够分清产品制造费用中材料耗费数量差异以及材料耗费价格差异，便于进行成本控制，但核算工作量较大。为了简化核算工作，这部分材料成本差异也可以不单独分配计算，而是与按计划成本计价的材料费用一起，先计入制造费用；然后再与其他制造费用一起在各种产品

之间进行分配，计算产品定额制造费用和制造费用脱离定额差异。这种做法虽能简化核算工作，但制造费用脱离定额差异中会包含这部分材料价格差异，在进行产品成本分析和考核时，应将这部分价格差异从制造费用脱离定额差异中分离出来，单独进行分析与考核。

如果产品的生产是多步骤生产，而且要求逐步结转半成品成本，半成品的日常核算也应按照计划成本或定额成本进行。在月末计算产品实际成本时，也应比照直接材料成本差异的分配方法，分配计算产品所耗半成品的成本差异。

在定额法下，为了便于考核和分析各生产步骤的产品成本，简化和加速各步骤的成本计算工作，各步骤所耗直接材料的成本差异，应该尽量由厂部集中分配、调整，不计入各生产步骤的产品成本。

五、定额变动差异的计算

定额变动差异是指由于修订了消耗定额和生产耗费的计划价格而产生的新旧定额之间的差额。它表明企业生产技术提高和生产组织改善对定额影响的程度。它是定额本身变动的结果，与生产费用支出的节约或超支无关。

定额变动差异与定额差异，不仅经济内容和作用不同，而且核算方法也有所区别，定额变动差异不是经常发生的，因而不必经常核算，只需在发生定额变动时才进行核算；而定额差异则是经常发生的，因而必须经常、及时地进行核算。同时，定额变动与某一种特定产品相联系，可以直接计入该种产品成本；而定额差异则不一定是由某一种特定产品引起的，不可以直接计入该种产品成本，往往采用分配的方法计入有关产品成本。

在实际工作中，修订定额之后的新定额，通常是在年初或月初实施的。当月投入生产的产品的各项定额成本，理所当然地都应按新定额计算。这时如果月初有在产品，其定额成本并未修订，它仍然是按旧的定额计算的。为了将按旧定额计算的月初在产品定额成本和按新定额计算的本月投入产品的定额成本，在新定额的同一基础上相加起来，以便计算产品的实际成本，还应计算月初在产品的定额变动差异，用以调整月初在产品定额成本。

月初在产品定额变动差异的计算有两种方法：

1. 直接计算法。根据消耗定额发生变动的在产品盘存资料和修订前后的消耗定额，计算月初在产品消耗定额修订前和修订后的定额消耗量，从而确定定额消耗量的变动差异和差异金额。具体计算公式如下：

$$\text{月初在产品定额变动差异}=\sum\left[\left(\text{变动前单位在产品材料定额消耗量}-\text{变动后单位在产品材料定额消耗量}\right)\times\text{定额变动的在产品数量}\times\text{材料单价}\right]$$

这种计算方法要按照零、部件计算定额消耗量的变动，计算工作量较大，因此适用于零件品种少的企业。

2. 系数换算法。为了简化计算工作，月初在产品定额变动差异可以采用单位在产品系数换算法计算。具体计算公式如下：

$$\text{定额变动系数}=\frac{\text{按新定额计算的单位产品定额费用}}{\text{按旧定额计算的单位产品定额费用}}$$

$$\text{月初在产品定额变动差异}=\text{按旧定额计算的月初在产品定额费用}\times\left(1-\text{定额变动系数}\right)$$

上述公式中，月初在产品定额变动差异的计算结果如为正数，表示按新定额计算的定额费用低于按旧定额计算的定额费用的差异；如为负数，则表示按新定额计算的定额费用高于按旧定额计算的定额费用的差异。

［例10－8］假设前例甲产品部分零件从本月份起修订直接材料消耗定额，单位产品旧的直接材料费用定额为20元，新的直接材料费用定额为18元。该种产品本月初在产品定额直接材料费用为7 000元。定额变动系数和月初在产品定额变动差异计算如下：

$$\text{甲产品定额变动系数}=\frac{18}{20}=0.9$$

$$\text{甲产品月初在产品定额变动差异}=7\,000\times(1-0.9)=700(\text{元})$$

采用系数换算法计算月初在产品定额变动差异，虽然能够简化计算工作，但是由于定额变动差异不是按照零部件和加工工序逐一计算的，在零部件生产不成套或成套性较差的情况下，会影响成本计算的正确性。例如，某种产品一部分零部件的消耗定额作了修订，但由于零部件生产不成套，月初在产品的零部件中又不包括这部分修改定额的零部件，这时，如果采用系数换算法，就会使本来不应有定额变动差异的月初在产品定额成本作了不正确的调整。因而系数换算法只适宜在直接材料一次投入或零部件生产成套性较大的情况下采用。

不论采用何种方法计算出月初在产品定额变动差异，均应调整月初在产品定额成本。如果是低于旧定额的定额变动差异，应从月初在产品定额成本中扣除，同时将其加入本月产品成本中；相反，如果是高于旧定额的定额变动差异，应将其加入月初在产品定额成本中，同时从本月产品成本中扣除。这就是说，本月产品成本总额未变，只是定额成本与定额变动差异的构成发生了变化，即降低定额成本，增加定额变动差异；提高定额成本，减少定额变动差异。

六、完工产品和在产品成本的计算

在定额法下，产品实际成本的计算过程，也就是在完工产品与月末在产品之间分配生产费用的过程。由于定额法下的日常核算是将定额成本与各种成本差异分别进行核算的，因而各项费用也应按定额成本和各种成本差异分别进行分配。费用的分配和成本的计算，也在基本生产成本明细账中按照成本项目分别进行，但所采用的基本生产成本明细账以及各种费用分配表和汇总表等，都应按定额成本和各项差异分设专栏或专行。

采用定额法计算完工产品与月末在产品成本的程序是：先计算完工产品与月末在产品的定额成本，然后分配各种成本差异。

在定额法下，由于有现成的定额成本资料，因此各种成本差异应采用定额比例法和在产品按定额成本计价法进行分配，分配应按各个成本项目的各种成本差异分别进行。如果成本差异的金额不大，成本差异可以全部由完工产品负担；如果成本差异金额较大且各月在产品数量变动也较大，则应将成本差异在完工产品与月末在产品之间按定额成本的比例进行分配。如果产品的生产周期小于一个月，定额变动的月初在产品在月内全部完工，那么即使差异金额较大而且各月在产品数量变动也较大，也可以将其归由完工产品成本负担。根据完工产品的定额成本，加减应负担的各种成本差异即可计算出完工产品的实际成本；根据月末在产品的定额成本，加减应负担的各种成本差异，即为月末在产品的实际成本。

[例 10 - 9]假定前例甲产品是由一个封闭式车间进行生产，不分批、分步计算产品成本。该企业规定，甲产品材料成本差异和定额变动差异全部由完工产品负担，其中制造费用负担的材料成本差异采用简化的分配方法，即与其他制造费用一起在各种产品之间进行分配；脱离定额差异按定额成本比例在完工与月末在产品之间进行分配。

根据甲产品的各有关成本资料，登记基本生产成本明细账，如表 10 - 20 所示。

表 10 - 20　　基本生产成本明细账

产品名称：甲　　20××年 10 月　　完工产量：1 000 件

成本项目		直接材料	直接人工	制造费用	成本合计
月初在产品	定额成本	7 000	3 800	11 200	22 000
	脱离定额差异	−934	−600	+364	−1 170
月初在产品定额变动	定额成本调整	−700			−700
	定额变动差异	+700			+700
本月生产费用	定额成本	14 800	11 200	32 000	58 000
	脱离定额差异	+2 200	+1 800	−4 684	−684
	材料成本差异	−340			−340
生产费用合计	定额成本	21 100	15 000	43 200	79 300
	脱离定额差异	+1 266	+1 200	−4 320	−1 854
	材料成本差异	−340			−340
	定额变动差异	+700			+700
差异率	脱离定额差异	+6%	+8%	−10%	
本月产成品成本	定额成本	18 000	13 000	37 400	68 400
	脱离定额差异	+1 080	+1 040	−3 740	−1 620
	材料成本差异	−340			−340
	定额变动差异	+700			+700
	实际成本	19 440	14 040	33 660	67 140
月末在产品	定额成本	3 100	2 000	5 800	10 900
	脱离定额差异	+186	+160	−580	−234

上例甲产品基本生产成本明细账中，月初在产品成本资料应根据上月甲产品基本生产成本明细账中月末在产品成本资料登记。由于材料成本差异和定额变动差异均由完工产品成本负担，因而月初在产品成本中不包括这两种成本差异。月初在产品定额变动资料，应根据前述月初在产品定额变动差异计算资料登记，其中，定额成本调整数是按旧定额计算的月初在产品定额成本的调整数（定额降低时为负数，定额提高时为正数）；定额变动差异数是应计入

本月产品成本的月初在产品定额变动差异数(定额降低时为正数，定额提高时为负数)。定额成本调整数与定额变动差异相等，但正负方向相反。

本月生产费用中的定额成本和脱离定额差异资料，应根据前述各项费用定额和脱离定额差异计算资料登记;材料成本差异资料应根据材料成本差异分配表登记。

生产费用合计资料，应根据月初在产品成本、月初在产品定额变动以及本月生产费用等资料加、减计算登记。其中定额成本数应根据月初在产品定额成本、定额成本调整以及本月生产费用中的定额成本的代数和计算登记。

差异率是指成本差异脱离定额成本的比率，应根据生产费用合计数中各项费用的差异额除以定额成本计算。根据差异率，可以将各种成本差异在完工产品和月末在产品之间进行分配。由于本例中只有脱离定额差异在完工与月末在产品之间进行分配，因此差异率只为脱离定额差异率。

本月完工产品定额成本，应根据产成品入库单所列产成品数量乘以单位产品定额成本计算登记。假设甲产品的产成品数量为 1 000 件，新修订的直接材料费用定额为 18 元，工时定额为 2 小时，计划小时工资率为 6.5 元，计划小时制造费用率为 18.7 元，完工产品定额成本计算如下：

定额直接材料费用 = 1 000 × 18 = 18 000(元)

定额直接人工费用 = 1 000 × 2 × 6.5 = 13 000(元)

定额制造费用 = 1 000 × 2 × 18.7 = 37 400(元)

完工产品定额成本 = 18 000 + 13 000 + 37 400 = 68 400(元)

本月完工产品应负担的脱离定额差异，应根据完工产品定额成本乘以脱离定额差异率计算登记。由于本例中材料成本差异和定额变动差异均由产成品负担，因而产成品成本中的上述两种成本差异应根据生产费用合计数中该两种成本差异直接登记。

本月完工产品实际成本，应根据完工产品定额成本加、减各项成本差异计算登记。

月末在产品定额成本，可以根据该种产品各工序各种在产品的盘存数量，乘以各项费用定额计算登记;也可以根据生产费用合计数中的定额成本，减去本月完工产品定额成本计算登记。两者计算结果应当相等。月末在产品脱离定额差异，可以根据月末在产品定额成本乘以脱离定额差异率计算登记;也可以根据生产费用合计数中脱离定额差异减去本月完工产品脱离定额差异登记。

通过上例产品成本计算单可以看出，完工产品定额成本为 68 400 元，实际成本为 67 140 元，节约 1 260 元。在成本节约的 1 260 元中，生产耗费节约 1 620 元(即脱离定额差异)，但其中直接材料耗费超支 1 080 元，直接人工超支 1 040 元，只有制造费用节约 3 740 元(制造费用脱离定额差异中包括一部分材料成本差异，在进一步分析中应予以调整)，这部分成本节约应为车间管理工作的业绩;直接材料采购成本降低而使完工产品成本节约 340 元，这反映了供应部门的工作业绩;月初在产品定额变动形成成本差异 700 元，这一方面反映了在价格不变的情况下由于生产技术的提高而降低了直接材料消耗定额，另一方面也反映了以前月份月末在产品定额成本较高而虚降了完工产品成本，这部分差异反映了车间以前月份的工作成果。根据以上分析结果，可以进一步进行产品成本考核。

七、定额法的评价

综上所述，定额法是将产品成本的定额工作、核算工作、控制工作和分析工作有机结合起来，将事前、事中和事后的核算与控制融为一体的一种产品成本计算方法和成本管理制度。

(一)定额法的优缺点

定额法的优点是:(1)通过对生产耗费和生产费用脱离定额差异的日常核算，可以及时发现问题，采取有效措施，节约生产费用，降低产品成本。(2)由于产品实际成本是按照定额成本和各种出版本差异分别核算的，因而便于进行产品成本的定期分析，有利于进一步挖掘降低产品成本的潜力。(3)通过脱离定额差异和定额变动差异的核算，有利于提高成本的定额管理水平。(4)由于有着现成的定额成本资料，因而能够比较合理简便地解决在完工产品和月末在产品之间分配费用(即分配各种成本差异)的问题。

定额法的缺点是:(1)由于要制定定额成本，单独核算脱离定额差异和分配材料成本差异，在定额变动时还要修订定额成本，计算定额变动差异，因而成本核算量较大。(2)由于没有区分可控成本和不可控成本，因而不能直接根据各种成本差异确定责任承担者，尤其是在定额法与逐步结转分步法相结合核算的情况下，定额成本和各种成本差异将在一起多次逐步结转，除第一步骤以外，以后各生产步骤的成本差异中均包括以前各生产步骤的成本差异，不能彻底解决成本责任的归属问题。(3)由于没有区分变动成本和固定成本，定额成本均是根据产品数量和单位产品费用定额计算的. 脱离定额差异中既可能包括固定成本的耗费差异，又可能包括由于产品数量变动而相对节约或超支的固定成本差异，因而也不便于进行产品成本的合理分析。(4)由于企业成本计划往往是分别按照变动成本和固定成本编制的，而定额法没有分别按照变动成本和固定成本进行核算，因而两者口径可能不一致，不便于进行产品成本的逐级汇总分析，不能最终确定企业成本计划完成好坏的责任归属。

(二)定额法的应用条件

为了充分发挥定额法的作用，简化核算工作，采用定额法必须具备一定的条件:(1)定额管理的制度比较健全，定额管理工作基础较好。(2)产品的生产已经定型，消耗定额比较准确、稳定。大量大批生产比较容易具备这些条件，因而定额法最早应用在大量大批生产的机械制造业中。但应指出，定额法与生产类型并没有直接的关系，不论哪一种类型生产，只要具备这些条件，都可以采用定额法核算生产费用，计算产品成本。

☆★本章关键概念

分类法　联产品　副产品　定额法　脱离定额差异　定额变动差异

☆★复习思考题

1. 如何运用系数法计算类内各种产品的成本，分配系数如何确定?
2. 在联产品和副产品的成本计算中，如何运用分类法的基本原理?
3. 定额法的特点有哪些?
4. 脱离定额差异与定额变动差异有何区别?

第十一章 成本报表与分析

【引言】

成本报表是企业的重要内部报表，主要用于反映企业一定时期各项生产费用、期间费用的发生情况、成本水平和构成情况，以满足企业内部管理需要。对成本报表进行的分析性工作，帮助企业了解成本构成、成本变动趋势、成本对损益的影响情况和成本计划完成情况及其原因，以便挖掘降低成本的潜力、完善未来的成本管理。本章主要介绍工业企业成本报表的种类、编制方法、编制程序，以及成本分析的基本内容和方法。

第一节 成本报表概述

一、成本报表涵义和作用

成本报表是根据成本核算及其他有关资料编制，用于反映企业一定时期各项生产费用支出情况、成本水平和构成情况，以考核成本计划执行结果的会计报表。成本报表不是对外报送的会计报表，而是满足企业内部生产经营管理需要的内部会计报表。因此成本报表的种类、格式、内容及编制方法，可以由企业根据其生产经营特点和管理要求自行确定。

成本报表作为企业内部会计报表，企业内部管理人员可以分析和考核企业成本计划的执行情况，促使企业降低成本，节约费用，从而提高企业的经济效益;同时，通过对成本报表的分析，还可以揭示企业在生产、经营、技术、管理等方面取得的成绩和存在的问题，进一步提高企业在这些方面的水平;此外，成本报表提供的实际成本资料，可以为企业确定产品价格、进行成本和利润预测、制定有关生产经营决策、以及编制成本和利润计划提供重要数据。

二、成本报表的种类和编制要求

在实际工作中，不同行业企业成本报表的内容有所不同，以工业企业为例，其成本报表主要有:商品产品成本表、主要产品单位成本表、制造费用明细表和其他成本报表。

为了保证成本信息的质量，充分发挥成本报表的作用，成本报表的编制应符合以下要求:

1. 真实性。成本报表所提供的有关指标，必须做到如实反映企业在一定时期内各项成本费用的实际情况，将所有经济业务登记入账后，验证账证相符、账账相符、账实相符，不得以估计数字、定额数字或计划数字代替实际数字，并保证有关报表数字与账面记录的一致性。

2. 完整性。一是有关报表的种类必须齐全，特别是定期报表尤为注意；二是报表内各项目的填列必须齐全，包括正表与副表填列、表内项目与表外补充资料的填列等，不得随意取舍报表类及报表的有关项目。

3. 及时性。及时提供成本信息，是保证成本信息质量的重要前提之一。成本信息如失去时效性，会使其用途大打折扣，甚至误导决策，造成决策失误。成本报表无论定期还是不定期编报，都应在规定的时间内报出，及时向有关部门和人员反馈成本费用信息，以便检查计划或预算的执行情况，采取措施保持有利差异。纠正不利差异，从而促进成本目标的实现。

4. 相关性。成本报表的种类及指标的设计应贯彻相关性原则，满足不同管理的需要。企业应根据一定时期的管理要求和有关业务性质特点，设计成本报表的种类。成本报表中反映的成本指标，可以是总括数字，也可以是明细数字；可以是预算数字，也可以是实际数字；可以是完全成本，也可以是变动成本、标准成本、责任成本或作业成本；可以是事前成本预测数字，也可以是事中反馈数字、事后总结数字；可以是各产品全面的成本数字，也可以是某一种产品、甚至某个生产步骤、某个工序、某个班组的成本数字；可以是各个成本项目的综合数字，也可以是某个成本项目或某项费用的数字。

第二节 成本报表的编制

一、商品产品成本表

商品产品成本表，是反映企业在报告期内所生产全部产品的总成本和各种主要商品产品单位成本和总成本的成本报表。利用商品产品成本表所提供的有关信息，可以考核和分析企业全部商品产品和各种主要商品产品成本计划的执行情况以及可比产品成本降低任务的完成情况，综合评价企业成本管理的工作业绩，为下一会计期间的成本计划及考核指标的确定提供可资参考的依据。

（一）商品产品成本表的结构和内容

商品产品成本表由基本报表和补充资料两部分组成，其格式和内容如表 11－1 所示。

1. 基本报表部分

将全部商品产品分为可比产品和不可比产品两部分，列示其实际产量、单位成本、本月总成本、本年累计总成本。其中实际产量分为本月实际产量和本年累计实际产量两栏；单位成本分为上年实际平均单位成本、本年计划单位成本、本月实际单位成本和本年累计实际平均单位成本四栏；本月总成本分为按上年实际平均单位成本计算的总成本、按本年计划单位成本计算的总成本和按本月实际单位成本计算的总成本三栏；本年累计总成本分为按上年实际平均单位成本计算的总成本、按本年计划单位成本计算的总成本和按本年累计实际单位成本计算的总成本三栏。

可比产品是指以前年度正式生产过、有完整的成本资料可供比较的产品。不可比产品是指本年初次生产，或虽然本年度不属于初次生产，但以前年度属于试制生产，缺乏可比成本资料的产品。因此在成本计划中，不可比产品只规定本年度计划成本数，可比产品除规定计划成本指标外，还规定本年度成本降低计划指标（包括成本降低额和降低率两个方面）。

表 11－1

商品产品成本表

编制单位：××机床厂　　　　20××年12月　　　　单位：元

产品名称	规格	计量单位	实际产量		单位成本				本月总成本			本年累计总成本		
			本月	本年累计	上年实际平均	本年计划	本月实际	本年累计实际平均	按上年实际平均单位成本计算	按本年计划单位成本计算	本月实际	按上年实际平均单位成本计算	按本年计划单位成本计算	本年实际
			1	2	3	4	5＝9/1	6＝12/2	7＝1×3	8＝1×4	9	10＝2×3	11＝2×4	12
可比产品合计									1 890 000	1 840 600	1 846 400	18 430 000	17 947 000	17 758 000
其中：甲产品			2 000	22 000	130	126	123	125	260 000	252 000	246 000	2 860 000	2 772 000	2 750 000
乙产品		台	8 000	76 000	195	190	192	188	1 560 000	1 520 000	1 536 000	14 820 000	14 440 000	14 288 000
丙产品		台	1 400	15 000	50	49	46	48	70 000	68 600	64 400	750 000	735 000	720 000
不可比产品合计		台								216 100	239 000		3 344 400	2 457 200
其中：丁产品			500	6 400		56	60	58		28 000	30 000		358 400	371 200
戊产品		台	1 045	10 000		180	200	125.60		188 100	209 000		1 800 000	1 256 000
其他		台											1 186 000	830 000
全部商品产品成本										2 056 700	2 085 400		21 291 400	20 215 200

补充资料：

1. 可比产品成本降低额
2. 可比产品成本降低率
3. 按现行价格计算的商品产值
4. 产值成本率

2. 补充资料部分

补充资料部分的指标只填列本年累计实际数，包括可比产品成本降低额、可比产品成本降低率、按现行价格计算的商品产值、产值成本率等。

（二）商品产品成本表的填列方法

1. “产品名称”栏。根据主要商品产品的品种，区分可比产品与不可比产品分项列示，注明各种产品的名称、规格和计量单位。

2. “实际产量”栏。根据各种产品本月实际产量和从年初起至本月止实际产量的累计数分别填列。

3. “单位成本”栏。其中，“上年实际平均”项目只有可比产品填列，应根据上年度本表所列各种可比产品的全年实际平均单位成本填列；“本年计划”项目，根据各种商品产品本年度计划单位成本数填列；“本月实际”项目，根据各种商品产品本月实际单位成本填列；“本年累计实际平均”项目，根据年初至本月末各种商品产品的实际单位成本填列。

4. “本月总成本”栏。其中，“按上年实际平均单位成本计算”项目，根据本月实际产量乘以上年实际平均单位成本计算填列；“按本年计划单位成本计算”项目，根据本月实际产量乘以本年计划单位成本计算填列；“本月实际”项目，根据本月实际产量乘以本月实际单位成本计算填列。

5. “本年累计总成本”栏。其中，“按上年实际平均单位成本计算”项目，根据本年累计实际产量乘以上年实际平均单位成本计算填列；“按本年计划单位成本计算”项目，根据本年累计实际产量乘以本年计划单位成本计算填列；“本年实际”项目，根据本年累计实际产量乘以本年累计实际单位成本计算填列。

6. 补充资料的填列。补充资料中的各项指标按下列公式计算：

$$\begin{matrix}\text{可比产品}\\\text{成本降低额}\end{matrix}=\begin{matrix}\text{按上年实际平均单位成}\\\text{本计算的可比产品总成本}\end{matrix}-\begin{matrix}\text{本年可比产品}\\\text{实际总成本}\end{matrix}$$

$$\begin{matrix}\text{可比产品}\\\text{成本降低率}\end{matrix}=\frac{\text{可比产品成本降低额}}{\text{按上年实际平均单位成本计算的可比产品总成本}}\times100\%$$

$$\text{产值成本率}=\frac{\text{商品产品总成本}}{\text{按现行价格计算的商品产值}}\times100\%$$

[例 11－1]表 11－1 中该企业所产的甲、乙、丙三种产品都是主要产品，且均为可比产品，根据表中所列有关数据，计算该企业全部可比产品的成本降低指标为：

$$\frac{\text{可比产品}}{\text{成本降低额}}=18\ 430\ 000-17\ 758\ 000=672\ 000\text{（元）}$$

$$\frac{\text{可比产品}}{\text{成本降低额}}=\frac{672\ 000}{18\ 430\ 000}=3.646\%$$

如果本年可比产品成本比上年不是降低，而是升高，上列成本的降低额和降低率应用负数填列；如果企业可比产品品种不多，其成本降低率也可以按产品品种分别计划和计算。

二、主要产品单位成本表

主要产品单位成本表是反映企业在报告期内所生产的各种主要产品单位构成情况及其水平的成本报表。商品产品成本表从成本总额的角度揭示了主要产品的成本状况，但不能提供成本构成情况的信息，不便于成本分析。主要产品单位成本表的编制弥补了商品产品成本表的这一不足，起到了补充说明的作用。另一方面，通过本表所提供的资料，可以分析考核各主要产品单位成本计划的执行情况，可以按成本项目将本月实际与上年同期实际、本年累计实际、历史先进水品进行比较，有利于揭示各成本项目的增减变动情况、变动趋势及变动原因，可以考核各种主要产品的主要技术经济指标的执行情况，有利于从技术与经济的结合上寻求降低产品成本的途径，挖掘内部潜力，促进成本计划的完成。

（一）主要产品单位成本表的结构和内容

主要产品单位成本表按产品品种分别设置，分为产量、单位成本、主要技术经济指标三部分。

1. 产量部分。产量部分主要包括产品名称、规格、计量单位、单位售价、本月计划产量、本月实际产量、本年累计计划产量和本年累计实际产量等。

2. 单位成本部分。单位成本部分主要包括历史先进水平、上年实际平均、本年计划、本年实际、本年实际累计平均等五个栏目，分别反映直接材料、直接人工、制造费用等成本项目的金额及其合计数。

3. 主要技术经济指标部分。主要技术经济指标部分包括各种主要材料和工时的历史先进水平耗用量、上年实际平均耗用量、本年计划耗用量、本年实际耗用量、本年实际累计平均耗用量等。

主要产品单位成本表格式和内容如表 11－2 所示。

表 11－2

主要产品单位成本表

20××年 12 月

编制单位：××机床

产品名称：甲产品

规格：2105

计量单位：台

销售单价：160 元

本月计划产量：1 850

本月实际产量：2 000

本年累计计划产量：21 500

本年累计实际产量：22 000

成本项目	历史先进水平年	上年实际平均	本年计划	本月实际	本年累计实际平均
	1	2	3	4	5
直接材料	99.80	102.85	100.70	99.60	99.60
直接人工	11.40	12.54	11.97	11.17	11.63
制造费用	12.80	14.61	13.33	12.23	13.77
合计	124	130	126	123	125
主要技术经济指标	用量	用量	用量	用量	用量
1. 普通钢材	69	73	72	69.6	71.5
2. 优质钢材	6	6	6	6.7	5.9
3. 工时	14	16	16	12.7	13

（二）主要产品单位成本表的填列方法

1. 产量部分。本月及本年累计计划产量根据有关生产计划填列；本月及本年累计实际产量根据有关产成品汇总表填列；销售单价根据产品售价表填列。

2. 单位成本部分。"历史先进水平"根据本企业历史成本资料中该产品最低实际单位成本数填列；"上年实际平均"根据本企业上年度该产品成本表的"本年实际累计平均"栏的数字填列；"本年计划"根据本年该产品计划单位成本数填列；"本年实际"根据本年产成品汇总表中该产品的实际单位成本数填列；"本年实际累计平均"根据年初至本月末的已完工产品成本计算单等有关资料，采用加权平均计算后填列。

3. 主要技术经济指标部分。根据有关业务技术核算资料填列。

对于不可比产品，则不填列"历史先进水平"和"上年实际平均"的单位成本和单位用量。

由于主要产品单位成本表是商品产品成本表的补充，所以该表中按成本项目反映的"上年实际平均"、"本年计划"、"本月实际"、"本年累计实际平均"等单位成本合计，应与商品产品成本表中的各该单位成本的数字核对相符。

三、制造费用明细表

制造费用明细表是反映年度内发生的各项制造费用及其总额的成本报表。本表可用于分析制造费用的构成及其增减变动情况，考核制造费用预算的执行结果，加强制造费用控制管理，为节约开支、降低产品成本提供依据。

制造费用明细表根据制造费用的费用项目，分别反映本年计划数、上年同期实际数、本年累计实际数。其基本格式和内容如表 11－3 所示。

表 11－3

制造费用明细表

编制单位：××机床　　20××年 12 月　　**单位：元**

项目	行次	本年计划数	上年同期实际数	本年累计实际数
工资	1	100 000	90 000	105 000
职工福利费	2	14 000	12 600	14 700
折旧费	3	900 000	880 000	864 000
租赁费	4	——	——	——
修理费	5	780 000	850 000	812 000
机物料消耗	6	1 600 000	1 750 000	1 550 000
低值易耗品	7	1 200 000	1 310 000	1 180 000
取暖费	8	220 000	228 000	217 000
水电费	9	480 000	505 000	473 000
办公费	10	100 000	114 000	99 000
差旅费	11	30 000	28 000	27 000
运输费	12	50 000	63 000	49 000
保险费	13	190 000	192 000	181 000
设计制图费	14	20 000	33 000	36 000
试验检验费	15	70 000	71 000	72 000
劳动保护费	16	40 000	50 800	41 000
停工损失	17	——	——	——
其他	18	360 000	374 600	308 300
合计		6 154 000	6 552 000	6 029 000

该表中的"本年计划数"根据成本计划中的制造费用计划数填列；"上年同期实际数"根据上年同期本表的累计实际数填列，如果上年度本表的费用项目与本年度不一致，应将上年度

的有关数字按照本年度本表的项目调整填列;"本年累计实际数"根据制造费用明细账本年累计的实际发生额填列。

四、其他成本报表

企业除了应及时编制上述各种成本、费用报表外，还需按特定生产工艺特点和成本管理要求，设置和编制一些其他成本报表。

(一)生产情况表

生产情况表主要反映某种产品、某个车间、某个部门甚至某个企业在一定时期内生产商品产品的数量及其成本情况。本表可按半月、旬、周编报，也可进行日报。报告的时间间隔越短，其及时性、有效性越强。该表的参考格式如表11-4所示。

表11-4 生产情况表

车间:　　　　年　月　日

产品名称	直接材料	直接人工	制造费用	其他费用	合计	生产数量		
						日期	完工入库数	在产品数
合计								

(二)主要材料成本表

主要材料成本表可分为材料耗用量报表和材料成本表。前者可按日编报，分材料种类反映其实际用量、标准用量、差异数及差异额的本日数、本月累计数和本年累计数，可由仓库根据材料的领用情况编制。后者由会计人员编报，分产品或部门报告材料的实际成本、标准成本、成本差异额、成本差异率等，并对主要材料的价格差异编制分析表。如表11-5、表11-6、表11-7所示。

表11-5 材料耗用量月报表

材料名称:　　　　年　月　　　　计量单位:

日期	本日数				本月数				本年累计数			
	实际用量	标准用量	差异	差异率	实际用量	标准用量	差异	差异率	实际用量	标准用量	差异	差异率

表 11－6

材料耗用成本表

年 月 日至 月 日

单位：元

部门	实际成本	标准成本	差异数	差异率
一车间				
二车间				
三车间				
四车间				

表 11－7

材料价格差异分析表

年 月 日至 月 日

单位：元

材料名称	计量单位	实际成本		计划成本		差异		
		单位成本	总成本	单位成本	总成本	单位成本	总成本	差异率

（三）人工成本报告

人工成本报告是反映企业人工费用的执行情况的报告，可按照工号或工人姓名列示实际人工费与定额人工费及其差异，揭示人工费用节约或超支的原因。其格式如表 11 - 8 所示。

表 11 - 8 人工成本报告

年 月 日

工号或工人姓名	实际人工费用			定额人工费用			差异		
	实际工时	实际小时工资	实际人工费用	定额工时	定额小时工资	定额人工费用	工时差异	工资率差异	人工费用差异

第三节 成本分析概述

一、成本分析的涵义和内容

成本分析是指根据成本计划、成本核算资料和其他相关资料，按照一定的原则和方法，对企业成本水平及构成情况进行分析和评价，以揭示成本变动的原因，寻求成本降低的途径，提高企业的经济效益。

成本分析是成本会计工作的重要环节，是企业成本管理的重要组成部分。通过成本分析，可以反映企业生产经营管理工作质量和劳动耗费水平，以便改进工作、降低劳动耗费；可以查明影响成本升降的原因，以便挖掘企业降低成本的潜力；还可以为企业成本预测和决策提供信息资料，以便指导未来的成本管理工作。

由于成本分析贯穿于企业成本管理工作的始终，包含内容复杂，表现形式多样，因此其内容可以按不同的标准进行分类。

（一）按成本分析的内容不同分类

成本分析按内容不同，可分为成本计划完成情况分析、成本效益分析和成本技术经济分析。

成本计划完成情况分析是对全部商品产品成本、可比产品成本降低任务、主要产品单位成本的计划执行情况进行分析和评价。成本效益分析主要是对产值成本率、销售成本率、成本费用利润率等指标进行的分析。成本技术经济分析是对主要技术经济指标对产品单位成本的影响所进行的分析。

（二）按成本分析的时间不同分类

成本分析按时间不同，可分为定期分析和不定期分析。

定期分析是指在一个年度、一个季度和每月终了后进行的分析。它比较系统地、全面地分析年、季、月成本计划的完成情况，并针对所存在的问题，提出解决办法，以保证成本计划的完成。不定期分析是指根据生产经营管理的需要随时进行的分析。例如，生产过程中出现某些突出问题，严重影响成本计划完成时所进行的分析，以及对产品成本进行同行业的对比分析，都属于不定期分析。

(三)按成本分析的范围不同分类

成本分析按范围不同，可分为全面分析和专题分析。

全面分析也称综合分析，这里所谓的全面是指对企业成本计划完成情况进行比较完整系统的综合分析，从成本角度抓住生产经营过程中带有普遍性和关键性的问题并做出评价，指明降低成本的途径。专题分析是对生产经营过程中影响成本降低的某些突出问题进行的深入分析，它是全面分析的继续，但有时也可以根据日常发现的成本问题随时进行，分析结果为全面分析提供资料。

(四)按成本分析的人员不同分类

成本分析按人员不同，可分为专业分析和群众分析。

专业分析是指由厂部、车间成本核算和管理人员所进行的分析，有较强的专业技术性，是最基本的分析。群众分析是指按成本指标归口分级管理的要求，发动其他职能部门和班组有关人员，结合本职工作对成本相关指标所进行的分析。

二、成本分析的原则

为了完成成本分析工作，发挥成本分析在企业成本管理中的作用，企业在进行成本分析时，应遵循下列原则：

1. 定量分析与定性分析相结合的原则

企业的成本状况及其变动，既有质的特征，又有量的界限，因此企业的成本分析也应包括定性和定量两个方面。对成本变动性质的分析，称为定性分析，目的在于揭示影响资金耗费各因素的性质、内在联系及其变动趋势；对成本变动数量的分析，称为定量分析，目的在于确定成本指标变动幅度及其各因素影响程度。定性分析是定量分析的基础，定量分析是定性分析的深化。仅有定量分析结果而无定性分析说明，或仅有定性分析说明而无定量分析资料作依据，都不能充分发挥成本分析应有的作用。

2. 成本分析与技术经济分析相结合的原则

技术经济指标的完成情况，直接或间接地影响着产品成本的高低。只有结合技术经济指标的变动情况对产品成本进行分析，才能使成本分析深入到生产技术领域，从根本上查明成本变动的原因，寻求降低成本的途径。

3. 成本分析与经济责任制相结合的原则

企业建立内部经济责任制是成本分析工作持久的必要保证，只有建立了完善的经济责任制，企业才能依据各部门的特点，开展班组成本分析、车间成本分析和全厂成本分析，使成本分析植根于广泛深入的调查研究之中，为提供有用的信息打下基础。

三、成本分析的方法

企业进行成本分析，需要运用一定的专门技术方法，也称数量分析方法。在实际工作中，通常采用的成本分析方法有：对比分析法、比率分析法、因素分析法等。

(一)对比分析法

对比分析法也称比较分析法，它是通过实际数与基数的对比来揭示实际数与基数之间的差异，借以了解经济活动的成绩和问题的一种分析方法。它是成本分析最基本的方法。

采用对比分析法开展分析时，对比的基数由于分析目的的不同而有所不同，一般有计划数、定额数、前期实际数、以前年度同期实际数以及本企业历史先进水平和国内外同行业的先进水平。

对比分析法只适用于同质指标的数量对比，例如实际产品成本与计划产品成本对比、本期实际制造费用与前期实际制造费用对比等。在采用这种分析方法时，应注意所对比指标的可比性，在经济内容、计算方法、计算期和影响指标形成的客观条件等方面，应有可比的共同基础。如果相比较的指标之间有不可比因素，应先按可比的口径进行调整，然后再进行对比。

(二)比率分析法

比率分析法是通过计算有关指标之间的相对数，即比率，借以考察经济业务相对效益的一种分析方法。比率分析法主要有相关比率分析、构成比率分析和趋势比率分析等形式。

1. 相关比率分析。相关比率分析是计算两个性质不同但又相关的指标的比率进行数量分析的方法。在实际工作中，由于企业规模不同等原因，单纯地对比绝对数指标，有时不能起到对比的作用，如果计算相对数指标，如产值成本率、成本利润率等，则可以反映各企业经济效益的高低。

2. 构成比率分析。构成比率分析是计算某项指标的各个组成部分占总体的比重，即部分与全部的比率进行数量分析的方法。如将构成产品成本的各项费用分别与产品成本总额相比，计算产品成本的构成比率。通过这种分析，可以反映成本或费用的构成是否合理。

3. 趋势比率分析。趋势比率分析是将几个时期同类指标的数字进行对比，求出比率，分析该项指标增减速度和发展趋势，用以对企业各项生产经营活动的情况进行评判。按照对比标准不同，趋势比率指标又可分为基期指数指标和环比指数指标。

利用比率分析法进行成本分析，指标计算简便，而且对其结果也比较容易判断；可以使某些指标在不同规模的企业之间进行比较，甚至在一定程度上超越行业间的差别进行比较。同时，比率分析法也存在一定不足：一是比率分析所用的都是历史资料，不能作为判断未来经济状况的可靠依据；二是当企业一些会计事项采用不同的会计处理方法时，企业之间比率的可比性会受到影响；三是比率分析法仅能发现指标的实际数与标准数的差异，无法查明指标变动的原因及其对指标的影响程度。

为了克服比率分析法的局限性，在应用比率分析法时，应注意以下几点：第一，在对各种比率指标进行分析时，应制定出相应的标准，据以评价实际完成情况，以达到指导企业经济活动的目的。这些标准一般有公认标准、行业标准、本企业历史标准和本企业制订的目标标准等；第二，计算比率的两个项目要具有相关性，其计算口径也要一致；第三，在不同企业之间进行对比分析时，要剔除不可比因素。

(三)因素分析法

因素分析法是根据分析指标与其影响因素之间的数量关系，按照一定的程序和要求，从数值上测定各因素对分析指标影响程度的一种分析方法。因素分析法又可分为连环替代法和差额计算法两种形式。

1. 连环替代法

连环替代法是因素分析法的基本形式，它是顺序用各因素的实际数替换基数，借以计算各因素影响程度的一种分析方法。

单纯采用对比分析法和比率分析法只能反映实际数与基数之间的差异，而不能揭示产生差异的因素和各因素的影响程度。而采用连环替代法则可以解决这一问题。其计算程序是：(1)根据分析指标的计算公式确定影响指标变动的各项因素；(2)排列各项因素的顺序；(3)按排定的因素顺序和各项因素的基数进行计算；(4)顺序将前面一项因素的基数替换为实际数，有几项因素就替换几次；(5)将每次替换后的计算结果与前一次替换后的计算结果进行比较，二者的差额即为该次替换因素动对指标的影响数额；(6)将各项因素的影响程度的代数和与分析指标变动的差异总额核对相符。

[例 11－2]假设某企业 20××年甲产品生产中有关材料费用分析资料如表 11－9 所示。

表 11－9 甲产品材料费用计划与实际资料

项目	计量单位	计划数	实际数
产品产量	件	10 000	11 000
单位产品材料消耗量	千克	8	7
材料单价	元	5	6
材料费用总额	元	400 000	462 000

根据以上资料，采用连环替代法分析步骤及结果如下：

分析对象：462 000－400 000＝＋62 000(元)

计划指标：10 000×8×5＝400 000(元) ①

第一次替换：11 000×8×5＝440 000(元) ②

第二次替换：11 000×7×5＝385 000(元) ③

第三次替换：11 000×7×6＝462 000(元) ④

②－①＝440 000－400 000＝＋40 000(元)(产量增加的影响额)

③－②＝385 000－440 000＝－55 000(元)(材料消耗节约的影响额)

④－③＝462 000－385 000＝＋77 000(元)(材料价格提高的影响额)

各影响因素的代数和＝40 000－55 000＋77 000＝＋62 000(元)

从上例中可以看出，计算某项因素变动的影响程度程度时，假定其他因素不变(这样才能计算出该项因素变动的影响程度)，同时假定前面的因素已经变动，后面的因素尚未变动。因此，在运用这种方法时必须合理排列各因素的顺序。

确定各因素排列顺序的一般原则是：如果既有数量因素又有质量因素，先计算数量因素变动的影响，后计算质量因素变动的影响；如果既有实物量因素又有价值量因素，先计算实物量因素变动的影响，后计算价值量因素变动的影响；如果有几个数量因素或质量因素，还应区分主要因素和次要因素，先计算主要因素变动的影响，后计算次要因素变动的影响。

2. 差额计算法

差额计算法是根据各项因素的实际数与基数的差额来计算各项因素影响程度的方法，它是连环替代法的一种简化的计算方法。

上述连环替代法的计算原理，可按下列公式表示：

第 1 项因素的影响程度＝(第 1 项因素实际数×第 2 项因素基数×第 3 项因素基数)－(第 1 项因素基数×第 2 项因素基数×第 3 项因素基数)＝(第 1 项因素实际数－第 1 项因素基数)×第 2 项因素基数×第 3 项因素基数

第 2 项因素的影响程度＝(第 1 项因素实际数×第 2 项因素实际数×第 3 项因素基数)－

（第1项因素实际数×第2项因素基数×第3项因素基数）=（第2项因素实际数－第2项因素基数）×第1项因素实际数×第3项因素基数

第3项因素的影响程度=（第1项因素实际数×第2项因素实际数×第3项因素实际数）－（第1项因素实际数×第2项因素实际数×第3项因素基数）=（第3项因素实际数－第3项因素基数）×第1项因素实际数×第2项因素实际数

由此可得，在差额计算法下计算某因素变动对分析指标的影响程度时，其计算公式如下：

某因素变动的影响程度=（该因素实际数－该因素基数）×排列在前因素的实际数×排列在后因素的基数

[例11－3]仍以例11－2中的数据资料为例，采用差额计算法确定各因素变动对材料费用影响程度如下：

(1)产量增加对材料费用的影响：(11 000－10 000)×8×5＝＋40 000(元)

(2)材料消耗节约对材料费用的影响：(7－8)×11 000×5＝－55 000(元)

(3)材料价格提高对材料费用的影响：(6－5)×11 000×7＝＋77 000(元)

各影响因素的代数和＝40 000－55 000＋77 000＝＋62 000(元)

第四节　成本计划完成情况分析

成本计划完成情况分析是企业成本分析的一项重要内容，其目的是全面考察企业生产成本计划完成情况，揭示影响成本计划完成的因素，并测定其影响程度，为进一步降低成本指明方向。其主要内容包括全部商品产品成本计划完成情况分析、可比产品成本降低任务完成情况分析和主要产品单位成本分析。

一、全部商品产品成本计划完成情况分析

由于企业的商品产品成本表分为可比产品和不可比产品两大类，而这两类产品在核算和分析方法上是不同的。对于可比产品，其实际成本不仅要与计划成本相比较，来考核成本计划的完成程度；同时还要与上年实际平均成本比较，以衡量报告期生产技术、生产组织以及经营管理工作的改进情况。对于不可比产品，因为以前年度没有正式生产过，因而其实际成本只能与计划成本相比较。由于在全部商品产品成本中，包括有不可比产品在内，这样它只能以实际总成本与计划总成本相比较，以确定其成本降低额和降低率。

全部商品产品成本计划完成情况的分析，可分别按产品类别和按成本项目两方面来进行。

（一）按产品类别分析

按产品类别对全部商品产品成本计划完成情况进行分析，就是按产品类别将本期实际总成本与按本期实际产量计算的计划总成本进行比较，确定其差异额和差异率，以及这些差异对全部商品产品总成本的影响程度。

[例11－4]假设某企业编制的本年全部商品产品成本表如表11－10所示。

表 11－10

商品产品成本表

编制单位：××企业　　　　20××年 12 月　　　　单位：元

产品名称	规格	计量单位	实际产量		单位成本				本月总成本			本年累计总成本		
			本月	本年累计	上年实际平均	本年计划	本月实际	本年累计实际平均	按上年实际平均单位成本计算	按本年计划单位成本计算	本月实际	按上年实际平均单位成本计算	按本年计划单位成本计算	本年实际
			1	2	3	4	5＝9/1	6＝12/2	7＝1×3	8＝1×4	9	10＝2×3	11＝2×4	12
可比产品合计									30 000	27 500	26 950	330 000	302 500	299 200
其中：甲产品		件	200	2 200	100	90	88	89	20 000	18 000	17 600	220 000	198 000	195 800
乙产品		件	50	550	200	190	187	188	10 000	9 500	9 350	110 000	104 500	103 400
不可比产品合计										4 200	4 310		54 600	57 200
其中：丙产品		件	10	130		420	431	440		4 200	4 310		54 600	57 200
全部商品产品成本										31 700	31 260		357 100	356 400

根据表 11－3 及有关成本计划资料，可编制按产品类别反映的全部商品产品成本计划完成情况分析表，如表 11－11 所示。

表 11－11

全部商品产品成本计划完成情况分析表

商品产品	实际产量		与计划的差异	
	计划成本	实际成本	升降额	升降率
可比产品				
甲产品	198 000	195 800	－2 200	－1.11%
乙产品	104 500	103 400	－1 100	－1.05%
合计	302 500	299 200	－3 300	－1.09%
不可比产品				
丙产品	54 600	57 200	2 600	4.76%
全部商品产品	357 100	356 400	－700	－0.20%

从表 11－11 的分析结果来看，该企业全部商品产品完成了成本计划，但分别从可比产品和不可比产品来考察，就暴露出了矛盾：虽然可比产品的成本计划完成了，但不可比产品成本计划却发生了超支，这说明该企业未全面完成成本计划，应进一步分析不可比丙产品成本超支的原因。

（二）按成本项目分析

按成本项目对全部商品产品成本计划完成情况进行分析，就是按成本项目将本期实际总成本与按本期实际产量调整的计划总成本进行比较，确定其差异额和差异率，以及各项成本差异对全部商品产品总成本的影响程度。

［例 11－5］假定例 11－4 中，企业根据成本计划和本年有关成本核算资料，按成本项目进行全部商品产品成本计划完成情况的分析，如表 11－12 所示。

表 11－12

全部商品产品成本分析表

成本项目	本年实际产量的总成本		实际比计划		各项目差异对总成本影响的%
	计划总成本	实际总成本	差异额	差异率	
直接材料	265 400	262 186	－3 214	－1.21%	－0.90%
直接人工	45 500	49 862	4 362	＋9.59%	＋1.22%
制造费用	46 200	44 352	－1 848	－4%	－0.52%
商品产品成本	357 100	356 400	－700	－0.2%	－0.2%

从表 11－12 的分析可得，本年全部商品产品实际总成本比计划降低了 700 元，降低率为 0.2%。但从成本项目来看则有升有降，其中制造费用降幅较大，其次是直接材料，而直接人工则增加幅度较大，达到 9.59%。因此，对这些成本项目升降的原因要做进一步分析，以便采取相应措施，扩大有利差异，消除不利差异。

如果企业生产的产品全部是可比产品，则按成本项目进行全部商品产品成本分析时，还可采取本年实际与上年实际的比较方式，以便从总体上了解各成本项目的差异。

二、可比产品成本降低任务完成情况分析

企业在正常生产经营的情况下，可比产品往往占全部产品的绝大多数，因而控制好可比产品的成本，保证其完成成本降低任务，对全部商品产品成本计划的完成和成本水平的降低有着至关重要的作用。可比产品成本降低任务完成情况的分析，一般按下列思路进行：

（一）确定可比产品成本降低任务完成情况分析的对象

可比产品成本降低任务完成的分析与其他成本分析不同，不是将实际可比产品成本与计划可比产品成本直接进行对比，而是以上年实际平均单位成本为桥梁，将本年可比产品实际成本、计划成本分别与上年实际成本对比，计算可比产品成本降低额和降低率作为成本分析对象，以分析可比产品成本降低任务的完成情况。可比产品成本降低额和降低率的计算公式如下：

$$\text{可比产品成本降低额}=\text{可比产品实际降低额}-\text{可比产品计划降低额}$$

$$\text{可比产品实际降低额}=\sum\text{本年实际产量}\times\left(\text{上年实际平均单位成本}-\text{本年实际单位成本}\right)$$

$$\text{可比产品计划降低额}=\sum\text{本年计划产量}\times\left(\text{上年实际平均单位成本}-\text{本年计划单位成本}\right)$$

$$\text{可比产品成本降低率}=\text{可比产品成本实际降低率}-\text{可比产品成本计划降低率}$$

$$\text{可比产品成本实际降低率}=\frac{\text{可比产品成本实际降低额}}{\sum(\text{本年实际产量}\times\text{上年实际平均单位成本})}$$

$$\text{可比产品成本计划降低率}=\frac{\text{可比产品成本计划降低额}}{\sum(\text{本年计划产量}\times\text{上年实际平均单位成本})}$$

在可比产品成本降低任务完成情况分析中，以可比产品成本降低额作为分析对象，原因有二：一是本年实际成本、计划成本分别与上年实际成本对比，可以体现可比产品的特点；二是通过上年实际单位成本，将本年实际成本与计划成本进行间接对比，可以弥补成本计划制定不周全、不恰当而造成的成本降低不真实的情况。因为在实际工作中，如果计划成本制定得过低，这样即使实际成本比计划成本降低很多，也不能说明企业在降低成本方面真正取得了成绩。相反，如果计划成本制定得过高，即使实际成本比计划成本上升，也不能说明企业在成本管理方面存在问题。而上年实际成本是上年成本计划执行的实际结果，将本年实际成本、计划成本与之对比，能客观地评价本期成本变动情况。

将可比产品成本降低额和降低率均作为成本分析对象，是因为影响这两项指标的因素不同。降低额受产品产量、产品品种结构和单位成本等因素影响，而降低率只受产品品种结构和单位成本的影响。当产品产量计划和产品单位成本计划完成程度不相适应时，成本降低额和降低率就可能发生相背离的情况，即成本降低额增加，但成本降低率却并没有提高，或者成本降低额减少，但成本降低率却表现为上升。因此，同时分析降低额、降低率两项指标，有利于促进企业全面完成生产、成本计划，从增产和节约两方面努力，以达到降低成本的目的。

［例 11－6］假定例 11－4 中企业本年度可比产品成本降低任务和实际完成情况如表 11－

13、表 11－14 所示。

表 11－13　　可比产品成本计划降低任务

可比产品名称	计划产量	单位成本		总成本		计划降低任务	
		上年成本	计划成本	上年成本	计划成本	降低额	降低率%
甲产品	1 650	100	90	165 000	148 500	16 500	10
乙产品	550	200	190	110 000	104 500	5 500	5
合计				275 000	253 000	22 000	8

表 11－14　　可比产品成本实际完成情况

可比产品名称	实际产量	单位成本			总成本			实际降低情况	
		上年成本	计划成本	实际成本	上年成本	计划成本	实际成本	降低额	降低率%
甲产品	2 200	100	90	89	220 000	198 000	195 800	24 200	11
乙产品	550	200	190	188	110 000	104 500	103 400	6 600	6
合计					330 000	302 500	299 200	30 800	9.333

根据表 11－13、表 11－14 的数据，可得可比产品成本降低任务完成情况的分析对象为：

可比产品成本降低额＝30 800－22 000＝8 800(元)

可比产品成本降低率＝9.333%－8%＝1.333%

即该企业可比产品实际成本降低额比计划多降低了 8 800 元，实际成本降低率比计划多降低了 1.333%。在此基础上，应进一步分析影响可比产品成本降低任务完成情况的各种因素，以便做出正确的评价。

(二)分析可比产品成本降低任务完成情况的影响因素

从上述可比产品成本降低额和降低率的计算公式可得，影响可比产品成本降低任务完成情况的因素有三个：产品产量、品种结构和单位成本。

1. 产品产量

由于可比产品成本计划降低任务是根据各种产品计划产量制定的，而实际成本降低指标是根据实际产量计算的，因此，产品品种结构和单位成本不变时，产品产量增减，会使成本降低额发生同比例变动，而成本降低率却不会发生变化。

[例 11－7]假定例 11－6 中甲、乙两种产品产量都比计划增长 20%，实际单位成本与计划保持相同，则单纯产量变动后可比产品成本实际完成情况如表 11－15 所示。

表 11－15　　单纯产量变动后可比产品成本实际完成情况

可比产品名称	实际产量	单位成本			总成本			实际降低情况	
		上年成本	计划成本	实际成本	上年成本	计划成本	实际成本	降低额	降低率%
甲产品	1 980	100	90	90	198 000	178 200	178 200	19 800	10
乙产品	660	200	190	190	132 000	125 400	125 400	6 600	5
合计					330 000	303 600	303 600	26 400	8

从表 11－15 可见，甲、乙两种产品实际产量均比计划增加 20%，成本降低额也相应增长

20%（$\frac{4400}{22000}\times100\%$），但成本降低率仍是8%。由此可见，产品产量变动影响成本降低额发生变化，而不影响成本降低率。

2. 品种结构

品种结构是指各种产品数量在全部产品数量总和中所占的比重。由于各种产品的实物量不能简单相加，所以在分析可比产品时，一般以上年单位成本为基础计算的金额指标表示。

由于各种可比产品的成本降低率各不相同，如果成本降低率大的产品品种结构提高，全部可比产品成本降低率就会提高，成本降低额也随之增加；反之，则会使成本降低率和降低额下降。

[例11－8]在例11－6中，企业的计划成本降低率为8%，它是以各种产品的成本降低率为计算基础，以各种产品的品种结构为权数计算的加权平均数。即：

$$甲产品的计划品种品种结构=\frac{165\ 000}{275\ 000}=60\%$$

$$乙产品的计划品种品种结构=\frac{110\ 000}{275\ 000}=40\%$$

计划成本降低率＝10%×60%＋5%×40%＝8%

通过上式计算可以看出，即使个别产品成本降低率没有变化，但只要产品品种结构变动，全部可比产品成本降低率就会发生变动。

假定该企业甲、乙产品成本降低率完成了计划，但由于成本降低率较大的甲产品的比重由60%下降到40%，而降低率较小的乙产品的比重由40%上升到60%，这时企业全部可比产品实际成本降低率为：

实际成本降低率＝10%×40%＋5%×60%＝7%

3. 单位成本

可比产品成本计划降低额，是以本年计划单位成本和上年实际单位成本相比较来确定的，而可比产品成本实际降低额是以本年实际单位成本和上年实际单位成本相比较来确定。因此，本年实际单位成本较计划单位成本降低或超支时，必然会引起可比产品成本降低额和降低率的变动，也就是说，实际单位成本越低，降低额和降低率完成计划情况越好。

（三）计算各因素变动对可比产品成本降低任务完成情况的影响程度

产品产量、品种结构和单位成本三因素变动对可比产品成本降低任务完成情况的影响，可采用因素分析法的基本原理分析确定。

[例11－9]仍依例11－6中有关数据资料为例，分析计算各因素变动对可比产品成本降低任务完成情况的影响如下：

(1)按计划产量、计划品种结构、计划单位成本计算成本降低额和降低率

$$成本降低额=\sum\begin{matrix}计划\\产量\end{matrix}\times\begin{matrix}上年实际\\单位成本\end{matrix}-\sum\begin{matrix}计划\\产量\end{matrix}\times\begin{matrix}本年计划\\单位成本\end{matrix}$$

$$=275\ 000-253\ 000=22\ 000(元)$$

$$成本降低率=\frac{成本降低额}{\sum 计划产量\times上年实际单位成本}$$

$$=\frac{22\ 000}{275\ 000}=8\%$$

(2)按实际产量、计划品种结构、计划单位成本计算成本降低额和降低率

$$成本降低额=\sum\begin{matrix}实际\\产量\end{matrix}\times\begin{matrix}上年实际\\单位成本\end{matrix}\times\begin{matrix}本年计划\\降低率\end{matrix}$$

$$=330\ 000\times 8\%=26\ 400(元)$$

$$成本降低率=\frac{成本降低额}{\sum 实际产量\times 上年实际单位成本}$$

$$=\frac{26\ 400}{330\ 000}=8\%$$

(3)按实际产量、实际品种结构、计划单位成本计算成本降低额和降低率

$$成本降低额=\sum\begin{matrix}实际\\产量\end{matrix}\times\begin{matrix}上年实际\\单位成本\end{matrix}-\sum\begin{matrix}实际\\产量\end{matrix}\times\begin{matrix}本年计划\\单位成本\end{matrix}$$

$$=330\ 000-302\ 500=27\ 500(元)$$

$$成本降低率=\frac{成本降低额}{\sum 实际产量\times 上年实际单位成本}$$

$$=\frac{27\ 500}{330\ 000}=8.333\%$$

(4)按实际产量、实际品种结构、实际单位成本计算成本降低额和降低率

$$成本降低额=\sum\begin{matrix}实际\\产量\end{matrix}\times\begin{matrix}上年实际\\单位成本\end{matrix}-\sum\begin{matrix}实际\\产量\end{matrix}\times\begin{matrix}本年实际\\单位成本\end{matrix}$$

$$=330\ 000-299\ 200==30\ 800(元)$$

$$成本降低率=\frac{成本降低额}{\sum 实际产量\times 上年实际单位成本}$$

$$=\frac{30\ 800}{330\ 000}=9.333\%$$

由此可得，各因素变动对可比产品成本降低任务的影响如下：

产品产量变动对成本降低额的影响:26 400－22 000＝4 400(元)

产品产量变动对成本降低率的影响:8%－8%＝0

品种结构变动对成本降低额的影响:27 500－26 400＝1 100(元)

品种结构变动对成本降低率的影响:8.333%－8%＝0.333%

单位成本变动对成本降低额的影响:30 800－27 500＝3 300(元)

单位成本变动对成本降低率的影响:9.333%－8.333%＝1%

从上述计算可得，该企业成本降低任务之所以超额完成，主要原因是由于产品产量增加和单位成本比计划下降，这是企业的成绩所在。此外，品种结构变动也促使超额完成降低任务，但其影响程度较小。该企业品种结构变动是在完成规定的产品品种计划的情况下，多增产甲产品而引起的，这是完全合理的。由此可见，该企业可比产品在增产节约两方面都取得一定的成绩。

三、主要产品单位成本分析

产品的成本总额都是以单位成本作为计算基础的，因此对单位成本的分析可以揭示各种产品单位及其构成的超支或节约的情况，找出成本升降的具体原因；同时，只有对产品单位成本分析后，才能查明全部商品产品成本和可比产品成本差异的具体原因；另外，通过产品单位成本分析，还可以从影响成本升降的各种具体原因中寻找降低成本的途径，制定改进措施，以促使成本的不断降低。

产品单位成本分析，一般是先检查单位成本及其各个成本项目的实际比计划、实际比上期、实际比历史先进水平的超降情况。然后按照直接材料、直接人工和制造费用等主要项目进行分析，查明单位成本超降的具体原因。

（一）三要产品单位成本的比较分析

主要产品单位成本的比较分析，是根据企业内部的主要产品单位成本表的具体资料，利用对比分析法，分析本期比上年或比计划的成本升降情况。

［例 11－10］假定某企业生产的丙产品为不可比产品，该产品本年的主要产品单位成本表如表 11－16 所示。

表 11－16

主要产品单位成本表

20××年 12 月

编制单位：××企业

产品名称：丙产品

规格：2108

计量单位：件

销售单价：500 元

本月计划产量：10

本月实际产量：10

本年累计计划产量：125

本年累计实际产量：130

成本项目	历史先进水平年	上年实际平均	本年计划	本月实际	本年累计实际平均
	1	2	3	4	5
直接材料			212	219	224
直接人工			119	115	117
制造费用			89	97	99
合计			420	431	440
主要技术经济指标	用量	用量	用量	用量	用量
1. 子材料			38	38	40
2. 丑材料			9	10	10
3. 工时			140	146	150

根据表 11－16 资料，可以对丙产品单位成本进行比较分析，以了解丙产品单位成本升降情况及其原因，如表 11－17 所示。

表 11－17　　丙产品单位成本比较分析表

成本项目	计划成本	实际成本	降低或超支		各项目超降对单位成本的影响%
			金额	%	
直接材料	212	224	+12	+5.66	+2.86
直接人工	119	117	−2	−1.68	−0.48
制造费用	89	99	+10	+11.24	+2.38
合计	420	440	+20	+4.76	+4.76

从比较分析的结果看，丙产品的单位成本实际比计划上升20元，超支率为4.76%，其主要原因是由于直接材料和制造费用项目成本上升的结果，这就需要进一步分析其具体原因。

（二）主要产品单位成本分项目分析

1. 直接材料项目的分析

直接材料的消耗在产品成本构成中，一般都占很大的比重，其超降对产品成本水平有着重大影响。所以直接材料成本项目分析，是产品单位成本分析的重点。

在分析材料项目变动情况时，首先应将各种主要材料的实际成本与计划成本相比较，查明哪些材料成本的差异额较大；然后分析材料费用升降的原因。一般说来，单位产品材料费用取决于单位产品材料消耗量和材料单价两个因素，其对材料成本影响的计算方法如下：

$$\text{材料消耗量差异的影响}=\left(\text{单位产品材料实际消耗量}-\text{单位产品材料计划消耗量}\right)\times\text{材料计划单价}$$

$$\text{材料价格差异的影响}=\text{单位产品材料实际消耗量}\times\left(\text{材料实际单价}-\text{材料计划单价}\right)$$

［例 11－11］依例 11－10 中丙产品为例，根据其成本计划和成本核算资料，经整理可编制丙产品直接材料成本差异明细表，如表 11－18 所示。

表 11－18　　直接材料成本差异明细表

材料名称	计量单位	单位产品消耗量		材料单价		材料成本		差异
		计划	实际	计划	实际	计划	实际	
子材料	千克	38	40	2.5	2.5	95	100	+5
丑材料	千克	9	10	13	12.4	117	124	+7
合计						212	224	+12

根据上表，可以计算丙产品直接材料成本变动的原因是：

材料消耗量差异的影响＝(40－38)×2.5＋(11－9)×13＝＋18(元)

材料价格差异的影响＝(12.4－13)×10＝－6(元)

由此可见，丙产品直接材料成本提高主要是由于材料消耗量上升的结果，此外，又因材料单价降低，使材料成本降低6元。

分析单位产品材料费用，在上述分析的基础上，还应进一步部分析材料消耗量和材料价格变动的原因。一般说来，影响材料消耗量变动的原因有：材料材质的变化、材料加工方式的改变、利用废料或代用材料、材料的利用程度、产品或零件结构的变化、废品回收利用情况等。影响材料单价变动的原因有：材料买价、运费、运输途中的合理损耗、材料的整理加工及检验费等。

2. 直接人工项目的分析

直接人工成本包括企业直接从事产品生产人员的工资、奖金、津贴、补贴及职工福利费等。如果企业生产多种产品，直接人工成本一般应按生产工时消耗分配计入各产品成本，因此，直接人工成本取决于单位产品生产工时（效率指标）和小时工资率（分配率指标）两个因素，其对直接人工成本影响的计算方法如下：

$$\text{效率差异的影响}=\left(\text{单位产品实际生产工时}-\text{单位产品计划生产工时}\right)\times\text{计划小时工资率}$$

$$\text{分配率差异的影响}=\text{单位产品实际生产工时}\times\left(\text{实际小时工资率}-\text{计划小时工资率}\right)$$

［例 11－12］依例 11－10 中丙产品有关资料为例，直接人工成本项目变动的原因为：

$$\text{效率差异的影响}=(150-140)\times\frac{119}{140}=+8.5(\text{元})$$

$$\text{分配率差异的影响}=150\times\left(\frac{117}{150}-\frac{119}{140}\right)=-10.5(\text{元})$$

即由于生产效率下降，单位产品实际生产工时增加，使单位产品直接人工成本增加 8.5 元；由于小时工资率降低，使单位产品直接人工成本下降 10.5 元，二者共同作用的结果，即是丙产品单位直接人工的总差异 2 元。

效率指标的变动，反映了劳动生产率水平的高低，而劳动效率差异的原因，一般有机器设备性能、材料质量和生产工艺以及产品设计改变等客观原因；也有工人的技术熟练程度、劳动纪律和劳动态度等客观原因。

小时工资率是直接人工成本总额与生产工时消耗总额的比率，因此小时工资率的大小受两方面因素的影响，一方面受直接人工成本的影响，其变动原因如上所述；另一方面受生产工时总额变动的影响，它则主要取决于出勤率和工时利用率的高低。

3. 制造费用项目的分析

制造费用项目包括企业各生产单位为组织和管理生产所发生的全部支出。该费用项目的分析类似于直接人工项目的分析，用公式可表示如下：

$$\text{效率差异的影响}=\left(\text{单位产品实际生产工时}-\text{单位产品计划生产工时}\right)\times\text{计划小时制造费用率}$$

$$\text{分配率差异的影响}=\text{单位产品实际生产工时}\times\left(\text{实际小时制造费用率}-\text{计划小时制造费用率}\right)$$

［例 11－13］依例 11－10 中丙产品有关资料为例，制造费用成本项目变动的原因为：

$$\text{效率差异的影响}=(150-140)\times\frac{89}{140}=+6.36(\text{元})$$

$$\text{分配差异的影响}=150\times\left(\frac{99}{150}-\frac{89}{140}\right)=+3.64(\text{元})$$

为了进一步了解制造费用变动的原因，提出改进措施，降低单位产品成本，还应对制造费用按费用项目进行逐项分析。在将制造费用划分为变动制造费用和固定制造费用的情况下，对变动制造费用应将其预算数按照实际产量加以调整后，再与实际数对比，以确定其相对超降数;对于固定制造费用，则用实际支出数直接与预算数相比较，查明其绝对超降数。在此基础上，还应结合各生产环节的具体资料，联系责任单位和责任人具体查明各项制造费用超支或节约的原因。对于某些制造费用项目的支出，如修理费、维护费、劳动保护费等，不应简单片面地理解开支数降低就是成绩，而应将其开支与所取得的效果相比较，以作出正确的评判。

第五节　成本技术经济分析

成本技术经济分析是指分析各项技术经济指标变动对产品成本的影响程度，以促使企业改善各项技术经济指标，降低产品成本。

技术经济指标是与企业生产技术特点具有内在联系的指标，如劳动生产率、产品质量、材料利用率、设备利用率等。这些指标发生变动，都会影响到产品成本，但不同技术经济指标变动对产品成本的影响方式和程度是不一样的。有些指标如材料利用率的变动，会直接影响到产品成本的升降;也有些指标如设备利用率的变动，不直接影响产品成本，而是反映在产量变动上，从而引起固定成本的相对节约或超支，对产品成本产生间接影响;还有一些指标如产品合格率的变动，既直接影响到单位产品成本中的变动成本，又通过产量的变动间接影响到单位成本中的固定成本。

由于企业的技术经济指标涉及的范围广泛，它们对成本的影响方式又不完全一样，在此仅阐述企业的主要技术经济指标对成本影响的一般分析。

一、劳动生产率变动对成本的影响分析

劳动生产率是指企业一定时期内劳动成果(如产品产量)与劳动耗费(如劳动时间)的对比关系。企业劳动生产率提高意味着单位产品所消耗时间的减少，从而使产品所分摊的人工成本减少，但劳动生产率的增长往往伴随着工资率的增长，从而使产品人工成本提高。因此计算劳动生产率变动对产品成本的影响，应从劳动生产率和工资率两方面来考察，其计算公式如下：

$$\begin{array}{l}\text{劳动生产率变动}\\\text{对产品成本的影响}\end{array}=\left(\frac{1+\text{实际平均工资增长\%}}{1+\text{劳动生产率提高\%}}-1\right)\times\begin{array}{l}\text{直接人工占}\\\text{产品成本\%}\end{array}$$

由于劳动生产率的高低，通常可以用单位产品生产中所耗工时来反映，因此劳动生产率变动对产品成本的影响也可按下列公式计算：

$$\begin{array}{l}\text{劳动生产率变动}\\\text{对产品成本的影响}\end{array}=\left[\left(1+\begin{array}{c}\text{小时工资}\\\text{率增长\%}\end{array}\right)\times\left(1-\begin{array}{c}\text{单位产品工}\\\text{时消耗降低\%}\end{array}\right)-1\right]\times\begin{array}{l}\text{直接人工占}\\\text{产品成本\%}\end{array}$$

二、原材料利用率变动对成本的影响分析

原材料利用率是反映企业在生产中原材料利用程度的指标，它是以原材料在生产中利用数量占生产该产品的原材料消耗总量的比率来表示。在不同类型的企业中，原材料利用率的名称有所不同，其一般的计算公式为：

$$原材料利用率=\frac{原材料生产中利用数量}{生产该产品的原材料消耗总量}\times 100\%$$

在企业产品生产中，最初投入生产的原材料，经过一系列处理和加工过程，要有各种各样的损耗。因此生产产品的原材料消耗总量总是大于生产中利用的数量，它们之间的差距越小，说明生产过程中原材料利用得越充分，产品负担的原材料成本就会越少；反之，原材料利用率越低，产品负担的原材料成本就会增加。

在产品设计方案不变（投入的材料单位净重不变）以及原材料价格稳定的前提下，原材料利用率变动对单位产品成本的影响程度，可用下列公式表示：

$$\begin{matrix}原材料利用率变动\\对产品成本的影响\end{matrix}=\left(\frac{计划材料利用率}{实际材料利用率}-1\right)\times\begin{matrix}计划单位成本中\\材料成本占比\end{matrix}$$

三、设备利用率变动对成本的影响分析

由于不同类型的企业拥有不同的技术设备，因而反映设备能力利用的技术经济指标不尽相同，但它都与总产量有着直接的关系，例如，单台设备台时产量与总产量的关系可以表示为：

$$\begin{aligned}总产量&=设备总台时\times台时产量\\&=实际使用设备量\times单台设备运转时间\times台时产量\\&=安装设备量\times设备使用率\times单台设备计划台时\times台时利用率\times台时产量\end{aligned}$$

在上式中，设备使用率反映设备的数量利用情况；单台设备计划台时，是以生产设备的设计台时为基数，考虑设备检修等正常原因必须停工的台时数后，预计设备可开动的台时数；计划台时利用率是指设备实际运转台时数与计划台时数之间的比率，它反映了设备工作时间的利用情况；台时产量是设备每小时的实际产量，它反映了设备能力的效率情况。

在企业的生产过程中，随着生产设备的数量利用、时间利用及能力利用等技术经济指标的改善，总产量必然增长，从而可促使单位产品固定成本减少，产品成本水平随之下降。在安装设备的数量及单台设备计划台时保持不变的情况下，设备利用率变动对产品成本的影响可用如下公式计算：

$$\begin{matrix}设备利用率\\变动对产品\\成本的影响\end{matrix}=\left[\frac{1}{\left(1+\begin{matrix}设备使用\\率增长\%\end{matrix}\right)\left(1+\begin{matrix}台时使用\\率增长\%\end{matrix}\right)\left(1+\begin{matrix}台时产\\量增长\%\end{matrix}\right)}-1\right]\times\begin{matrix}计划单位成\\本中固定成\\本占比\end{matrix}$$

四、产品质量变动对成本的影响分析

在企业生产的等级产品中，不同质量等级的产品都通过同一生产过程，耗费了等量劳动，因而产品本身的质量等级一般与产品成本无关。但是产品质量可通过合格品率、废品率变动对产品成本产生影响。

合格品率变动对产品成本的影响可用如下公式计算：

$$\begin{matrix}合格品率变动对\\产品成本的影响\end{matrix}=\frac{本年实际合格品率-上年实际合格品率}{上年实际合格品率}$$

第六节 成本效益分析

产品成本是综合反映企业工作质量的重要经济指标，但它只表明企业在一定时间内所发生的各种劳动耗费，至于这种耗费的效益如何，却不是产品成本指标本身能反映出来，因此成本分析还应包括成本效益分析。

成本效益分析是对成本与生产经营成果的关系进行分析，以查明企业是否以尽量少的劳动耗费取得尽可能多的生产经营成果。企业生产经营成果从价值形式来考察，主要有总产值、商品产值、产品销售收入和营业利润等。与这些生产经营成果相对应的成本有商品产品成本、营业成本与期间费用等。所以成本效益分析中的分析指标主要有产值成本率、营业成本率和成本费用利润率等。

一、产值成本率分析

产值成本率是企业一定时期生产一定数量产品的生产成本与商品总产值的比率，该指标是为了把生产成本和生产成果结合起来，以反映企业生产经营活动中劳动耗费的经济效果。其计算公式如下：

$$产值成本率 = \frac{产品生产总成本}{商品总产值} \times 100\%$$

上述公式的计算结果，表明每元产值所需耗费的生产成本。式中的产值一般是按现行出厂价格计算的，但在进行动态分析时，为了消除不同时期价格变动的影响，也可以按不变价格来计算。

一定时期的产值成本率反映了该时期生产耗费的经济效果，产值成本率数值越小，说明成本效益越大；反之，则表明成本效益越小。因此企业通过该指标的实际数同计划数、上期数和同行数相比较，可以确定完成计划的程度如何，分析其动态变化，也可以反映出在同行业中的成本效益状况。

[例 11－14]某企业根据成本报表等有关资料，列示产值、成本等资料如表 11－19 所示。

表 11－19　**商品产值、成本计算资料表**　**单位：元**

产品	产量（件）		单价		单位成本		产值		总成本	
	计划	实际	计划	实际	计划	实际	计划	实际	计划	实际
甲产品	40	60	10	10	8	7	400	600	320	420
乙产品	60	40	7.5	8	5	4.5	450	320	300	180
合计							850	920	620	600

根据表 11－19 资料，编制产值成本率表如表 11－20 所示。

表 11－20　**产值成本率表**　**单位：元**

产品	计划	实际	差异
甲产品	80	70	
乙产品	66.67	56.25	
合计	72.94	65.22	－7.72

从表 11－20 中可以看出，该企业每元产值成本的实际数比计划数降低 7.72 元，这表明企业在生产过程中的成本效益有了提高。但需指出，由于该指标还受到其他一些因素的影响，因此对该指标应作进一步的分析。

由于产值成本率指标可以分解为产值材料成本、人工成本和制造费用三个分指标，利用这三个分指标的实际数与计划数或上期数相比较，可以进一步了解成本增减是由哪些成本项目变动引起的。在生产等级品的企业里该指标还能够反映产品质量变动对劳动消耗利用程度的影响。

在进行产值成本率分析时，应注意的主要影响因素有：

第一，产品单位成本水平的变动。产品单位成本水平是影响产值成本率的直接因素，在其他条件不变时，产值成本率会随产品单位成本水平的波动而升降。

第二，产品结构的变动。在生产多种产品的企业中，由于各种产品的单位成本水平和单位产品产值均不相同，因此即使产品总产量不变，而当某种产品占全部产品的比重发生变化时，也会引起产值成本率的改变。

第三，劳动生产率水平的变动。劳动生产率水平是引起产品总产量变动的主要因素，而以总产量为基数计算的商品总产值，是构成产值成本率的基础。因此，劳动生产率水平上升，产品总产量增加，在其他条件不变的情况下，产值成本率就降低，反之亦然。

二、营业成本率分析

营业成本率是企业一定时期销售一定数量产品的营业成本与营业收入的比率。其计算公式如下：

$$营业成本率=\frac{产品营业成本}{产品营业收入}\times 100\%$$

上述公式计算结果，表明每元营业收入所需补偿的营业成本。一定时期的营业成本反映了该时期实现产品价值的经济效果。企业产品适销，营业成本低，营业成本率也相应较低，意味着销售盈利率高，经济效益好；反之，则经济效益低。因此这一指标全面反映了企业生产经营过程中各种劳动耗费的经济效益。

营业利润率变动的主要影响因素有：

第一，产品销售价格的变动。产品销售价格直接影响着营业收入，从而引起营业成本率的变动。产品销售价格在生产等级品的情况下，受到产品等级率和产品定价两方面影响，提高产品等级率和产品售价，在其他条件不变时，营业成本率必然下降。

第二，营业成本水平的变动。营业成本是影响营业成本率的直接因素。由于本期生产的产品在本期不一定全部实现销售，在一定的计价方式下，营业成本取决于期初库存产品成本和本期生产完工入库产品生产成本两个方面。在其他条件不变的情况下，营业成本率随营业成本水平波动而升降。

第三，产品品种结构的变动。在生产和销售多种产品企业中，各种产品的单位成本和销售价格各不相同，在以各种产品营业总成本和营业总收入计算营业成本率时，即使产品总销售量不变，而某种产品占全部产品的比重发生变动，也会导致营业成本率的改变。

三、成本费用利润率分析

成本费用利润率是企业一定时期发生的成本费用与实现的利润的比率。其计算公式如下：

$$成本费用利润率=\frac{利润总额}{成本费用总额}\times 100\%$$

$$其中：\frac{成本费}{用总额}=\frac{营业}{成本}+\frac{营业税}{金及附加}+\frac{销售}{费用}+\frac{管理}{费用}+财务费用$$

成本费用利润率指标反映了企业投入产出水平，即所得与所费的比率，体现了增加利润是以降低成本费用为基础，这项指标的数值越高，表明生产和销售产品每元成本费用取得的利润越多，劳动耗费的效益越高；反之，则说明每元成本费用实现的利润越少，劳动耗费的效益越低。所以，成本费用利润率是综合反映企业成本效益的重要指标。

影响成本费用利润率的因素主要有：主要产品营业成本及各项期间费用水平的变化、产品品种结构的变动、产品销售价格的波动、产品销售数量、销售税金以及营业外收支等情况的变化。其中产品营业成本的变化，不仅影响该指标的分母，同时也影响该指标的分子，且影响性质相反，因而该指标对于企业成本水平变化的影响是明显的。另外，由于企业生产的连续性以及产销平衡关系的稳定性、协调性，本期销售的产品不一定都是本期的劳动成果，本期实现的利润也不一定完全是本期生产经营的经济效果，同样，本期产品的营业成本也不完全等同于本期发生的资金耗费。所以，该指标的变动不一定就完全等于本期资金耗费。

☆★本章关键概念

成本报表　商品产品成本表　主要产品单位成本表　制造费用明细表　成本分析　对比分析法　比率分析法　因素分析法　可比产品成本降低任务完成情况分析　技术经济分析　成本效益分析

☆★复习思考题

1. 什么是成本分析，成本分析的基本方法有哪些？
2. 可比产品成本降低任务完成情况分析的对象是什么？
3. 如何进行主要产品单位成本的分析？
4. 在企业的成本分析中，为什么要进行成本技术经济分析和成本效益分析？
5. 什么是成本报表，在企业会计报表体系中，成本报表具有什么性质，处于何种地位？
6. 商品产品成本表与主要产品单位成本表是什么关系？

第十二章　成本预测、决策与计划

【引言】

成本预测、成本决策与成本计划是企业成本会计的重要组成内容，其目的在于对成本进行合理规划、事前控制，为企业降低成本，提高经济效益服务。本章主要介绍成本预测、决策与计划的基本原理、程序与方法。

第一节　成本预测

成本预测作为成本会计的重要内容，其与成本决策等其他工作密不可分。尤其是，它直接为决策服务，是决策的基础与前提。成本预测是在进行成本决策、编制成本预算之前，根据企业的经营总目标和预测期可能发生的各个影响因素，对本企业在预测期内的成本总额和单位产品成本做出估计和推断。通过预测，提供一定条件下生产经营各方面未来可能实现的数据;而决策则以预测的数据为基础，通过分析比较权衡利弊得失，从中选取最优方案。在一定意义上可以认为决策是预测的结果。在成本预测和决策的基础上，成本计划、成本控制、成本核算、成本分析和成本考核就有了依据。因此认真做好成本预测工作，对于促进企业加强经济核算，改善经营管理，降低产品成本，提高经济效益都具有十分重要的意义。

一、成本预测的程序

成本预测一般按以下步骤进行:

(一)初步确定目标成本，提出目标成本草案

所谓目标成本，是指在确保实现目标利润的前提下，企业在成本方面应达到的目标。目标成本不单纯是财务管理问题，它还涉及产品的设计、工艺的制定、产品的制造等许多方面，它规定着企业未来降低成本的努力方向，一般具有效益性、可控性、目的性与先进性的特点。目标成本的确定应经过反复测算才能完成。一般可采用按目标利润或先进的成本水平两种方法进行预测。

1. 倒推法

倒推法是以事先确定的目标利润为前提，根据销售预测和国内外同类企业的情报资料，考虑具有竞争能力的价格水平，用预计销售收入扣除目标利润和应纳税金就可得到预计的目标成本，即由目标利润倒推出目标成本。计算公式如下：

目标成本 = 预计销售收入 − 预计应缴税金 − 目标利润

这种方法可以使目标成本与目标利润的水平衔接起来，并且公式中的销售收入是按市场价格乘以预计销售量得到的，因此由上式推算出的目标成本就是市场可接受的成本，按此生产出的产品必然具有市场竞争力。但它无法直接确定目标固定成本和目标单位变动成本指标，还需在此基础上继续分析。

2. 先进成本法

先进成本法是根据某一先进的成本水平如企业历史最好的成本水平或国内外同类产品先进水平，也可以按照上年实际水平，扣减预计成本降低额测算目标成本。

这种方法可以直接确定单位目标成本，但无法与目标利润联系起来。

我国企业常常采用后一种方法预测目标成本，西方国家则多采用前一种方法。二者结合起来应用，可以相互取长补短，更有实践意义。

（二）预测成本的发展趋势

目标成本提出后，企业还需要利用有关模型预测总成本发展趋势，以检验在现有条件下实现目标成本的可能性与现实性。

预测总成本发展趋势包括两个方面，一是预测一定时期内各项生产成本和营业费用的总体水平和结构；二是确定在当前生产条件下不采取任何新的降低成本措施，预测期产品成本能否达到目标成本的要求。

（三）拟订降低成本的各种可行性方案

在初步确定了成本目标之后，应采取各种积极措施降低当前的产品成本，提出成本降低方案。成本降低方案的提出可以从改进产品设计、改善生产经营管理、控制管理费用三个方面进行，以便降低成本，提高经济效益。

1. 改进产品设计，开展价值分析，节约原材料、燃料和人力等资源的消耗。产品结构设计是否先进合理，是决定产品设计成本水平的重要环节和先决条件，不仅影响产品的性能、质量，更影响到产品成本数额的大小。由于产品的体积、重量和样式基本上决定了产品投产后的原材料、燃料、动力和人工的消耗程度，如果产品结构设计不合理，将造成较大的浪费。因此在产品结构设计上应开展价值分析，以最低总成本实现产品的必要功能。

2. 改善生产经营管理，合理组织生产。生产经营管理的好坏，如劳动力合理组织、车间的合理设置、工艺方案的选择、零部件的外购或自制决策、新设备增加等，与产品成本的高低有着密切的关系，直接影响产品成本数额的大小。因此企业应合理地组织产品生产，挖掘降低产品成本的潜力，针对生产经营管理中存在的问题，提出各种不同的改进方案，并对不同方案的经济效果进行对比分析，从中选择最优的成本降低方案。

3. 严格控制费用开支，降低管理费用。制造费用和管理费用在企业成本费用中占有很大的比重，企业各部门、车间应实行严格的费用控制制度，控制费用支出，达到降低成本的目的。

（四）制订正式的目标成本

企业的成本降低措施和方案确定后，应进一步测算各项措施对产品成本的影响程度，修订初步确定的目标成本，以确定预测期的目标成本。经过上一步骤，既可以了解企业在目前条件下实现目标成本的可能性有多大，又能促使企业积极采取措施降低成本，并测算出这些措施对未来成本水平的影响。经过测算比较，若原定目标成本草案与现实相距太大，难以达到，则适当修正目标成本，使之尽量符合客观实际，并与相应措施相配套。

二、成本预测的方法

成本预测的方法可按产品的不同分类分为可比产品成本预测和不可比产品成本预测两大类。

（一）可比产品成本预测

可比产品是指以往年度正常生产过的产品，因而具备比较健全和稳定的历史成本资料。因此，可比产品成本预测常采用的方法有历史资料分析法、因素分析法等。

1. 历史资料分析法

历史资料分析法是指在掌握有关成本历史资料的基础上，采用一定的方法进行数据处理，建立有关成本模型，并据以预测未来成本水平的一种定量分析方法。回归分析法是其中比较常用的方法。

回归分析法作为历史资料分析法的一种，它是根据若干期的历史成本资料，利用最小二乘的原理，分析成本在一定条件下增减变动的趋势和基本规律，确定成本预测方程式，据以进行成本预测的方法。

（1）一元线性回归分析法

设 y 代表总成本，a 代表固定成本，b 代表单位变动成本，x 代表业务量，n 代表历史资料的期数，首先确定自变量 x 和因变量 y 之间是否线性相关及相关程度，判断的方法主要有“散布图法”和“相关系数法”。所谓散布图法，就是将有关的数据绘制成散布图，然后依据散布图的分布状况判断 x 和 y 之间是否存在线性关系；所谓相关系数法，就是计算线性相关系数 r 判断 x 和 y 之间的关系，根据相关系数的计算结果进行相关关系判断时，判断标准如表 12－1 所示：

表 12－1

相关系数的数值	$r>0.7$	$0.3<r<0.7$	$r<0.3$	$r=0$
因变量与自变量关系	强相关	显著相关	弱相关	不相关

在确认因变量与自变量之间存在线性关系之后，便可建立回归直线方程：$y=a+bx$，它的常数项 a 与系数 b 的值可按下列公式计算：

$$a=\frac{\sum y-b\sum x}{n}$$

$$b=\frac{n\sum xy-\sum x\sum y}{n\sum x^2-\left(\sum x\right)^2}$$

［例 12－1］某机械厂第一车间 20×3 年各月实际发生的机器工作小时和机器维修成本如表 12－2 所示，采用回归分析法预测该车间 20×4 年第一季度的机器维修成本。

表 12－2

月 份	机器工作小时	机器维修成本（元）
1	250	182
2	230	179
3	190	165
4	210	170
5	180	160
6	240	178
7	195	177
8	197	181
9	215	176
10	230	172
11	198	180
12	252	185

设以 y 代表机器维修成本，x 代表机器工作小时，根据表 12－2 的资料计算列表 12－3。

表 12－3

月 份	x	y	xy	Y^2	X^2
1	250	182	45 500	33 124	62 500
2	230	179	41 170	32 041	52 900
3	190	165	31 350	27 225	36 100
4	210	170	35 700	28 900	44 100
5	180	160	28 800	25 600	32 400
6	240	178	42 720	31 684	57 600
7	195	177	34 515	31 329	38 025
8	197	181	35 657	32 761	38 809
9	215	176	37 840	30 976	46 225
10	230	172	39 560	29 584	52 900
11	198	180	35 640	32 400	39 204
12	252	185	46 620	34 225	63 504
合 计	2 587	2 105	455 072	369 849	564 267

根据上述计算结果，判断 x 和 y 之间是否存在线性关系，应计算相关系数。假定根据相关系数的判断标准，可以判定 x 与 y 之间呈显著的相关状态，因此可以建立回归直线方程：$y = a + bx$。

$$b = \frac{12 \times 455\,072 - 2\,587 \times 2\,105}{12 \times 564\,267 - 2\,587^2} = 0.19$$

$$a = \frac{2\ 105 - 0.19 \times 2\ 587}{12} = 133.83$$

由此可得：$y = 133.83 + 0.19x$

设该车间 20×4 年第一季度的机器工作小时预计分别为 248、256 和 263 小时，则各月份的机器维修成本可预测如下：

1 月份的维修成本预测值 = 133.83 + 0.19 × 248 = 180.95（元）

2 月份的维修成本预测值 = 133.83 + 0.19 × 256 = 182.47（元）

3 月份的维修成本预测值 = 133.83 + 0.19 × 263 = 183.80（元）

（2）多元线性回归分析法

当影响因变量 y 变动的因素不止一个时，就必须采用多元线性回归模式对未来的状态进行预测。在此，我们仅讨论二元线性回归模式。

二元线性回归方程的标准式为：

$$y = a + bx_1 + cx_2 \quad (1)$$

式中 y 为因变量，x_1 与 x_2 为自变量，a、b、c 为回归系数，先以总和的形式表达（1）式中的每一项，得：

$$\Sigma y = na + b\Sigma x_1 + c\Sigma x_2 \quad (2)$$

以 x_1 乘以（2）式得：

$$\sum x_1 y = a\sum x_1 + b\sum x_1^2 + c\sum x_1 x_2 \quad (3)$$

以 x_2 乘以（2）式得：

$$\sum x_2 y = a\sum x_2 + b\sum x_1 x_2 + c\sum x_2^2 \quad (4)$$

根据公式（2）、（3）、（4）联立得到关于 a、b、c 的方程组，解方程组便可求得 a、b、c 三个系数的数值。

［例 12－2］某化肥厂在对历史成本资料进行综合分析后发现，该厂制造费用的大小同时与直接人工小时和机器工时两个因素的变化存在着密切的关系。该厂 20×4 年 1－6 月份的制造费用和直接人工小时、机器工时如表 12－4 所示，用回归分析法预测该厂当年 7 月份的制造费用。

表 12－4

月　份	制造费用（万元）	直接人工小时（千小时）	机器工时（千小时）
1	6.50	4.3	10.5
2	4.00	3.0	7.0
3	5.42	3.7	8.2
4	6.20	4.3	9.2
5	5.80	4.0	8.0
6	5.90	4.2	8.4
合　计	33.82	23.5	51.3

先将上述资料计算列表如表 12－5 所示。

表 12－5

月 份	y	x_1	x_2	x_1^2	x_2^2	x_1x_2	x_1y	x_2y
1	6.50	4.30	10.50	18.49	110.25	45.15	27.95	68.25
2	4.00	3.00	7.00	9.00	49.00	21.00	12.00	28.00
3	5.42	3.70	8.20	13.69	67.24	30.34	20.05	44.44
4	6.20	4.30	9.20	18.49	84.64	39.56	26.65	57.04
5	5.80	4.00	8.00	16.00	64.00	32.00	23.20	46.40
6	5.90	4.20	8.40	17.64	70.56	35.28	24.78	49.56
合 计	33.82	23.50	51.30	93.31	445.69	203.33	134.64	293.69

上表中，x_1 代表直接人工工时，x_2 代表机器工时，将上表数字代入公式，得：

$33.82 = 6a + 23.5b + 51.3c$

$134.64 = 23.5a + 93.31b + 203.33c$

$293.69 = 51.3a + 203.33b + 445.69c$

解上述联立方程组，得：

$a = -1.268$

$b = 1.417$

$c = -0.158$

由此可得：$y = -1.268 + 1.417x_1 + 0.158x_2$

据调查，该厂 7 月份将耗用的直接人工小时为 4.8 千小时，将耗用的机器工时为 11.2 千小时。据此，可预测出该厂 7 月份的制造费用发生额为：

$y = -1.268 + 1.417 \times 4.8 + 0.158 \times 11.2 = 7.3$（万元）

2. 因素分析法

因素分析法是通过分析与定型产品的成本有关的技术进步、劳动生产率变动以及物价变动方向和经济发展前景，考虑各种影响成本的有关因素，如产品产量、原材料消耗、劳动生产率和费用变动等因素，以及预计采取的相应措施对成本指标的影响程度来预测现有产品未来成本水平的一种定量分析方法。

在测算各项措施对产品成本的影响程度时，应抓住主要影响因素，并对这些主要因素进行分析。一般可以从节约原材料消耗、提高劳动生产率、合理利用设备、节约制造费用、减少废品损失等方面进行测算。具体测算方法如下：

（1）测算材料费用变动对成本的影响

材料费用是构成产品成本的主要项目之一，在产品成本中占有较大的比重，材料费用的高低直接影响产品成本的大小。在保证产品质量的前提下，合理、节约的使用原材料，是不断降低产品成本的主要途径。而材料费用主要受材料消耗定额和材料单价变动的影响，因此，当产品成本中材料消耗定额和单价发生变化时，就会影响预测期产品成本水平。材料消耗定额（单位产品材料定额消耗量）和材料单价变动对产品成本影响的计算公式分别为：

材料消耗定额的变动对单位成本的影响

$$=\sum[(\text{预测期材料消耗定额}-\text{基期材料消耗定额})\times\text{基期材料单价}]$$

材料单价变动对单位成本的影响

$$=\sum[(\text{预测期材料单价}-\text{基期材料单价})\times\text{预测期材料消耗定额}]$$

如果预测期材料消耗定额和单价同时变动，则材料费用变动对产品成本的影响可按下式测算：

材料消耗定额和单价同时变动对单位成本的影响

$$=\left[1-\left(\begin{matrix}1\pm\text{材料消耗}\\\text{定额变动百分比}\end{matrix}\right)\times\left(\begin{matrix}1\pm\text{材料单价}\\\text{变动的百分比}\end{matrix}\right)\right]\times\begin{matrix}\text{材料费用占}\\\text{成本的百分比}\end{matrix}$$

(2)测算工资费用变动对成本的影响

产品成本中工资费用的高低是由单位产品中的工资费用和劳动生产率两因素决定的。劳动生产率的变动与单位产品成本中工资费用的变动成反比例关系，而平均工资的增长与单位产品成本中的工资费用的变动成正比例关系。

当生产工人的工资水平不变时，劳动生产率提高，意味着单位时间内产量增加，单位产品分担的工资费用就减少，产品成本随之降低。该变动结果可测算如下：

劳动生产率变动对产品成本的影响

$$=\left(1-\frac{1}{1+\text{劳动生产率增长的百分比}}\right)\times\text{生产工人工资占成本的百分比}$$

式中，劳动生产率可以用产量表示，也可以用工时表示。由于以产量表示的劳动生产率与以工时表示的劳动生产率互为倒数，因此，可以根据预测期工时定额降低幅度来计算工时定额变动对成本的影响，即把上式中“劳动生产率增长的百分比”替换为“工时定额降低的百分比”。

虽然工人平均工资的增长同单位产品中工资费用的增长是同步的，但如果工人工资增长幅度大于劳动生产率增长幅度，产品成本就会上升；反之，如果工人工资增长幅度小于劳动生产率增长幅度，产品成本则会下降。若考察生产工人工资和劳动生产率同时变动对产品成本的影响，可按下式测算：

平均工资和劳动生产率同时变动对成本的影响

$$=\left(1-\frac{1+\text{平均工资增长百分比}}{1+\text{劳动生产率增长的百分比}}\right)\times\text{生产工人工资占成本的百分比}$$

(3)测算生产增长超过变动费用增加对成本的影响

在企业生产经营过程中所发生的间接费用中，变动费用部分，如消耗性材料费、运输费等，随着产量的增长而有所增加，但其增加幅度一般小于生产增长速度，因此会减少单位产品中应分摊的间接费用，从而降低产品单位成本。生产增长超过变动费用增加引起成本的降低率，可用下式测算：

生产增长超过变动费用增加影响的成本降低率

$$=\left(1-\frac{1+\text{变动费用增加率}}{1+\text{生产增长率}}\right)\times\text{变动费用占产品成本的百分比}$$

(4)测算生产增长而固定费用不变对成本的影响

在企业生产经营过程中所发生的固定性制造费用，如办公费、差旅费、折旧费用等，一般不随产量增长而增加，因此随着生产的增长，会使单位产品成本应分摊的固定性费用减少，降低单位产品成本。由于生产增长而固定费用不变引起成本的降低率可用下式测算：

生产增长而固定费用不变影响的成本降低率

$$=\left(1-\frac{1}{1+\text{生产增长率}}\right)\times\text{固定费用占产品成本的百分比}$$

(5)测算废品率降低对成本的影响

生产中发生废品，意味着人力、物力、财力的浪费，合格产品的成本也会随之提高。因此，生产中发生的废品损失也是产品成本的构成项目之一，降低废品率可以降低产品成本。计算废品率降低影响成本的降低率如下式所示：

废品损失减少影响的成本降低率

$$=\text{废品损失占成本的百分比}\times\text{废品损失减少的百分比}$$

上述计算了各因素变动对产品成本影响的百分比，各百分比乘以按上期预计(或实际)平均单位成本计算的预测期可比产品总成本，即可求出各因素变动影响产品成本的降低额，汇总之后即为预测期可比产品成本总降低额；也可以综合上述计算结果，先求得预测期可比产品成本总降低率，再乘以按上期预计(或实际)平均单位成本计算的预测期可比产品总成本，也可以计算出预测期可比产品成本总降低额。

[例12-3]假定MC公司生产的甲产品，上年平均单位成本400元，其中材料280元，燃料动力40元，工资40元，变动制造费用20元，固定制造费用20元，无废品损失。

该产品目标成本初步测算为降低7%，预计计划年度各因素变动为：生产增长20%，劳动生产率提高25%，工资在上年基础上增长15%，材料消耗量比上年降低10%，材料价格上升5%，变动制造费用增长10%。

根据以上资料，测算各因素影响程度可通过表12-6进行。

表12-6

各因素影响成本程度表

成本项目	各项目降低%	各项目变动影响成本降低%
材料	[1-(1-10%)(1+5%)]=5.5%	5.5%×70%=3.85%
工资	1-(1+15%)/(1+25%)=8%	8%×10%=0.8%
变动制造费用	1-(1+10%)/(1+20%)=8.3%	8.3%×5%=0.42%
固定制造费用	1-1/(1+20%)=16.7%	16.7%×5%=0.83%
总成本降低率		5.9%

综合以上计算结果，预测期产品成本总降低率为5.9%，未达到初定目标成本的要求，企业应进一步挖掘潜力，采取补充措施，并计算这些措施形成的降低率，使目标成本确定在比较先进和合理的水平上。

(二)不可比产品成本预测

不可比产品是指企业以往年度没有正式生产过的产品，其成本水平无法与过去进行比较，因而就不可能像可比产品那样采用下达成本降低指标的方法控制成本支出。但随着科学技术的发展，产品不断更新换代，不可比产品在企业中所占比重越来越大。因此，为了全面控制企业费用支出，加强成本管理，除了对可比产品成本进行预测外，还应就不可比产品成本进行预测。预测时主要采用以下三种方法：

1.技术测定法

技术测定法是根据产品设计结构、生产技术条件和工艺方法，对影响人力、物力消耗的各项因素逐个进行技术测试，从而分析计算产品成本的一种方法。这种方法要对材料、劳动效率和工时消耗，以及各种技术定额逐项进行测定，然后分析、汇总，计算出产品成本。这种方法科学合理，预测较精确，但工作量大，适用于品种少、技术资料较齐全的产品。

2. 类比分析法

类比分析法是以国内外同类产品为依据，结合自身条件，进行对比分析，从而测定产品成本的一种方法。在既定的生产技术、市场价格等条件下，同一类型产品的成本费用一般比较接近。因此，可以采用与同类产品成本相对比的办法进行预测。在预测时，如果条件不可比或情况有变化，应做必要的调整或修正。这种方法简便易行，工作量小，但预测结果不太准确。

3. 目标成本法

目标成本法是根据产品价格、成本费用和利润三者之间的内在联系确定出目标成本，进而测定产品成本的一种方法，即在本节第一个大问题中介绍的倒推法。这种方法比较简便易行，但若市场调查失误，将影响预测值的准确性。

第二节　成本决策

一、成本决策概述

成本决策，又可称为基于成本的管理决策，即通过对各种成本信息进行分析和评价来安排和制定企业未来时期的生产经营活动方案，其最终目的是降低企业的成本，以促使企业经济效益和竞争能力的提高。

实现企业成本的降低主要有两个方面：一是事前的成本决策，二是事中的成本控制。早期降低成本的手段着重于进行事中的成本控制，即通过对材料费用、人工费用等的消耗控制达到降低成本的目的。这一手段虽然很重要，但由于现代企业管理水平和生产自动化程度的提高以及新技术的开发运用，仅靠成本的事中控制，可挖掘的潜力越来越小。而事前的成本决策可以从成本形成的各个方面挖掘降低成本的潜力，视野开阔，因而事前的成本决策已成为现代企业成本降低的首要手段。

二、成本决策的基本方法

企业在进行管理决策时，成本作为一个重要的因素，在对各方案的优劣作比较中，成本的大小直接影响着决策结论。因而，在成本决策中主要使用的方法是相关成本分析法，即掌握和分析不同决策方案的成本状况并对之进行正确的分析。这也是企业决策过程中的重要环节和内容。由于各种决策方案涉及的成本项目和内容多种多样，那么，我们在制定决策方案时是否必须详尽地掌握并分析、评价全部的成本资料呢？答案是否定的。这是因为在所有的成本项目中，常常是有些成本与决策有关，而另外一些成本则与决策无关。因此，要进一步研究成本的概念及其与决策的相关性，区分相关成本和无关成本，对管理人员进行决策分析来讲，不仅可以减少收集、分析成本资料的工作量，而且可以有效到地保证分析、评价结果的准确性。

所谓相关成本是指与特定决策有关，具有导致决策差别能力的成本项目。由于决策是面向未来的，因此只有未来将发生的成本才有可能导致决策方案的不同，而过去已发生的成本不可能影响决策结论的选择。所以相关成本一定是未来成本，但并非所有的未来成本都与决策相关。相关成本还必须是各决策备选方案间预期的差别成本，因为一个成本项目对无论哪一个决策备选方案都一样的话，其本身就不可能导致决策选择的差别，即是否考虑该项成本不会引起决策方案选择出现不同的结果，这样的成本显然与决策没有关联。

一般来讲，进行决策时需要考虑的相关成本有差别成本、机会成本、边际成本、重置成本、付现成本、专属成本、可避免成本、可延缓成本等。

相关成本分析法就是通过相关成本分析，对经营管理决策方案进行选择。由于基于成本的经营管理决策应遵循的原则有二：一是利润最大化，二是成本最小化。因此，在对方案进行选择并做出决策的分析过程中除了要考虑相关成本外，还必须关注收入与相关业务量，才能根据相关利润做出正确的结论。

这里所说的相关收入是指与特定决策方案有关的未来收入，是与某一特定的备选方案共存的预期收入。相关业务量是指与特定决策方案有关的业务量。相关业务量的判断正确与否直接关系到相关收入和相关成本的计算是否正确。值得注意的是，某方案的相关业务量不一定是该方案的全部业务量。例如，对是否增产某种产品的决策中，相关业务量只是增产的数量而不是增产后的全部产量。相关利润是指与特定决策方案有关的预期利润额。一般情况下，相关利润就是相关收入与相关成本的差额。

利用相关成本分析法进行决策分析的基本步骤如下：

第一，寻求决策备选方案。

第二，确定决策目标，如利润最大化、成本最小化或它们的其他表达方式。

第三，分析确定各备选方案的数据资料，如相关业务量、相关收入和相关成本。

在这些数据资料中，相关业务量和相关收入一般比较容易确定，而相关成本的确定比较困难，因而也是其关键，这也是这种方法被称为相关成本分析法的主要原因。

分析确定决策方案的相关成本有两种基本思路：一是直接确定法，即根据相关成本的涵义，直接分析确定哪些成本项目是未来的差别成本，是与决策相关的。二是剔除法，即首先确定哪些成本是过去成本或无差别成本，将其从决策分析中剔除出去，则剩余的成本项目就是与决策相关的成本。实际中，两种方法可结合使用。

第四，依据决策目标对各备选方案进行计算、对比、分析，选出最佳决策方案。

第五，考虑重要的非定量因素对上述决策结果进行修正，最终作出决策。

三、相关成本分析法的应用

基于成本的管理决策涉及范围很广，具体而言，利用相关成本分析法可以帮助管理人员进行生产、定价和存货等方面的决策分析，从而有助于管理当局制定正确的决策。

(一)相关成本分析法在生产决策中的应用

企业生产决策主要是解决生产什么，生产多少以及如何生产的问题，对于上述问题的分析，基本原则是以各备选方案的利润或成本的大小进行选择。

结合决策问题和收集到的资料不同，具体进行决策分析时所选择的决策指标并不一定是利润，可能是其他指标，但均可反映利润的大小。根据分析时所选指标的不同运用，相关成本分析法进行生产决策分析时又可分为以下几种方法：差量分析法、边际贡献分析法、成本无差别点法、相关损益法、线性规划法、成本计划评审法等。

（二）相关成本分析法在定价决策中的应用

根据市场供求规律可知，产品价格制定合理与否，直接影响着其在市场上的销售量，进而影响该产品的市场占有率与盈利水平。因此管理当局必须制定合理的价格，保证企业实现最佳经济效益。

从成本管理的角度出发，合理定价的目的是获取最大利润，但追求最大利润并不等于追求最高价格，在激烈的市场竞争中维持最高价格是不现实也是不可能的。因此这里所说的最大利润是相对的和广义的最大利润，即整个企业各有关产品在一定时期内的最大利润。

成本作为企业生产和销售产品而发生的费用总和，是构成产品价格的基本因素，是产品价格的下限。以成本为出发点制定价格的目标是保证各种耗费得以补偿，同时获得足够大的利润，为此可采用的决策分析方法有：成本加成定价法、保本定价法、边际成本定价法、特殊订货定价法等。

（三）相关成本分析法在存货决策中的应用

存货是企业为销售或经过一定加工过程之后进行销售而储存的各种财产物资，包括材料、物料、零件及配件、在产品和产成品等。存货是企业的重要资产，大多数企业通常都会持有一定数量的存货，目的是保证生产的不间断和销售的批量化和经常化，减少机会损失。但另一方面，存货会占压资金，影响资金的周转，增加仓储、保险和管理费用，还可能发生各种存货损失，因而增加经营风险。为避免出现存货不足或存货过多的状况，必须对存货的数量和价值加以适当的规划与控制，采用科学的方法做好存货的决策。

存货决策是指确定适当的存货政策，使存货保持在一个“最优化水平”上，保证存货资金得到最经济、最合理、最有效的使用。该项决策包括两项基本因素：存货的持有数量和形成时间。决定这两项问题时必须要考虑由存货引起的相关成本问题，在其他条件一定时，决策的目的就是让相关成本最小。一般来讲，存货相关成本取决于存货的种类。存货按来源主要可以分为自制存货和外购存货。对自制存货而言，其相关成本包括：生产调整准备成本、储存成本和缺货成本；对外购存货而言，其相关成本包括：订货成本、购买成本、储存成本和缺货成本。无论相关成本构成如何，存货决策的目的是使各类存货的相关成本最小，所采用的决策分析方法主要是经济批量模型。

基于成本的管理决策除了使用相关成本分析法外，还可以运用目标成本分析、质量成本分析、产品生命周期成本分析等方法，这些方法在后面相关章节中予以专门介绍。

第三节 成本计划

一、成本计划的涵义和内容

成本计划是以货币形式规定的企业在计划期内产品生产耗费和各种产品的成本水平，可比产品成本的降低程度以及降低成本所采取的主要措施的书面方案。

成本计划属于成本的事前管理，它以货币形式规定企业在一定时期内完成生产任务所需耗费的生产费用的数额，以及所确定的各种产品的成本水平，是对成本预测的数据运用决策手段进行调节和平衡的结果。它表明了如何在现有的生产经营条件下，使成本水平符合目标成本的预测要求，以及达到此目的，企业在生产经营活动中应采取哪些具体部署和安排。编制和执行成本计划有利于明确企业成本的奋斗目标，推动企业实现责任成本制度，加强成本控制，并为评价和考核企业及部门成本业绩提供尺度。

成本计划的内容可以分为两大类：一类是按生产费用要素以及生产费用用途反映企业的生产耗费，编制费用预算；另一类是按产品品种编制，反映计划期各种产品的预计成本水平的产品成本计划。

费用预算是控制生产费用支出，核定生产资金定额的重要依据。通过费用预算可以使成本计划同企业综合经营计划的其他部分直接联系起来，便于从价值形态检查其他计划是否正确执行，对费用预算的各费用项目进行分析，可以了解企业生产费用主要发生在哪些方面，哪些费用超支，从而找出降低成本的途径。费用预算按要素费用反映，可以编制材料费用预算、工资费用预算；按费用用途反映可以编制制造费用预算。

产品成本计划一般包括主要产品单位成本计划和全部商品产品成本计划。

主要产品单位成本计划是根据企业规定的主要商品产品目录编制的，一种产品编制一张计划表，并按成本项目分别反映计划期内该种产品应该达到的成本水平。

全部商品产品成本计划是用来确定包括可比产品和不可比产品在内的全部商品产品成本的，它一般包括按产品类别计算和按成本项目计算两种格式，前者用来确定各种可比产品及不可比产品的计划单位成本、计划总成本以及各种可比产品成本降低额和降低率。通过这种格式可以看出整个企业的成本水平。后者按成本项目分别规定计划期内可比产品、不可比产品和全部商品产品的总成本，以及可比产品总成本的降低额和降低率。通过这种格式，可以了解企业全部产品成本项目的结构变动情况。

企业为了编制上述成本计划，还要编制一些具体的计算底稿性质的计划表。例如，各车间直接费用计划表、辅助生产车间成本及其分配计划表和制造费用分配计划表等。

成本计划除以上部分外，通常还包括文字说明部分。其主要内容有：对成本计划指标的确定理由、方法以及保证措施进行说明和论证；上年成本计划预计完成情况的分析；计划中存在的问题和解决问题的意见；两年的价格差异和其他重大因素变动对成本计划的影响；以及计划年度改善成本会计工作的规划等等。

二、成本计划编制的程序

成本计划的编制，一般可以分为以下几个步骤进行：

(一)收集和整理资料

收集和整理资料是编制成本计划的基础工作。编制成本计划所应收集的资料主要有：

1. 有关成本计划编制的各项规定；
2. 计划期企业的销售、生产、物资供应、劳动工资和技术组织措施等计划；
3. 新产品的设计资料和目标成本；
4. 计划期原材料、辅助材料、燃料、动力、工具等消耗定额和劳动定额及费用定额；
5. 计划期内厂内计划价格；
6. 上年实际成本的核算资料；
7. 同类企业或同类产品的实际成本资料等等。

此外，为了编好成本计划，还必须深入细致地进行一些调查研究工作，掌握生产中的具体情况，作为编制成本计划的参考。

(二)预计和分析上期成本计划的执行情况

在编制成本计划之前，必须正确预计上年成本计划完成的情况，并分析升降的原因，总结执行计划的经验，弄清存在的问题，找出成本升降的规律。在此基础上，要把已经取得的经验巩固下来，对存在的问题要采取各种具体措施加以解决，以充分挖掘和利用降低成本的潜力，这样才能保证成本计划建立在先进而切实可靠的基础上。

(三)进行成本降低指标测算

财务部门对上年成本计划完成情况进行预计和分析后，要结合预定的成本降低指标，根据上下结合、反复算细账所提出的各项降低成本措施，测算计划期成本降低的幅度，使企业对于计划年底能否达到和超过预定的成本降低任务，事先做到心中有数。在编制成本计划之前，如果不进行成本测算，则编好后发现未能达到预期目标时，又需重新编制。所以，成本降低指标测算是编制成本计划的重要步骤，它对于组织动员职工挖掘企业内部潜力，促进企业成本计划与降低成本措施紧密结合，保证成本计划的先进性和合理性，都具有重要意义。成本降低指标的测算方法，参见本章第一节。

(四)正式编制企业成本计划

经过对成本降低指标的试算平衡，达到企业的目标成本后，财务部门可以在其他部门的配合下，正式编制企业的成本计划，并制定保证计划实现的措施。

三、成本计划的编制

对于制造业企业而言，由于生产特点和成本管理要求的不同，成本计划的编制方式也不一样。有的企业是由厂部直接编制全厂的成本计划；也有的企业先编制车间成本计划，然后再汇总编制全厂的成本计划；还有的企业对直接材料等成本不分车间编制，但工资、费用等成本先分车间编制，然后汇总编制全厂的成本计划。第一种方式称为成本计划一级编制方法；第二种方式称为成本计划分级编制方法；第三种方式称为成本计划一级与分级相结合的编制方法。

不论在何种编制方法下，成本计划的编制都需要先确定费用预算，然后编制产品成本计划。

(一)成本计划指标的计算方法

1. 直接计算法

直接计算法就是根据有关定额、价格、标准和分配率计算确定产品项目成本和单位成本计划数。其计算的基本公式为：

单位产品成本项目计划数 = 单位产品消耗数量定额 × 价格标准

单位产品消耗数量定额是指原材料、燃料等实物量消耗定额和工时消耗定额；价格标准是指消耗实物的计划单价和工时费用率。例如：

$$\text{单位产品主要材料计划成本} = \sum\left(\text{单位产品各种主要材料消耗定额} \times \text{该种主要材料计划单价}\right)$$

$$\text{单位产品工资计划成本} = \text{单位产品工时定额} \times \text{计划小时工资率}$$

2. 比例计算法

比例计算法是指根据相关项目的成本(费用)计划数和一定比例来计算确定成本(费用)项目的计划数。其计算的基本公式为：

成本(费用)项目计划数 = 相关成本(费用)项目计划数 × 计划比例

例如：

$$\text{单位产品职工福利费计划提取数} = \text{单位产品工资计划成本} \times \text{职工福利费提取比例}$$

$$\text{单位产品废品损失计划数} = \left(\text{单位产品计划料、工、费成本} - \text{计划废品残值}\right) \times \text{计划废品率}$$

3. 基础调整计算法

基础调整计算法是根据计划指标的基期实际数，考虑计划期将会发生的变动程度，计算确定成本(费用)的计划数。其计算的基本公式为：

$$\text{某项成本(费用)的计划数} = \text{该项成本(费用)基期实际数} \times \left[1 \pm \text{计划期该项成本(费用)升降的百分比}\right]$$

例如，产品直接材料费用包括原料及主要材料、辅助材料等，有些辅助材料数量零星，不便一一规定消耗定额，即可参照上年实际耗用数，并考虑计划期降低消耗的要求，利用上述公式确定。制造费用预算中的某些费用项目也可采用上述公式计算确定。

4. 直接汇总法

直接汇总法是指根据计划指标之间的统属关系，将下属指标直接汇总得出总额指标。例如，产品的直接人工成本包括直接从事产品生产的工人工资及按工资总额一定比例计提的职工福利费，即可直接汇总计算。

(二)费用预算的编制

在市场经济中，企业为了在竞争中求得生存和发展，必须实行以销定产，费用预算的编制首先要预测销售量，结合产品库存提出生产任务，由生产部门编制生产计划。而生产计划的编制必然要涉及原材料、劳动力等需要量，所提出的各种需要量就成为材料费用预算、工资费用预算和制造费用预算等的编制基础。依据企业的具体情况，费用预算可采用不同的预算编制方法编制，常用的主要有以下几种：

1. 固定预算

固定预算又称静态预算，它是按照预算期内可能实现的一种经营活动水平编制的预算。现举例说明其编制方法。

[例 12－4]假定某企业计划年度生产计划及工时计划如表 12－7 所示。

表 12－7

产品名称	预计销量	期初库存	预计期末库存	计划产量	单位产品工时定额	计划产量总工时
甲产品	560	100	40	500	60	30 000
乙产品	2 100	250	150	2 000	85	170 000
合计						200 000

编制材料费用预算一般应以生产计划和单位产品消耗定额及材料计划单价为基础，并考虑到实现各项措施所降低的节约额加以计算。但由于材料包括原料、辅助材料、修理用备件等，有些材料品种繁多，数量零星，不便一一规定消耗定额的，可参照上年实际耗用数，并考虑计划期降低消耗的要求加以确定。材料费用预算如表 12－8 所示。

表 12－8

项　目			A 材料	B 材料	辅料	合计
单　价		①	6	2		
甲产品（计划产量 500 件）	消耗定额（千克）	②	3	5		
	费用定额	③＝①×②	18	10	0.8	28.8
	定额消耗量	④＝②×计划产量	1 500	2 500		
	定额费用	⑤＝③×计划产量	9 000	5 000	400	14 400
乙产品（计划产量 2000 件）	消耗定额（千克）	⑥	4	7		
	费用定额	⑦＝①×⑥	24	14		38
	定额消耗量	⑧＝⑥×计划产量	8 000	14 000		
	定额费用	⑨＝⑦×计划产量	48 000	28 000		76 000
基本车间一般耗用		⑩			1 000	1 000
修理车间耗用		⑪			2 600	2 600
合　计		⑫＝⑤＋⑨＋⑩＋⑪	57 000	33 000	4 000	94 000

由于工资制度不同，企业编制工资费用预算应采用不同的方法。如企业采用合同招募并实行计件工资时，生产工人的工资属于变动费用，可按生产预算需要的工时数和小时工资率直接编制；如企业采用固定工和月工资制度，则属于固定费用，只能按照职工在册人数、出勤率、平均日工资额等数据来编制。工资费用预算如表 12－9 所示。

表 12－9

项目		年计划产量总工时	小时工资率	年计划工资总额	提取职工福利费	合计
基本车间	生产工人	200 000	1.50	300 000	42 000	342 000
	管理人员			3 200	448	3 648
修理车间人员				8 000	1 120	9 120
行政管理部门人员				10 000	1 400	11 400
合计				321 200	44 968	366 168

一般大中型企业多设置辅助生产车间。由于辅助生产车间发生的费用要按一定的方法分配给各受益单位的产品成本或费用预算中去，因此在按部门编制的费用预算中首先要编制辅助生产车间费用预算。该预算多按成本项目编制。为适应全厂制造费用预算的编制，制造费用项目还要按要素费用反映，各项目指标的确定可依据不同情况处理：

(1)有消耗定额的，可根据计划业务量、单位产品消耗定额和计划单价计算。如材料消耗应按所提供的产品或劳务数量、单位产品或劳务所耗材料定额和材料计划单价计算。

(2)凡有规定费用开支标准的按标准计算。如劳动保护费，可根据车间享受人数和规定的标准计算。

(3)凡没有消耗定额和开支标准的费用项目，如低值易耗品等，可根据上期预计实际数、本年产量变动和费用节约要求来确定。

(4)凡属于车间固定费用性质的项目，如办公费，可根据上期预计实际数和计划期节约费用的要求来确定。

(5)凡是其他预算中有现成资料的项目，可直接采用，如工资可根据工资费用预算填列。

如辅助生产车间耗用其他辅助生产车间提供的产品或劳务，其数额可根据计划耗用量和内部结算价计算确定。

辅助生产车间费用预算编制后，应把全部费用分配给各受益单位。分配方法是先计算辅助生产车间所提供的产品或劳务的计划单位成本，再根据各受益单位所需要的计划产品或劳务的数量，计算各该受益单位应分配的辅助生产费用。修理车间费用预算如表 12－10 所示。

表 12－10

<table>
<tr><th colspan="3">费用预算</th><th colspan="4">费用分配</th></tr>
<tr><td colspan="2">成本项目</td><td>金额</td><td colspan="3">修理总工时</td><td>5 000</td></tr>
<tr><td colspan="2">材料</td><td>2 600</td><td colspan="3">分配率</td><td>4</td></tr>
<tr><td colspan="2">工资</td><td>9 120</td><td rowspan="8">受益部门</td><td rowspan="4">基本生产车间</td><td rowspan="2">受益工时</td><td rowspan="2">4 000</td></tr>
<tr><td rowspan="6">制造费用</td><td>水电费</td><td>2 400</td></tr>
<tr><td>折旧费</td><td>2 040</td><td rowspan="2">应分配金额</td><td rowspan="2">16 000</td></tr>
<tr><td>劳动保护费</td><td>1 200</td></tr>
<tr><td>办公费</td><td>1 500</td><td rowspan="4">行政管理部门</td><td rowspan="2">受益工时</td><td rowspan="2">1 000</td></tr>
<tr><td>低值易耗品摊销</td><td>600</td></tr>
<tr><td>其他费用</td><td>540</td><td rowspan="2">应分配金额</td><td rowspan="2">4 000</td></tr>
<tr><td colspan="2">合　计</td><td>20 000</td></tr>
</table>

基本生产车间制造费用预算包括两部分：一是辅助生产车间分配过来的制造费用；二是基本生产车间本身发生的制造费用。基本生产车间制造费用预算的编制应分车间进行，其编制方法与辅助生产车间费用预算的方法基本相同，即按各明细项目和计算费用的的各种方法计算确定，这两部分制造费用的项目指标结合起来就是应分配给本车间各种产品的制造费用，其分配一般按计划工时或生产工人工资比例进行。基本生产车间制造费用分配如表 12－11 所示。

表 12－11

<table>
<tr><th>项　目</th><th>金　额</th><th>费用分配</th></tr>
<tr><td>工资</td><td>3 468</td><td rowspan="10">费用分配率＝80 000/200 000＝0.4
三甲产品应分配费用＝30 000×0.4＝12 000
乙产品应分配费用＝170 000×0.4＝68 000</td></tr>
<tr><td>办公费</td><td>12 000</td></tr>
<tr><td>机物料消耗</td><td>1 000</td></tr>
<tr><td>折旧费</td><td>36 000</td></tr>
<tr><td>修理费</td><td>16 000</td></tr>
<tr><td>水电费</td><td>4 800</td></tr>
<tr><td>劳动保护费</td><td>4 200</td></tr>
<tr><td>低值易耗品摊销</td><td>1 800</td></tr>
<tr><td>其他费用</td><td>732</td></tr>
<tr><td>合　计</td><td>80 000</td></tr>
</table>

固定预算编定后，按照预算数据和实现结果数据直接进行对比考核。例如，基本生产车间制造费用预算为 80 000 元，如实现结果为 82 000 元，就认为超额 2 000 元，未能实现预算。固定预算适用于编制相对稳定的预算．一般在计划和实际不会有较大出入的情况下，例如不会有 ±5% 的业务量差异时，可采用固定预算。固定预算的优点是比较直接，也比较简单，但由于企业生产经营状况受主客观条件影响较大，不确定的因素很多，经常发生变动，使预算的作用受到了限制。

2. 弹性预算

弹性预算又称变动预算或滑动预算，它是按照可预见的多种生产经营活动水平分别确定相应数据的预算。它一般根据业务量的大小，列出几个不同水平的费用预算。按照不同企业的具体情况，可以每隔一定的比例列出一个不同水平的预算，编成弹性费用预算表。实际执行时，就可以根据实际生产经营活动水平，对照相应的费用预算进行控制。因而它可以适应不同的生产能力的利用程度，反映预算期内预计支出的费用数额。编制弹性预算一般可按下列步骤进行：

(1)选择和确定适当的经济活动水平的计量单位。通常，生产单一产品的企业，可以选择产品的产销量，生产多种产品的企业可以选择生产工时。例如，基本生产车间生产甲、乙两种产品则应选择生产工时作为经济活动水平的计量单位。

(2)确定不同情况下经营活动水平的范围。这个范围是指弹性预算所适应的业务量区间，它一般根据企业的具体情况而定，通常以正常生产能力的70%—110%为宜。例如，正常生产能力为25 000工时，则这个区间应为17500—27500工时之间。

(3)根据费用与业务量之间的依存关系，将预算指标分为变动和固定两大类别。随业务量大小成正比例变动的费用，如机物料消耗、修理费等多为变动费用；而折旧费、办公费等在正常业务量的幅度内是不随业务量而变化的，则为固定费用。此外还有一些费用项目随业务量的增减而变动，但又不成比例，称为混合费用。对于这类费用应采用一定的方法将其分解。例如，对基本生产车间的制造费用采用一定的方法进行划分，原预算80 000元中的24 000元属于变动费用，56 000元属于固定费用。

(4)确定在不同经营活动水平范围内的控制数额。一般可采用两种方法：

其一，列表法(多水平法)。即按照生产能力利用程度的不同而编制的多种活动水平的预算。例如，在业务量范围(如正常生产能力的70%—110%)内，按一定的间距(如10%)编制不同水平的预算，然后加以汇总，编成弹性预算表。

其二，公式法。即利用$y = a + bx$公式，计算各种生产经营活动水平下的费用预算。其中，y代表某项费用预算总金额；a代表其中的固定费用总额；b代表单位变动费用金额；x代表业务量。因此只要具备某项费用中的固定费用a和单位变动费用b，就可以计算任何业务量下的费用预算金额，并以此金额对费用的支出进行考核和控制。例如，基本生产车间制造费用中的固定费用总额为56 000元，单位变动费用为0.12元(24 000元/200 000生产工时)，在实际业务量为225 000生产工时的情况下，考核前就要对原预算指标80 000元进行调整，按前述公式计算调整后的预算应为83 000元($56\ 000 + 0.12 \times 225\ 000$)。如与实现的制造费用82 000元相比较，则应认为制造费用不仅实现了预算的要求，而且还节约了1 000元。

3. 滚动预算

滚动预算又称连续预算，它是采用滚动方式编制的连续若干期的预算。其特点是，在编制连续若干期预算时，随着一个时期的过去，把已执行过的预算去掉，然后根据其执行情况的分析、环境的变化和经营方针的调整，对原预算进行修订，并向前延伸，将下一期新的预算补上，使编制的预算仍保持原有的期数。

滚动预算的编制能使各期预算的调整衔接工作从被动转化为主动，将事后的预算控制转化为事前的预算控制，使预算适应客观情况的发展，具有促进企业生产经营活动协调发展的作用。例如，一般材料费用预算的编制时间往往是在年末第四季度，这样就会产生一个问题，在次年预算尚未编制之前，如十月份，采购部门准备和供货单位签订次年第一季度订货合同，则将因没有预算依据而无法确定订货数量。而在采用滚动预算方法时，就可使企业经常保持四个季度的预算数据，也就是当第一季度过去后就要续编次年第一季度的预算，当第二季度过去后就续编次年第二季度的预算，这样就可以满足订货的需要。

(三)产品成本计划的编制

1. 主要产品单位成本计划

主要产品单位成本计划是按照成本项目确定的主要产品单位成本所应达到的成本水平。该计划编制时，对各成本项目应采取下述不同方法加以确定：

(1)直接材料

直接材料包括用于产品生产的原材料、辅助材料、外购半成品、燃料、动力、包装物等，一般应根据单位产品消耗定额和计划单价，并考虑实现各项措施所降低的节约额加以计算；对于数量零星不便一一规定消耗定额的可参照上年实际耗用数，并考虑计划期降低消耗的要求加以确定。

(2)直接人工

直接人工包括生产人员的工资、奖金、津贴和补贴以及职工福利费等。工资部分应根据计划期劳动定额及工资率或固定计件工资进行计算。提取的职工福利费，应根据工资总额的一定比例确定。

(3)制造费用

制造费用包括车间管理人员的工资及职工福利费、折旧费、修理费、机物料消耗、水电费、办公费、差旅费、运输费、劳动保护费、保险费、试验检验费等，应根据制造费用预算规定的数额，按一定的分配标准，分配计入各种产品的成本。

(4)废品损失

废品损失一般在计划中不予编列，只有在工艺上不可避免的废品损失才可编列，其数额应根据工艺部门拟订的废品率和劳动部门拟订的废品工时率，并结合降低废品率的措施计算。对于可比产品的废品损失，为简化计算也可参照上年实际并结合计划期降低废品损失的要求确定。

将上述各项目成本加总就是该产品的单位成本计划。

[例12-5]依例12-4中的数据资料为例，该企业产品成本计划编制如下：

①“直接材料”项目的数据可直接取自材料费用预算。

②“直接人工”项目可根据工资费用预算进行计算：

工资及福利费分配率＝342 000/200 000＝1.71

甲产品单位产品直接人工＝60×1.71＝102.60(元)

乙产品单位产品直接人工＝85×1.71＝145.35(元)

③“制造费用”项目可根据制造费用预算进行计算：

制造费用分配率＝80 000/200 000＝0.4

甲产品单位产品制造费用＝60×0.4＝24(元)

乙产品单位产品制造费用＝85×0.4＝34(元)

④根据上述计算结果编制单位产品成本计划表。见表12-12、12-13所示。

表 12－12

甲产品单位成本计划

20××年度

车间:基本生产车间　　　　　　　　　　　　　　　　**计划产量:500 台**

成本项目	计量单位	单价(元)	单位成本	
			消耗数量	金额
直接材料				28.80
A 材料	千克	6	3	18.00
B 材料	千克	2	5	10.00
辅料				0.80
直接人工	工时	1.71	60	102.60
制造费用	工时	0.40	60	24.00
合　计				155.40

表 12－13

乙产品单位成本计划

20××年度

车间:基本生产车间　　　　　　　　　　　　　　　　**计划产量:2 000 台**

成本项目	计量单位	单价(元)	单位成本	
			消耗数量	金额
直接材料				38.00
A 材料	千克	6	4	24.00
B 材料	千克	2	7	14.00
辅料				
直接人工	工时	1.71	85	145.35
制造费用	工时	0.40	85	34.00
合　计				217.35

2. 全部商品产品成本计划

全部商品产品成本计划主要用于反映企业计划期内生产的全部商品产品整体的成本水平。它把全部商品产品分为可比产品和不可比产品两部分，根据各种产品单位成本计划，结合计划产量，确定全部产品(包括可比产品和不可比产品)计划总成本，可比产品部分尚须根据上年预计(或实际)平均单位成本和计划年度计划单位成本，计算可比产品成本降低额和降低率等计划指标。全部商品产品成本计划可按产品品种计算编制，也可按成本项目计算编制。

全部商品产品成本计划的编制如表 12－14 和表 12－15 所示。

表 12－15

全部商品产品成本计划表(按产品品种编制)

项目 产品名称	计量单位	计划产量	单位成本		总成本			
			上年预计平均	成本计划	按上年预计平均单位成本计算	按本年计划单位成本计算	成本降低额	成本降低率(%)
		①	②	③	④＝①×②	⑤＝①×③	⑥＝④－⑤	⑦＝⑥/④
可比产品					80 000	77 700	2 300	2.875
甲产品	台	500	160.00	155.40	80 000	77 700	2 300	2.875
不可比产品						434 700		
乙产品	件	2 000		217.35		434 700		
合　计						512 400		

表 12－16

全部商品产品成本计划表(按成本项目编制)

项目 成本项目	可比产品总成本				不可比产品总成本	全部商品产品计划总成本
	按上年预计平均单位成本计算	按本年计划单位成本计算	成本降低额	成本降低率(%)		
	①	②	③＝①－②	④＝③×①	⑤	⑥＝②＋⑤
直接材料	15 048	14 400	648	4.3	76 000	90 400
直接人工	5 234	51 300	1 024	1.96	290 700	342 000
制造费用	12 628	12 000	628	4.97	68 000	80 000
合计	80 000	77 700	2 300	2.875	434 700	512 400

☆★本章关键概念

回归分析法　因素分析法　相关成本分析　固定预算　弹性预算

☆★复习思考题

1. 成本预测的基本程序和思路可以分为哪几个环节，回归分析法和因素分析法是哪个环节工作开展时运用的方法？

2. 什么是相关成本分析法？在企业的管理决策中，相关成本分析法可以用于解决哪些问题？

3. 在企业成本计划编制中，如何进行成本降低指标的测算分析？

4. 费用预算和产品成本计划是什么关系，如何编制？

第十三章　成本控制

【引言】

成本控制是企业管理控制的一项重要内容，它是为保证企业全面预算执行而采取的各种控制措施。建立健全企业成本控制系统，对于充分发挥成本控制职能，提高企业经营管理水平和市场竞争力具有重要作用。本章在介绍企业成本控制原理的基础上，主要阐述标准成本控制系统与目标成本控制系统的基本内容。

第一节　成本控制概述

一、成本控制的涵义

企业的预算编制好以后，为了保证预算的顺利完成，必须对企业发生的有关经济活动进行控制。此时，控制活动要以预算作为标准，又称预算控制。预算控制的对象和范围比较广泛，涉及企业供应、生产、销售、财务等有关责任单位的成本、收入、利润等方方面面，而成本控制则是预算控制的基础。因此本章将对成本控制做专门讨论。

所谓成本控制是指企业在生产经营活动中，以不断降低成本和提高效益为目的，对影响成本的各种因素加以管理，及时发现与预定目标成本之间的差距，采取一定的措施，保证成本目标和成本预算任务的完成。

成本控制在企业管理中起着重要作用。首先，成本控制是企业增加利润的根本途径。增加利润是企业经营的目的之一，而控制成本则直接服务于此目的，因为无论在何种情况下，降低成本都可以增加利润：(1)在收入不变的情况下，降低成本可以增加利润；(2)在收入增加的情况下，降低成本可使利润增加得更快；(3)在收入减少的情况下，降低成本可抑制利润的下降。因此，降低成本是企业实现盈利目的的根本途径。其次，成本控制是企业抵抗内外压力，求得生存的主要保障。企业在经营过程中面对各方压力，外有同行竞争、政府课税和经济环境逆转等不利因素，内有职工改善待遇、股东分红和债权人的压力。企业为了抵御内外压力，常常以降低成本、提高产品质量、创新产品设计和增加产销量为主要手段。而其中降低成本是最主要、最有效的手段。因为降低成本可以提高企业价格竞争能力；可以提高安全边际率，使企业在不景气的经济环境中继续生存；降低成本可以抵御由于价格提高而引发的经销商和供应商的提价要求和增加流转税的外在压力；降低成本，才可能去提高质量、创新设计、提高职工待遇和增加股利。最后，成本控制是企业发展的基础。把成本控制在同类企业的先进水平上，才可能获得超额利润，为企业迅速发展打下基础。许多企业陷入困境的重要原因之一是在成本失控的情况下盲目发展，以致当市场萎缩或决策失误时没有抵抗能力，最终被市场淘汰。因此，只有进行成本控制，使成本降低到最低状态，才能使企业的发展有足够的后劲，在竞争中处于不败之地。

成本控制可按成本发生的时间先后划分为事前成本控制、事中成本控制和事后成本控制三个阶段，也就是成本控制循环中的设计阶段、执行阶段和考核阶段。

事前成本控制是指产品投产前通过对产品的成本功能关系的分析研究，提出对产品功能和目标成本的要求，从根本上解决功能过剩、成本过高的问题，同时还要对影响成本的有关因素进行分析研究，制定出一整套成本控制制度，针对不同类型的成本采取不同方法约束成本开支，防止偏差和浪费的发生，它们又分别被称为成本的前馈控制和预防控制。

事中成本控制又称日常成本控制，就是指在成本形成过程中，企业内部各级对成本负有经营管理责任的单位，根据事先制定的成本目标或标准，对企业各责任中心日常发生的各项成本和费用进行严格的计量、监督，如发生偏差，就及时分析原因并采取措施进行调节，使各项成本费用不超过预定的标准，以保证目标成本的实现。

事后成本控制是指在成本发生后，把日常发生的成本差异及其原因汇总起来进行分析研究，找出成本升降的原因，明确经济责任，为下一期企业生产经营计划和目标成本的确定提供改进意见，又被称为成本的后馈控制。

二、成本控制的要求

为了充分发挥成本控制的作用，成本控制应注意如下几点：

1. 成本控制要对成本形成全过程进行全面控制。成本形成的全过程，包括产品投产前的设计、工艺的确定，以及生产过程的各个环节；另外，还要考虑产品使用中的寿命周期成本。全面成本控制就是以产品成本形成的全过程为对象，结合生产经营各阶段的不同性质和特点进行有效控制。

2. 成本控制要进行全员控制。成本控制涉及到企业的全体员工和部门，要降低成本，就要充分调动企业各部门和全体员工关心成本和参加成本控制的积极性。

3. 成本控制要进行全方位的控制。成本控制不是单纯的限制和监督。它一方面要精打细算，节约开支，消灭浪费；另一方面，又要按照成本效益的原则实现相对的成本节约，以较少的消耗，取得更多的成果。

4. 成本控制要贯彻责权利相结合的原则。要保证落实到责任中心的成本预算能够恰当地执行，必须赋予它们与其责任大小、控制范围一致的权利，如决定某项成本项目能否开支的权利。此外，成本控制必须在定期考核评价成本实绩的基础之上，与对责任中心的奖惩挂钩。

5. 成本控制必须以目标成本为依据。目标成本是企业成本控制的目标，但是，目标成本作为企业的整体目标，不便进行日常控制。按照目标管理理论，应该把企业的目标成本层层分解，落实到各成本责任中心，分级归口管理。这样一来，可以使责任单位明确责任范围，及时发现成本差异，分析成本超降的原因，并采取措施予以纠正。

6. 成本控制必须按例外管理原则，重点剖析例外差异。例外管理原则是西方国家在经营管理工作上进行日常控制的一种专门方法，特别是在成本指标控制方面采用更多。因为在日常控制活动中，实际水平与预算数之间的差异，特别是那些数量小、影响不大的差异普遍存在，如果要一一查明，势必会影响成本控制工作的效率。因此，应把注意力集中于那些非正常的的关键性差异上，对其追根溯源，查明原因，并采取有效措施予以纠正。

三、成本控制制度

成本控制制度是指通过在对产品设计、研制等阶段影响成本有关因素的分析和研究的基础上，制定出的一整套适合于本企业具体情况的成本控制方法和相应的规章制度。其关键是要通过企业内部设置的规章制度，针对不同的成本采用不同的成本控制方法，约束成本开支，预防偏差和杜绝浪费现象的发生。成本控制制度是企业内部控制制度的重要组成部分。

从目前国外成本控制的实践看，其成本控制方法繁多，一般有目标成本控制法、预算控制法、标准成本控制法、相对成本控制法、责任成本控制法等等，对于这些适应现代化大生产和市场经济创造出来的行之有效的成本控制方法，应结合我国企业的具体情况、成本控制对象和内容的不同而灵活加以运用。

由于企业内部的全部成本按成本习性可以分为变动成本和固定成本两类。变动成本主要是通过制定标准成本和编制弹性预算进行控制。直接材料和直接人工在制造业产品成本中一般占有较大的比重，数额易于分割，用标准成本控制比较简便易行，而变动性制造费用通常由变动性的成本项目组成，金额分散，通过编制弹性预算控制较为适宜。对于固定成本，首先要根据其开支项目的性质和轻重缓急区别为约束性固定成本和酌量性固定成本，然后分别控制。对于约束性固定成本，控制关键在于做出长期投资决策之前的事前控制。因此，应根据相关的资本支出预算中的数据，分项目制定固定预算，作为事前控制的依据；而企业其他非约束性固定成本，则可以通过编制零基预算的方法来加强成本控制。另外在企业产品设计阶段则适合采取目标成本控制法来实施成本控制。

应该说明的是，标准成本控制与预算成本控制是兼容的，实质上等于预算控制，只是标准成本控制以标准成本为基础，按照成本项目反映单位产品的目标成本。而预算是企业总体规划的数量说明，无论对弹性预算或其他预算类型，以标准成本乘以业务量就可以得出预算总成本。采用标准成本可以使成本控制更加科学有效。

第二节　标准成本控制

一、标准成本概述

标准成本控制系统是指通过事前制定标准成本，在实际执行过程中将实际成本与标准成本进行比较分析，找出差异产生的原因，并据以加强成本控制和业绩评价的成本控制系统。一个完整的标准成本控制系统包括标准成本的制定、成本差异的计算和分析以及成本差异的处理。

所谓标准成本实际上就是按成本项目反映的单位产品的目标成本。因为通过成本预测确定的目标总成本，不便于日常的控制和考核，必须分别按成本项目逐一制定出各自的标准成本才能落实。关于标准成本概念存在有两种涵义：

一是指单位产品的标准成本，它是根据单位产品的标准消耗量和标准单价计算出来的，也称“成本标准”，其计算公式为：

成本标准＝单位产品成本标准＝单位产品标准消耗量×标准单价

二是指实际产量的标准成本，是根据实际产品产量和单位产品成本标准计算出来的。其计算公式为：

标准成本＝实际产量×单位产品标准成本

标准成本有多种多样的形式。

（一）按其制定所根据的生产技术和经营管理水平，分为理想标准成本和正常标准成本。

理想标准成本是指在最优的生产条件下，利用现有的规模和设备能够达到的最低成本。制定理想标准成本的依据，是理论上的业绩标准、生产要素的理想价格和可能实现的最高生产经营能力利用水平。因此，这种标准是完美的成本标准，很难成为现实，即使暂时出现也不可能持久。理想标准成本不能作为考核的依据。而正常标准成本是指在效率良好的条件下，根据下期应该发生的生产要素消耗量、预计价格和预计生产能力利用程度制定出来的标准成本。要达到这种标准不是没有困难，但却有可能达到。它的数量大于理想标准成本，小于历史平均水平，实施以后实际成本更大的可能是逆差而不是顺差，是要经过努力才能达到的一种标准。实践中，广泛使用正常标准成本，其特点为：它是用科学方法根据客观实践经充分研究后制定出来的，具有客观性和科学性；它排除了各种偶然性和意外情况，又保留了目前条件下难以避免的损失，代表正常情况下的消耗水平，具有现实性；它是应该发生的成本，可以作为评价业绩的尺度，是广大职工努力的目标，具有激励性；它可以在工艺技术水平和管理水平变化不大时使用，不需要经常修订，具有稳定性。

（二）按其适用期不同，分为现行标准成本和基本标准成本

现行标准成本是指根据其适用期间应该发生的价格、效率和生产经营能力利用程度等预

计的标准成本，它是评价实际成本的依据。而基本标准成本是指一经制定，只要生产的基本条件无重大变化，就不予变动的一种标准成本。由于基本标准成本不按各期实际进行修订，不宜用来直接评价工作效率和成本控制的有效性。

二、标准成本的制定

标准成本应该分成本项目制定，一般制定的顺序是先确定直接材料和直接人工的标准成本，再确定制造费用的标准成本，最后确定单位产品的标准成本。在制定时，无论哪一个成本项目，都需要分别确定其用量标准和价格标准，两者相乘后得出成本标准。其中用量标准包括单位产品材料消耗量、单位产品直接人工工时等，主要由生产技术部门主持制定；价格标准包括原材料单价、小时工资率、小时制造费用分配率等，由会计部门和其他有关部门共同研究确定。无论用量标准还是价格标准，都可以是理想状态或正常状态的，下面主要讨论正常状态下的正常标准成本的制定。

（一）直接材料标准成本的制定

直接材料标准成本的制定需要确定直接材料的用量标准和价格标准。其中，用量标准即标准消耗量，是用统计方法、工业工程法和其他技术方法确定的，包括理想消耗和正常损失两部分；价格标准是预计下一年度实际需要支付的进料单位成本，包括发票价格、运费、检验费和正常损耗等成本。直接材料标准成本举例如表 13－1 所示。

表 13－1　　直接材料标准成本　　产品：甲

标　准	材料 A	材料 B
价格标准 发票单价 运费 每公斤标准价格	 1.10 元 0.08 元 1.18 元	 5.20 元 0.50 元 5.70 元
用量标准 图纸用量 正常损耗量 单位产品标准用量	 4.0 公斤 0.2 公斤 4.2 公斤	 2.0 公斤 2.0 公斤
成本标准 材料 A(1.18 元×4.2 公斤) 材料 B(5.70 元×2.00 公斤)	 4.96 元 	 11.40 元
单位产品标准成本	16.36 元	

（二）直接人工标准成本的制定

直接人工标准成本的制定需要确定直接人工的用量标准和价格标准。其中用量标准是单位产品的标准工时，它是按产品的加工工序所需直接人工工时汇总而得的，其涵义是指在现有生产技术条件下，生产单位产品所需要的时间，包括直接加工操作必不可少的时间和必要的间歇和停工两部分。而价格标准是指标准工资率。它可以是预定的工资率，也可以是正常的工资率。在计件工资制下，标准工资率是预定的每件产品支付的工资除以标准工时；在月工资制下，标准工资率则是按月工资总额和可用工时总量来计算的。直接人工标准成本举例如表 13－2 所示。

表 13－2 直接人工标准成本

产品:甲

项目	第一工序	第二工序
小时工资率		
基本生产工人人数	30	20
每人每月工时(8 小时×20.92 天)	167	167
出勤率	95%	95%
每人平均可用工时	159	159
每月总工时	4770	3180
每月工资总额	5247	3816
每小时工资	1.1	1.2
单位产品工时		
理想作业时间	1.5	1.2
设备调整时间	0.4	—
其他	0.1	0.1
单位产品工时合计	2.0	1.3
直接人工标准成本	2.2	1.56
合计	3.76	

（三）制造费用标准成本的制定

各部门的制造费用标准成本分为变动制造费用标准成本和固定制造费用标准成本两部分。它们都是按部门分别编制，然后将同一产品涉及的各部门单位制造费用标准加以汇总，得出整个产品制造费用标准成本。

1. 变动制造费用的标准成本

变动制造费用的数量标准通常采用单位产品直接人工工时标准（在直接人工标准成本制定时已经确定）、机器工时或其他用量标准。不管选择何种用量标准，应尽可能使该标准与变动制造费用保持较好的线性关系。

变动制造费用的价格标准是每一工时变动制造费用的标准分配率，它是根据变动制造费用预算和直接人工总工时计算求得的。其计算如表 13－3 所示。

表 13－3 变动制造费用标准成本 产品:甲

项　目	第一车间	第二车间
变动制造费用预算		
运输	1 000	2 100
消耗材料	4 000	1 900
间接人工	2 000	3 800
动力	500	2 500
合　计	7 500	10 300
生产量标准(人工工时)	5 000	5 150
变动制造费用标准分配率	1.5	2
直接人工用量标准(人工工时)	2	1
变动制造费用标准成本	3	2
单位产品标准变动制造费用	5	

各车间变动制造费用标准成本确定之后，可汇总出单位产品的变动制造费用标准成本。

2. 固定制造费用的标准成本

采用完全成本法计算产品成本的企业，固定制造费用要计入产品成本，应确定其标准成本。固定制造费用的标准成本也包括用量标准和价格标准。其中用量标准与变动制造费用的标准相同，包括直接人工工时、机器工时、其他用量标准等，并且两者要保持一致，以便进行差异分析(此标准的数量已在制定直接人工用量标准时确定)；而其价格标准是其每小时的标准分配率，它是根据固定制造费用预算和直接人工标准总工时来计算的。其计算见表 13－4 所示。

表 13－4 固定制造费用标准成本 产品:甲

项　目	第一车间	第二车间
固定制造费用预算		
折旧费	300	1 500
管理人员工资	600	1 200
间接人工	500	1 100
其他	300	250
合　计	1 700	4 050
生产量标准(人工工时)	3 400	2 025
固定制造费用标准分配率	0.5	2
直接人工用量标准(人工工时)	2	1
部门固定制造费用标准成本	1	2
单位产品固定制造费用标准成本	3	

各单位的固定制造费用标准成本确定后，可汇总出单位产品的固定制造费用标准成本。

将以上确定的直接材料、直接人工和制造费用的标准成本按产品加以汇总，就可确定有关产品全部的标准成本。

三、成本差异的计算和分析

成本差异主要是指实际成本与标准成本之间的差额，又称标准成本差异，它反映实际成本脱离预定目标程度的信息。为消除此偏差要进行成本差异分析，找出原因和对策，以便加以纠正。

（一）变动成本差异的分析

变动成本包括直接材料、直接人工和变动制造费用，它们的实际成本高低取决于实际用量和实际价格，标准成本的高低取决于标准用量和标准价格，因此其成本差异可以归结为价格脱离标准造成的“价格差异”和用量脱离标准造成的“数量差异”两类。

成本差异 = 实际成本 − 标准成本

= 实际数量 × 实际价格 − 标准数量 × 标准价格

= 实际数量 × 实际价格 − 实际数量 × 标准价格 + 实际数量 × 标准价格 − 标准数量 × 标准价格

= 实际数量 ×（实际价格 − 标准价格）+（实际数量 − 标准数量）× 标准价格

= 价格差异 + 数量差异

1. 直接材料成本差异的计算和分析

直接材料成本差异是直接材料实际成本与标准成本之间的差额，其形成原因为：一是价格脱离标准，二是用量脱离标准。前者按实际用量计算，称为价格差异；后者按标准价格计算，称为数量差异。

材料价格差异 = 实际数量 ×（实际价格 − 标准价格）

材料数量差异 =（实际数量 − 标准数量）× 标准价格

[例 13 − 1] 某企业本月生产甲产品 1 00 件，耗用 A 材料 2 00 公斤，材料单价为 1.2 元/公斤；直接材料的单位产品标准成本为 3.8 元，即每件产品耗用 1.9 公斤的直接材料，每公斤材料的标准价格为 2 元。则：

直接材料价格差异 = 2 000 ×（1.2 − 2）= −1 600（元）

直接材料数量差异 =（2 000 − 1 000 × 1.9）× 2 = 200（元）

由上可得，直接材料成本差异等于价格差异与数量差异之和，即：−1 600 + 200 = −1 400 元。而直接材料成本差异又等于实际成本减标准成本，即：2 000 × 1.2 − 1 000 × 1.9 × 2 = −1 400 元。因此，直接材料价格差异与数量差异之和，应当等于直接材料成本的总差异。

计算出价格差异和数量差异后，应对此进行分析。一般地，材料价格差异是在采购过程中形成的，不应由耗用材料的生产部门负责，而应由采购部门作出解释。采购部门未能按标准价格进货的原因有很多，如物价上涨、违反合同被罚款、采用了不必要的快速运输方式等。企业应针对各种原因确定合理的责任归属；而材料数量差异是在材料耗用过程中形成，反映生产部门的成本控制业绩。材料数量差异形成的具体原因有许多，如操作事失误造成废品和废料增加、机器不适用造成用料增加等。有时多用料也不一定是生产部门的责任，如购入的材料质量低劣、规格不符等，故应具体问题具体分析，合理确定责任归属。

2. 直接人工成本差异的计算和分析

直接人工成本差异是指直接人工实际成本与标准成本之间的差额，它也可分为“价差”和“量差”两部分。价差是指实际工资率脱离标准工资率的差额，按实际工时计算确定，又称工资率差异；量差是指实际工时脱离标准工时的差额，按标准工资率计算确定，又称人工效率差异。

工资率差异 = 实际工时 ×（实际工资率 - 标准工资率）

人工效率差异 =（实际工时 - 标准工时）× 标准工资率

［例 13 - 2］某企业本月生产甲产品 500 件，实际使用工时 1 000 小时，支付工资 2 000 元；直接人工的标准成本是 5 元/件，即每件产品标准工时为 2.5 小时，标准工资率为 2 元/小时。则：

工资率差异 = 1 000 ×（2 000/1 000 - 2）= 0（元）

人工效率差异 =（1 000 - 500 × 2.5）× 2 = - 500（元）

由此，直接人工成本差异等于工资率差异与人工效率差异之和，即：0 + -500 = - 500 元。而直接人工成本差异又等于实际成本减标准成本，即：2 000 - 500 × 5 = - 500 元。因此，直接人工的工资率差异与人工效率差异之和，应当等于直接人工成本的总差异。

计算出工资率差异和人工效率差异之后，应对此进行分析。一般地，工资率差异形成的原因包括直接生产工人升级或降级使用、奖励制度未产生实效、工资率调整、出勤率变化等因素，应归属于人事劳动部门管理，其差异的具体原因会涉及生产部门或其他部门；而直接人工效率差异形成的原因则包括工作环境不良、劳动情绪不佳、作业计划安排不当、产量太少无法发挥批量优势等因素，应主要由生产部门负责，但在实践中还需具体问题具体分析。

3. 变动制造费用差异的计算和分析

变动制造费用差异是指实际变动制造费用与标准变动制造费用之间的差额，它也可分解为“价差”和“量差”两部分。价差是指变动制造费用的实际小时分配率脱离标准，按实际计算的差额，它反映耗费水平的高低，故称为变动制造费用耗费差异；量差是指实际工时脱离标准工时，按标准小时费用率计算确定的差额，它反映工作效率变化引起的费用节约或超支，故称为变动制造费用效率差异。

变动制造费用耗费差异 = 实际工时 ×（变动制造费用实际分配率 - 变动制造费用标准分配率）

变动制造费用效率差异 =（实际工时 - 标准工时）× 变动制造费用标准分配率

［例 13 - 3］某企业本月生产甲产品的实际产量为 500 件，使用工时 1000 小时，实际发生变动制造费用 600 元；变动制造费用标准成本为 1 元/件，即每件产品标准工时为 2.5 小时，标准的变动制造费用分配率为 0.4 元/小时。则：

变动制造费用耗费差异 = 1 000 ×（600/1 000 - 0.4）= 200（元）

变动制造费用效率差异 =（1 000 - 500 × 2.5）× 0.4 = - 100（元）

由上可得，变动制造费用成本差异等于耗费差异加上效率差异，即：200 +（- 100）= 100 元，而变动制造费用成本差异又等于实际成本与标准成本的差额，即：600 - 500 × 1 = 100 元。因此，变动制造费用的耗费差异与效率差异之和，应当等于变动制造费用的总差异。

计算出变动制造费用耗费差异和效率差异之后，应对此差异进行分析。一般地，变动制造费用的耗费是部门经理的责任，因为它是实际支出与按实际工时和标准费用率计算的预算数之间的差额，它反映耗费水平即每小时的业务量支出的变动制造费用脱离了标准，而变动制造费用效率差异是由于实际工时脱离了标准，多用工时导致的费用增加，因此其形成原因与人工效率差异相同。

（二）固定制造费用差异的计算和分析

固定制造费用差异的计算和分析与各项变动制造费用差异分析不同，其方法有“二因素分析法”和“三因素分析法”两种。

1. 二因素分析法

二因素分析法是指将固定制造费用差异分为耗费差异和能量差异。耗费差异是指固定制造费用的实际金额与固定制造费用预算金额之间的差额。由于固定制造费用不随业务量的变动而变动，因而在考核时不考虑业务量的变动，而以原来的预算数作为标准，实际数超过预算数即视为耗费过多。其计算公式为：

固定制造费用耗费差异 = 固定制造费用实际数 − 固定制造费用预算数

能量差异是指固定制造费用预算与固定制造费用标准成本的差额，即实际业务量的标准工时与生产能量的差额用标准分配率计算的金额。其计算公式如下：

固定制造费用能量差异 = 固定制造费用预算数 − 固定制造费用标准成本

= 固定制造费用标准分配率 × 生产能量 − 固定制造费用标准分配率 × 实际产量标准工时

= （生产能量 − 实际产量标准工时）× 固定制造费用标准分配率

[例 13-4] 某企业本月生产甲产品，实际产量 400 件，发生固定制造费用 1 424 元，实际工时为 890 小时；企业生产能量为 500 件即 1 000 小时；每件产品固定制造费用标准成本为 3 元/件，即每件产品标准工时为 2 小时，标准分配率为 1.50 元/小时。则：

固定制造费用耗费差异 = 1 424 − 1 000 × 1.5 = −76（元）

固定制造费用能量差异 = 1 000 × 1.5 − 400 × 2 × 1.5 = 300（元）

验算：

固定制造费用成本差异 = 实际固定制造费用 − 标准固定制造费用

= 1 424 − 400 × 3 = 224（元）

固定制造费用成本差异 = 耗费差异 + 能量差异

= （−76）+ 300 = 224（元）

通过以上计算可以看出，该企业甲产品固定制造费用超支 224 元主要是由于生产能力利用不足，实际产量小于计划产量所致。固定制造费用超支，不论是耗费差异，还是能量差异，一般都应由有关的管理部门负责。

二因素分析法比较简单，但从上述计算公式可见：二因素分析法没有反映和分析生产效率对固定制造费用成本差异的影响。计算能量差异时，使用的都是标准工时，它说明的是按标准工时反映的生产能力利用情况。如果实际产量标准工时和计划产量标准工时一致，则能量差异为零。但是，实际产量的实际工时可能与其标准工时存在差异，而生产能力的实际利用情况更取决于实际工时而非标准工时。实际工时与标准工时之间的差异，属于效率高低问题。因此，固定制造费用成本差异分析更多地采用将能量差异划分为闲置能量差异和效率差异的三因素分析法。

2. 三因素分析法

三因素分析法是将固定制造费用成本差异分为耗费差异、效率差异和闲置能量差异三部分。耗费差异的计算与二因素分析法相同。不同的是将二因素分析法中的"能量差异"进一步分为两部分：一部分是实际工时未达到标准能量而形成的闲置能量差异；另一部分是实际工时脱离标准工时而形成的效率差异。其计算公式如下：

固定制造费用闲置能量差异 = 固定制造费用预算 - 实际工时 × 固定制造费用标准分配率

= (生产能量 - 实际工时) × 固定制造费用标准分配率

固定制造费用效率差异 = 实际工时 × 固定制造费用标准分配率 - 实际产量标准工时 × 固定制造费用标准分配率

= (实际工时 - 实际产量标准工时) × 固定制造费用标准分配率

仍依例 13 - 4 资料计算：

固定制造费用闲置能量差异 = (1 000 - 890) ×1.5 = 165(元)

固定制造费用效率差异 = (890 - 400 ×2) ×1.5 = 135(元)

三因素分析法的闲置能量差异(165 元)与效率差异(135 元)之和为 300 元，与二因素分析法中的"能量差异"数额相同。采用三因素分析法，能够更好地说明生产能力利用程度和生产效率高低所导致的成本差异情况，并且便于分清责任：闲置能量差异的责任一般在于管理部门，而效率差异的责任则往往在于生产部门。

四、成本差异的处理

在标准成本系统下，成本差异能够从成本上及时反映生产经营管理方面的有利和不利因素，有利于管理部门了解各项生产经营活动的效益，提高成本控制效果。因此，成本差异如何处理，不仅是一个关系到会计原则贯彻、成本计算、存货估计、利润计量等的理论问题，而且是标准成本系统应用中亟待探讨的实践问题。

从西方国家的理论与实践的角度来看，标准成本差异的处理方式主要有三种：

一是累计结转法。即各种成本差异在每月月末不进行账务处理，而是在成本差异账户累计下来，直到年底才将累计下来的成本差异在销售成本、产成品和在产品之间按标准成本比例进行分配或直接转入销售成本中。这种方式主要是考虑成本效益原则。因为企业实行标准成本系统的前提之一是正确确定产品的标准成本，企业经过深入研究，制定的标准成本应该十分接近实际成本，否则就失去了标准成本控制、考核的作用，因此每月月末的各种成本差异数额不会很大。根据成本效益原则，可以不必每月月末处理，而是累计到年末一次处理，以简化核算和账务处理工作。但是成本差异当期不处理，就不能从当期经营成果中反映出来，从而减弱了成本和利润指标的灵敏性。

二是逐月结转法。即每月月末将各种成本差异在销售成本、产成品和在产品之间按标准成本比例进行分配，计算产品的实际成本和损益。

三是即期处理法。即每月月末将各种成本差异全部直接转入销售成本或损益中。

第二和第三种方式都涉及标准成本差异性质问题。学术界有人认为：成本差异具有资产性质，根据公认的会计原则和税法的有关规定，企业应当以实际成本法反映产品销售成本和存货水平。因此，成本差异的流动必须与实物保持一致，只有销售的产品才应该将其应分摊的成本差异在利润中确认。第二种方式就是这种观点的产物，它既能以实际成本法反映销售成本和存货水平，又能满足企业纳税需要。但是这种做法，将使成本核算的工作量大大增加；并且它没有把当期成本控制的成果在当期损益中体现出来，从而给成本和利润的分析造成了困难。

第三种方式则认为成本差异是当期已经发生的损失或收益，是损益而不是资产。人为地把超支作为资产价值追加势必会虚增资产、少计利润；把成本节约作为资产价值的抵减，也必将虚减资产、虚增盈利。另外，从控制角度看，成本差异恰好反映了本期供应部门、生产部门进行成本管理的结果，如果把成本差异直接计入销售成本或损益账户，将有利于分别计算标准成本和实际成本法下的营业利润，从而能够将利润同企业当期生产经营、成本控制的效益直接挂钩，正确反映当期各级管理部门、人员的工作业绩。同时，按照权责发生制的要求，把当期成本计入当期销售成本或损益也更有利于收入和费用的配比。

在我国，处理成本差异的方法一般有以下两种：

一是直接处理法。直接处理法是将本期发生的各种成本差异全部转入“主营业务成本”账户，或者转入“本年利润”账户。也就是说，本期发生的成本差异由本期销售的成本负担，并全部从本期主营业务收入中扣减，不再分配给期末在产品和期末库存商品。这种方法的依据是承认标准成本是一种正常成本，产品差异是由不正常的低效率和浪费造成的，应当通过利润表中的利润来体现本期的经营业绩。而且这种处理方法的账务处理过程相对比较简便。但是，如果成本差异的数额较大或制定的标准成本不符合实际的正常水平，则不仅使存货成本严重脱离实际成本，而且还会歪曲本期的实际经营成果，不利于业绩的衡量和评价。因此，这种方法比较适用于成本计算业务量较多、成本差异数额不大、有比较准确的标准成本资料的企业。

二是递延法。递延法是指在会计期末将本期的各种成本差异，按标准成本比例分配给期末在产品、期末库存商品和本期已经销售的商品。分配后，期末的在产品和库存商品反映的都是实际成本，主营业务成本反映的也是本期已销商品的实际成本。本期发生的成本差异应由存货或销售成本共同负担。但是采用这种方法期末成本差异分配非常复杂，不便于产品成本计算的简化；而且由于在这种方法下各种存货的计价都是实际成本，这就不便于本期成本差异的分析和控制。此外，有些费用计入存货成本不一定合理，例如闲置能力是一种损失，但并不能换取收益，将其作为资产计入存货成本明显不合理，不如将其作为期间费用在当期参加损益汇总。

需要强调的是，虽然成本差异的处理方法可以针对企业的具体情况自行选择，但要保持一贯性，以便使成本的数据具有可比性，有利于进行成本分析和预测，并能防止信息使用者的误解。

第三节　目标成本控制

一、目标成本控制的原理

目标成本是一种预计成本，是在生产经营活动开始以前依据一定的科学分析或方法制定出来的成本目标。这种预计成本与目标管理方法结合起来用于控制成本的发生和规模，就称为目标成本控制。目标成本控制是一种适用范围很广的成本控制的有效方法，它既可以用于对新产品开发与生产的成本控制，也可以用于标准产品的成本控制；既可以对企业成本的总体进行控制，也可以对某一部分的成本开支实施控制。对于已经投产的标准产品的目标成本控制，标准成本法是一种广泛应用的、比较成熟的方法，在上一节中已作专门论述。本节中，我们主要讨论新产品开发与生产过程中的目标成本控制，也就是指企业以市场为导向，在产品投产之前运用价值工程、市场研究等手段达成由产品的可能售价和目标利润决定的最优目标成本，并以目标成本作为主要依据实施成本控制。

目标成本控制体现了20世纪50年代目标管理的思想。目标管理方法强调管理以目标为开始，组织应有明确的总体目标，制定和设置目标由下到上逐级汇总，以确保分目标构成对总目标的支持和保证，而在制定汇总目标的过程中，注重上下级之间就目标设定的充分沟通，上级对下属给以建设性的指导；而目标管理的实施则以自我控制为基础。此外，目标管理要求一定程度的由上而下和由下而上的反复循环，由上而下分派给下属人员的目标，在循环过程中能够积极吸收下级人员的意见，并由下而上汇总，实现对目标的进一步完善和修订。目标管理的最大优点是明确的目标能够起到激励作用，激发广大员工参与目标制定与实施的积极性和自觉性。

目标成本控制是目标管理的一项重要内容，它要求必须以目标成本为依据，对企业的各项成本开支进行严格的限制、监督和指导，力求做到以最小的成本开支，获取最大的经济效益。作为成本开支依据的目标成本，是进行成本比较分析的有效尺度，使用目标成本可以查明生产经营过程中实际成本脱离目标成本的差异与原因，明确有关部门和人员的责任；推行目标成本管理首先应将企业总的目标成本由上而下层层分解，建立起分部门、分层次的目标成本管理体系，纵的方面可以由上而下按总厂、分厂、车间进行分解；横的方面按管理职能进行分解，可以按供销、设计、辅助生产部门、生产部门、行政管理部门进行分解。当然，企业可以根据自身生产工艺及其组织管理的特点选择其他目标分解方式，如按产品结构分解为总装成本和零部件成本，按产品形成过程分解为产品设计、材料采购、生产制造、产品销售成本。不论怎样，目标成本实施的关键是立足于企业上下各级、横向各职能部门和环节之间的协调配合，使它们围绕一个目标积极努力做好成本控制工作。

二、目标成本的制定程序

在市场经济的条件下，目标成本的确定与传统的定价过程相反。传统的产品定价是先收集市场需求信息，确定产品的具体要求，并据此进行设计、制定制造工艺、确定所耗用原材料和零件的价格，从而估计出产品的成本，然后再加上一定的利润以确定产品的价格。而目标成本的确定则是要在产品设计阶段先根据市场调查制定出目标售价，再根据企业的中长期计划制定目标利润，最后以目标售价减去目标利润即为目标成本。有了目标成本，就可以开始进行设计、筹划和组织生产，并运用价值工程手段，通过产品整体及其零部件的设计和原材料的选择确保目标成本的达成。

目标成本的制定程序因企业的不同而有所不同，但大体上可以分为四个阶段，即目标成本的初步确定、目标成本的可行性分析、实现目标成本、目标成本的追踪考核与修订目标成本。

第一阶段是初步确定目标成本。在这一过程中首先根据企业经营目标确定目标销售收入，其次是根据企业的经营决策确定目标利润，目标成本可以根据目标售价减去目标利润后的差额来确定。一种产品的总目标成本确定以后，可按成本项目或产品功能细分，以制定每一个成本要素和产品功能的目标成本。

第二阶段是进行目标成本的可行性分析，包括分析目标售价、目标利润和目标成本三个步骤。企业分析目标售价可以有三种方法，它可以进行市场调查，调查消费者需要的产品功能和特色及产品的售价，也可以对竞争者进行分析，掌握竞争者产品的功能、价格、产品品质及服务水平等有关资料，并与本公司的产品资料进行对比，公司甚至可以对竞争者的产品进行拆装和重置，了解竞争者产品中各种零件的功能和特性，估计其生产流程和成本构成。公司在消费者需求研究、竞争者分析以及分析竞争者产品之后，可以通过比较确定自己的目标售价可行性。企业分析产品目标利润应与企业的中长期目标及利润计划相配合，同时考虑销售、利润、投资回报、现金流量、产品的品质、成本结构、市场需求、销售政策等因素的影响。最后是公司根据本企业实际成本的变化趋势、同类企业的成本水平，充分考虑本企业成本节约的能力，分析目标成本的可行性。

第三阶段是实现目标成本。首先要通过公司目前的产品成本与目标成本相比较，计算出成本差距。然后通过运用价值工程、成本分析等方法寻求最佳的产品设计，用最低的成本达成顾客需求的功能、安全性、品质等。如果此时计算出的最佳产品设计下的成本仍高于目标成本，则重复运用上述手段寻求最佳成本。

第四阶段是目标成本的追踪考核与目标成本的修订，包括对产品的财务目标和非财务目标完成状况的追踪考核、调查消费者的需求是否得到满足、市价的变化对目标成本有何影响等事项，并根据上述各阶段目标成本的实现情况对其进行修订。

三、目标成本控制：价值工程

当确定了一项新产品的目标成本后，企业需要组成由工程、技术、采购、生产、销售和会计等各方面人员的设计小组，承担产品的设计任务。目标成本控制给设计小组以巨大的压力，迫使他们必须实现目标成本的要求。其中，价值工程是评价设计方案的一种系统性、基础性的方法。

（一）价值工程的涵义

由于构成产品成本的各项费用，虽然大多数是在产品生产过程中实际发生的，但生产一件产品应该发生哪些费用，数量是多少，在很大程度上是由产品投产前的产品设计所决定的。因此产品生产成本的控制，可以在产品的设计阶段，通过对产品的价值工程分析，选择最佳方案并确定相应的最低目标成本。

价值工程是以功能分析为中心，使产品和作业能达到适当的价值，即用最低的成本来实现和创造产品应具备的必要功能的一项有组织的活动。它有以下三个方面的涵义：

首先，价值工程是以最低的成本去实现某产品或作业应具备的必要功能，以使产品和作业达到最佳价值。其中，功能是某项产品所负担的职能或所起的作用。功能首先以满足消费者的需求为前提条件，功能的提高是无限的，但它同时受客户需求和生产成本的制约。价值工程就是要确定产品的必要功能，避免功能过剩（产品功能多于或高于客户所必需的）和功能不足（功能达不到客户的要求）现象的发生。成本则是指产品的寿命周期成本，即为实现产品的必要功能在整个产品生产和使用过程中发生的成本。价值工程就是在保证产品必要功能的前提下，使其寿命成本最低。这里的价值要从功能和成本的关系上来理解，即产品的功能和成本的比值，它反映了产品物美价廉的程度。产品功能与成本之间的关系如下：

$$价值 = 功能/成本，即\ V = F/C$$

$$或：V = (F1 + F2 + F3 + \cdots\cdots)/C$$

其中：V 代表价值；C 代表成本；F 代表产品各组件的功能

价值工程是根据产品成本和功能的内在联系通过科学的比较分析，从中找出最佳价值。由于产品的功能受客户需求的限制，而客户的需求又受产品寿命周期成本的制约。因此，开展价值工程既不能脱离客户成本的约束，片面追求高功能，也不能脱离客户的需求，片面追求低成本，造成产品的必要功能不足。价值工程的真正目的在于既实现产品的必要功能，又要降低产品的寿命周期成本，追求产品的最佳价值。要实现这个目的，只能从提高功能和降低成本两个方面入手。

第二，价值工程的核心问题是对产品或作业进行功能分析。在产品设计和研制时，着重对产品功能的分析研究，确定实现必要功能最优方案的有效方法。通过功能分析可以发现哪些功能是客户需要的，哪些功能是不必要的，哪些功能是过剩的，哪些功能是不足的，并在改进方案中提出新的解决方法，去掉不必要的功能，削减过剩的功能，补足不足的功能，从而使产品的功能更加合理，以达到既能满足客户需求，保证必要的功能，又能降低产品的寿命周期成本。

第三，价值工程作为一整套的科学方法，是运用集体智慧的一项有组织的活动。由于价值工程既要降低成本，又要提高功能，设计到企业经营活动的方方面面，因此，要有效开展价值工程活动就需要将各部门的专业人员组织起来，紧密配合，运用各方面的知识，充分发挥集体的力量。

（二）价值工程的程序

价值工程活动就是一个发现和解决问题的过程，它所研究的问题包括：价值工程的对象是什么？它的用途是什么？其成本是什么？其价值是多少？有无实现同样功能的其他方法？新方案的成本是什么？新方案能满足要求吗？价值工程的具体开展包括如下几个阶段：

第一，正确选择对象。企业没有必要对所有的产品或作业都进行价值分析，也没有必要对一个产品的所有零件都进行价值分析，而应该有所选择。一般而言，在设计方面要选择那些结构复杂、体积庞大、材料昂贵的、性能差的产品；在生产方面选择那些批量大、工艺复杂、原材料消耗高、能源消耗大、成品率低、废品率高的产品；在销售方面要选择客户意见多、竞争力差的老产品；在成本方面要选择成本高于同类或功能相近的产品以及成本结构中过高的构成部分。

第二，根据对象的性质、范围和要求，收集可靠的信息。包括企业的基本情况，如经营方针、产品品种、产量、质量等；有关的技术和经济资料，如本企业或同类产品结构、性能、加工工艺、材料成本、加工费；客户的有关意见，如客户对产品的要求、使用目的、使用条件以及在使用中的问题等。

第三，进行功能、成本和价值分析。首先要把价值工程的对象所具有的功能细致地加以研究，了解它们的作用。即分析对象在生产过程中所采取的每一流程、每道工序、每种材料和零件对构成产品的最终价值起了什么作用，承担了什么职能，没有它们是否影响产品的使用价值，有无便宜的东西可以代替等。所有这些工作就是给每个分析对象的功能下定义的过程，实际上也是发现问题的过程。其次，就是对已下定义的功能进行分类和整理，即搞清哪些是基本功能，哪些是辅助功能，哪些功能是客户需要的，哪些功能是客户不需要的，哪些是功能过剩，哪些是功能不足，以及各功能之间的关系。通过功能整理可以具体把握需要改进的功能范围，为进一步提出功能改进方案提供依据。最后，要进行功能评价。首先是针对不同的分析对象进行评价，然后与现实成本相互比较，求出各分析对象的价值系数。功能评价有许多方法，比较常用的方法有评分法和FD法。

1. 评分法。即采用5分制、10分制和100分制按各零部件的重要性打分，例如，改进某部件的三种备选方案，从可靠性、生产复杂性、操作方便、保养难易、重量和安全等方面按10分制评分如表13－5所示。

表13－5

功能评分表

方案	可靠性	生产复杂性	操作方便	保养难易	重量	安全	总分
1	5	10	10	7	4	9	45
2	9	5	8	5	6	4	37
3	9	8	10	8	7	9	51

方案2总分最低，初选淘汰。然后根据估计成本再作比较，见表13－6所示。

表13－6

估计成本比较表

方案	一次摊销费用	直接材料人工费用	总成本
1	30	150	180
2	20	164	184

最后进行价值分析。设方案1的成本系数为100，则方案3的成本系数为：

$$(184/180)\times 100 = 102.22$$

所以，方案1和方案3的价值系数分别为：

$$V1 = 45/100 = 0.45$$

$$V3 = 51/102.22 = 0.4989$$

对比后选择方案3。

2. FD法，即一对一比较法。这种方法是将产品生产的各项作业活动排成起来，一对一地对比，凡功能相对重要的作业得1分，次要的得零分。然后，将各项生产作业得分的总计数被全部作业得分总数相除，即可求得各项作业的功能评价系数。假设某产品由A、B、C、D、E、F六种零部件组成，按FD法计算功能评价系数如表13－7所示。

表13－7　　功能比较表

产品部件	一对一比较结果						得分合计	功能评价系数
	A	B	C	D	E	F		
A	×	1	1	0	1	0	3	3/15 = 0.2
B	0	×	1	0	1	1	3	3/15 = 0.2
C	0	0	×	0	1	1	2	2/15 = 0.13
D	1	1	1	×	1	1	5	5/15 = 0.33
E	0	0	0	0	×	1	1	1/15 = 0.07
F	1	0	0	0	0	×	1	1/15 = 0.07
合计							15	1.00

由上述计算结果可得：D、A、B三种零部件的功能评价系数较大，说明其功能较为重要，而E、F零部件的功能评价系数最小，说明其功能较不重要。

在功能评价系数确定后，应计算各种零部件的成本系数和价值系数。其中：

某种零部件成本系数＝该种零部件的现实成本/各种零部件现实成本合计

某种零部件价值系数＝该种零部件的功能评价系数/该种零部件的成本系数

上例中的价值系数和成本降低幅度的计算结果见表13－8所示。

表13－8

产品部件	现实成本	成本系数	价值系数	按功能评价系数分配目标成本	成本降低幅度
A	237	0.237	0.844	180	57
B	168	0.168	1.191	180	－12
C	105	0.105	1.238	117	－12
D	281	0.281	1.174	297	－16
E	76	0.076	0.921	63	13
F	133	0.133	0.526	63	70
合计	1000	1.000	1.000	900	100

第四，确定最优方案。即根据上面计算和分析的结果，按客户的需求，提出若干改进价值的新方案，再把各种方案进行分析和评价后，选择功能不变使成本更低或功能更高的最优方案。原则上应选择价值系数大于1或小于1的零部件作为改善对象，因为价值系数为1，说明该零部件的功能与成本平衡，不必作为改善对象；价值系数大于1说明功能重要性大的零部件实际分配到的成本较少；价值系数小于1说明功能重要性较小的零部件占用了过多的实际成本。因此可将后两种情况列为提高或降低成本分配的对象。如上例中零部件A、E、F的价值系数都小于1，尤其是F偏低，有降低成本的潜力。

寻求最优的改善方案是价值工程分析的关键，这需要组织各部门集思广益，集中销售、生产、财务、采购部门的人员，一起讨论、评价各方案的可行性，如果测算出的最佳产品成本仍高于目标成本，则要继续重复上述活动。

第五，求出目标成本。即根据筛选出的最优方案进行目标成本的计算，也就是将产品的目标成本按功能评价系数分配给各有关的零部件，算出各作业环节的目标成本，作为对产品成本水平实行有效事前控制的依据。

☆★本章关键概念

标准成本　理想标准成本　现实标准成本　正常标准成本　成本差异SS　目标成本　价值工程

☆★复习思考题

1. 标准成本控制的内容和程序是什么？
2. 如何进行标准成本的差异计算与分析？
3. 如何理解标准成本法既是一种成本计算方法，又是加强成本控制、评价企业经营业绩的一种成本控制制度？
4. 目标成本控制的内容和程序是什么？
5. 价值工程基本公式中的“成本”、“价值”、“功能”都有什么特定的涵义？

读者反馈意见

亲爱的读者：

感谢您对《成本会计学》的学习和热爱！为了今后能给您提供更优质的服务，请您抽出宝贵时间填写下面意见反馈表，以便我们更好地对本书做进一步的改进。同时如果您在使用本书的过程中遇到了什么问题，或者有什么好的建议，也请您来信、来电告诉我们。

地址：北京市丰台区科学城南极星大厦 108 室

电话：010 - 83794590 / 83794403

电子邮箱：caikai6223@263. net　QQ：649319527　发行 QQ：1694299827

网址：WWW. KFHWH. CN

教材名称：《成本会计学》

个人资料：

姓名：＿＿＿＿＿＿ 年龄：＿＿＿＿＿ 所在院校/专业＿＿＿＿＿＿＿＿

文化程度：＿＿＿＿＿＿ 通讯地址：＿＿＿＿＿＿＿＿＿＿＿＿＿

联系电话：＿＿＿＿＿＿ 电子信箱：＿＿＿＿＿＿＿＿＿＿＿＿＿

您使用本书是作为：□指定教材、□选用教材、□辅导教材

您对封面设计的满意度：

□很满意、□满意、□一般、□不满意　改进建议＿＿＿＿＿＿＿＿＿＿

您对本书印刷质量的满意度：

□很满意、□满意、□一般、□不满意　改进建议＿＿＿＿＿＿＿＿＿＿

您对本书的总体满意度：

从语言质量角度看：□很满意、□满意、□一般、□不满意

从科技含量角度看：□很满意、□满意、□一般、□不满意

本书最令您满意的是：

□指导明确 □内容充实 □讲解详尽 □实例丰富

您认为本书在哪些地方应进行修改？（可附页）

＿＿＿＿＿＿＿＿＿＿＿＿＿＿＿＿＿＿＿＿＿＿＿＿＿＿＿＿＿＿

＿＿＿＿＿＿＿＿＿＿＿＿＿＿＿＿＿＿＿＿＿＿＿＿＿＿＿＿＿＿

您希望本书在哪些方面需进行改进？（可附页）

＿＿＿＿＿＿＿＿＿＿＿＿＿＿＿＿＿＿＿＿＿＿＿＿＿＿＿＿＿＿

＿＿＿＿＿＿＿＿＿＿＿＿＿＿＿＿＿＿＿＿＿＿＿＿＿＿＿＿＿＿